Patrik Hof

BLACKOUT BÖRSE

Für Sebastian

Patrik Hof

BLACKOUT BÖRSE

Die Geschichte der Börsenkrisen von der Tulpenmanie bis heute

Frankfurter
Allgemeine
Buch

Bibliografische Information der Deutschen Nationalbibliothek
Die Deutsche Nationalbibliothek verzeichnet diese Publikation in der Deutschen Nationalbibliografie; detaillierte bibliografische Daten sind im Internet über http://dnb.d-nb.de abrufbar.

Hinweis
Wir sind uns bewusst, dass die Haltung zum Thema Gendern durchaus vielfältig ist. In dieser Publikation haben wir zugunsten einer besseren Lesbarkeit hauptsächlich das generische Maskulinum verwendet, womit wir immer zugleich weibliche, männliche und diverse Personen meinen.

Frankfurter
Allgemeine
Buch

Frankfurter Allgemeine Buch
Pariser Straße 1
60486 Frankfurt am Main
buch@fazbuch.de

Umschlag: Nina Hegemann
Satz: Jan Walter Hofmann
Druck: Westermann Druck Zwickau GmbH
Printed in Germany

1. Auflage
Frankfurt am Main 2026
ISBN 978-3-96251-246-0

Frankfurter Allgemeine Buch hat sich zu einer nachhaltigen Buchproduktion verpflichtet und erwirbt gemeinsam mit den Lieferanten Emissionsminderungs-zertifikate zur Kompensation des CO_2-Ausstoßes.

Klimaschutz-Beitrag
2026 CO_2-Zertifikate ID 310012055
mit FirstClimate.com

Inhaltsverzeichnis

Vorwort

Hoffnung und Verzweiflung, Erwartung und Enttäuschung – kaum ein Ort vereint so viele Emotionen innerhalb kürzester Zeit wie die Börse. Fotos von wild gestikulierenden Börsenhändlern mit ratlosen Blicken, versteinerten Gesichtern und offenem Mund vor ihren Bildschirmen sitzend spiegeln das Geschehen auf dem Parkett eindrucksvoll wider. Es sind diese Fotoikonen, auf die der Spruch von Kurt Tucholsky besonders zutrifft: „Ein Bild sagt mehr als tausend Worte.“ Es ist das von mir so geschätzte Medium Fotografie, das objektiv und ungefiltert das Geschehen dokumentiert.

Es sind aber nicht nur diese Bilder, die mich interessieren. Genau genommen fasziniert mich an Wertpapierbörsen vor allem die Welt hinter den Zahlen, Nachrichten und Kursverläufen, die das tägliche Börsengeschehen prägen: die Wirtschaftsgeschichte, die Architektur von „alten“ Börsentempeln oder die Börsenpolitik. Dieses breite Spektrum wollte ich in diesem Buch über die Börsenkrisen unter die Lupe nehmen. Insbesondere die alten Börsengebäude haben mich seit meiner wirtschaftshistorischen Promotion über die Kapitalmarktpolitik unter Hitler und Mussolini, für die ich seit 2003 in Italien und Deutschland recherchierte, fasziniert und sie begeistern mich immer noch. Egal, ob es sich hier um die alte Handelsbörse in Leipzig, die eindrucksvolle Hamburger Kaffeebörse in der genialen Speicherstadt, die Seidenbörse (Lonja de Mercaderes) in

Valencia oder die Børsen in Kopenhagen – sie wurde im Jahr 2024 schwer durch einen Brand beschädigt – handelt, sie alle habe ich mit meiner Spiegelreflexkamera festgehalten. Mein Favorit ist die ehemalige Börse in Rom an der Piazza di Pietra. Hier wurden bis 1997 hinter den elf Säulen eines Hadrianstempels, der im 2. Jahrhundert nach Christus errichtet wurde, Wertpapiere gehandelt.

Jeder, der schon einmal ein Buch geschrieben hat, weiß, dass Begeisterung für das Thema allein nicht ausreicht. Die Stimmung beim Schreibprozess schwankt beständig, um in der Börsensprache zu bleiben, zwischen einem Bären- und einem Bullenmarkt. Glücklicherweise sorgten Schoko-Bärentatzen und Kaffee für das nötige Energieduo aus Zucker und Koffein – mein „Doppel-Wumms“ gegen Müdigkeit und Konzentrationslöcher.

Mich fasziniert der Börsenhandel, ein Schach- und Schauspiel aus Gestik und Mimik in mehreren Akten und für Außenstehende kaum zu dechiffrieren. Manchmal ist die Börse bei positivem Verlauf mehr eine Komödie, manchmal eine Tragödie. Auf der Bühne des Wertpapierhandels führt häufig die Spekulation die Regie. Das deutsche Wort Spekulation stammt von den lateinischen Begriffen speculātor und speculātiō, die mit „Kundschafter“ bzw. „Vermutungen über die Zukunft anstellen“ übersetzt werden können. Seit Jahrhunderten gilt auf den Brettern des Börsenparketts ein ungeschriebenes Gesetz: Die Händler dürfen bei Kauf- und Verkaufsorders nicht zu viel verraten. Daher verstecken sie ihr Gesicht oftmals hinter einer emotionslosen, unsichtbaren Maske.

Komplett unmaskiert verläuft der Kurs meiner persönlichen Happiness-Aktie, meinem Sohn. Er sorgt bei mir immer für Höchstkurse. Ihm widme ich dieses Buch. Zudem standen mir sehr engagierte Menschen zur Seite, die mir bei der Redaktion und Korrektur halfen und mich mit großem sichtbaren Aufwand sehr wertvoll unterstützten. Ein großes

Dankeschön geht insbesondere an das Team von Frankfurter Allgemeine Buch sowie Tobias und Peter Hof, Niklas Steinhauser sowie Andreas Ritter, die das Buch kritisch Korrektur gelesen haben.

Beim Schreiben dieses Buches stieß ich vielfach auf Vorurteile, Skepsis, Misstrauen und ablehnende Blicke, als würde die Botschaft lauten: „Börse? Interessiert mich nicht, zu undurchsichtig" oder „Wirtschaftsgeschichte ist nicht meine Welt". Eine ganz andere, viel offenere Reaktion erlebte ich bei den rund 100 Schülerinnen und Schüler, die ich derzeit an einer bayerischen Realschule im Fach Geschichte unterrichte. Ihr Interesse und ihre Begeisterung für Geschichte im Allgemeinen und Wirtschaftsgeschichte im Besonderen – von der Industrialisierung über die Hyperinflation und Weltwirtschaftskrise in der Weimarer Republik bis hin zum bundesdeutschen „Wirtschaftswunder" und der DDR-Planwirtschaft – sind ein unschätzbarer Schatz, der nur darauf wartet, auf analogem und digitalem Weg entdeckt zu werden. Ob Geschichte bei der Generation Alpha bereits den Status von „Six Seven" oder „das crazy" erreicht hat, sei dahingestellt. Viel wichtiger ist, dass diese Schülerinnen und Schüler die Gestalter von morgen sind. Gute Bildung ist die beste Dividende für die Zukunft. Denn nur eine gute Ausbildung sichert das Fundament unserer Demokratie. Dieses Buch kann hoffentlich dazu beitragen, das Interesse aktueller und künftiger Schülergenerationen zumindest am Fach Geschichte lebendig zu halten und Begeisterung zu wecken – geschrieben habe ich es zumindest in dieser Absicht. Für mich sind meine Klassen eine besondere Inspiration, Bereicherung und Motivation gleichermaßen!

Mit dem Buch möchte ich die Neugier an der Börse wecken, die mehr zu bieten hat als die Schlagzeile und das Bild einer Zick-Zack-Kurve in den Abendnachrichten. Denn der Handelsplatz offenbart abseits der Zahlen faszinierende, historische, kulturelle und politische Geschichten.

Erst dadurch entsteht ein Börsenbild als Ganzes. Eines steht jetzt schon fest: Die Börsengeschichte wird auch in Zukunft noch viele spannende Kapitel schreiben.

Mit dem unten aufgeführten Link mache ich Ihnen mein persönliches Fotoarchiv über die Faszination „Börse" zugänglich, um nicht nur eine geschichtliche, sondern auch eine visuelle Börsentour anzubieten. Die Fotogallerie spannt einen Bogen von seltenen Aktien bis hin zum Blick hinter Börsenfassaden Europas und den USA.
https://fazbuch.de/produkt/blackout-boerse/

Die Symbole für Börsenmärkte: Bulle und Bär vor der Börse Frankfurt am Main.

Einleitung

„Man mag die Börse das Gehirn der Volkswirtschaft nennen", schrieb Heinrich Göppert, ehemaliger Staatskommissar an der Berliner Börse und Staatssekretär im preußischen Handelsministerium, im Jahr 1930. „Aber wenn man das Gehirn auch als diejenige Stelle ansieht, in der sich jene Vorgänge vollziehen, die man Denken nennt, so hinkt der Vergleich. Die Börsenbewegungen reflektieren gar oft nur Stimmungen."[1] Fast zeitgleich verfasste Richard Lewinsohn, einer der angesehensten Wirtschaftsjournalisten der Weimarer Republik und Leiter der Wirtschaftsredaktion der Vossischen Zeitung, einen Artikel über die Bedeutung der Börse: „Für die öffentliche und private Wirtschaft ist die Börse ein starker Motor. Sie ist jedoch nicht nur dazu da, den Markt zu regulieren, die Preise auszugleichen, den Kapitalverkehr zu erleichtern, dem Staat oder der Wirtschaft bei der Unterbringung von Aktien und Anleihen behilflich zu sein – die Börse ist da, weil ein erheblicher und einflussreicher Teil am Börsenspiel Gefallen findet." Daher werden „in der Phantasie der Börse jährlich zehnmal so viele Attentate verübt, Kabinette gestürzt, Putsche versucht, Kriegsgefahren heraufbeschworen als in der Wirklichkeit tatsächlich passieren."[2] Diese fiktiven oder realen Ereignisse verursachen Unsicherheiten auf dem Börsenparkett. Die Folge sind Höhenflüge und katastrophale Zusammenbrüche.

Börsenkrisen und Spekulationsblasen markieren häufig den Beginn von Umbruchzeiten und sind fast so alt wie die Börse als Handelsplatz selbst.1409 öffnete im belgischen Brügge erstmalig eine Börse ihre Pforten. Der dortige Marktplatz „ter beurse“ war der Versammlungsort von italienischen Händlern, die auf dem Weg zu den Tuchmessen in den Niederlanden waren und dort regelmäßig Rast machten.

Eines steht fest: Börsencrashs kommen fast alle Jahre wieder. Die Aussicht auf Gewinne locken immer weitere Kunden. Und die Börsenblasen zeigen: „Die Spekulation endet nie verhalten, sondern immer mit einem lauten Knall.“[3] Der ersten Spekulationsblase, der Tulpenkrise in den Niederlanden im Jahr 1637, folgten in den nächsten Jahrhunderten viele weitere. Zwischen 1880 und 2021 gab es alleine in den USA etwa 28 „Bärenmärkte“, 13 davon in der Nachkriegszeit.[4] Weitere Turbulenzen kamen infolge der Coronapandemie und Trumps Zollpolitik in seiner zweiten Amtszeit hinzu.

Der Begriff „Bärenmarkt“ stammt aus dem 17. Jahrhundert und bezeichnet Kursrückgänge, die sinnbildlich durch den Bären, der die Kurse mit der Tatze nach unten drückt, dargestellt werden. Neben dieser Baisse-Phase gibt es Hausse-Phasen, die von steigenden Aktienkursen gekennzeichnet sind. Diese werden als „Bullenmarkt“ bezeichnet, versinnbildlicht durch den Bullen, der die Kurse mit seinen Hörnern in die Luft wirbelt. Die Begriffe Bären- und Bullenmarkt stammen vom portugiesisch-jüdischen Poeten und Börsenspekulanten Joseph de la Vega (1650–1692), der im Jahr 1688 sein Buch „Confusion de Confusiones“ über die „Spekulation in Amsterdamer Kaffeehäusern“ veröffentlichte.[5] Die getätigten Handelsgeschäfte vergleicht er mit einer starken Rivalität zwischen Bären und Bullen.[6] Die Börse stellt einen Markt für Wertpapiere dar, der den Liquiditätsbedarf der Volkswirtschaft mit deren Nachfrage nach langfristigen Finanzmitteln deckt. Aktienkurse spiegeln alle öffentlich verfügbaren Informationen über Gewinne und Verluste der Unternehmen wider. Die Preise der Wertpapiere sollen sich nach den Regeln der Marktwirtschaft aus Angebot und Nachfrage bilden.

Eine Vorhersage drohender Bärenmärkte ist genauso wenig erfolgreich wie ein verlässlicher Wetterbericht für die nächste Woche, wie der Wirtschaftshistoriker Adam Tooze schreibt. Sicher ist: Es gibt für die Bildung der unterschiedlichen Spekulationsblasen kein Frühwarnsystem der Marktwirtschaft. Der Yale-Ökonom und Wirtschaftsnobelpreisträger von 2013 Robert J. Shiller ist sich sicher, dass Finanzkrisen in Zukunft nicht zu verhindern sind, nur die Auswirkungen könnten reduziert werden.[7] Eine große Herausforderung stellen plötzliche Abstürze dar, die auf unwahrscheinliche Ereignisse zurückgehen. Seit 2001 wird ein solches Ereignis auf dem Finanzmarkt Black Swan Event genannt. Der Finanzmathematiker Nassim Nicholas Taleb definiert den „Schwarzen Schwan" als ein historisches, ökonomisches, wirtschaftliches oder persönliches Ereignis, das nicht vorhergesagt und unerwartet auftritt und massive Folgen verursacht. Diese „Kombination aus geringer Vorhersagbarkeit und starken Auswirkungen macht den nur selten auftretenden Schwarzen Schwan zu einem Rätsel."[8]

Einer Börsenblase geht meistens ein Massenwahn ohne Vernunft und ohne wirtschaftlichen Verstand voraus. Jeder möchte bei dem Hype dabei sein und überhört bei der Euphorie mögliche Warnungen, die es bei den meisten Börsenkrisen im Vorfeld gab. Am Ende trifft für so manche Achterbahnfahrt der Aktienkurse die Aussage Albert Einsteins (1897–1955) zu: „Phantasie ist wichtiger als Wissen, denn Wissen ist begrenzt." Die Spekulation siegt über den Verstand. Wichtig ist nach Ansicht von Adam Tooze, dass bei den ersten Signalen einer Krise die Politik umgehend Gegenmaßnahmen einleiten muss: „Beim Eintreten einer großen Finanzkrise (…) (braucht es) massive Aktivitäten der Exekutive, die in seiner

Logik eher militärischen Operationen oder medizinischer Nothilfe“ gleichen.[9]

Manche Krisen treffen vor allem ein Land oder einen Kontinent. Die Phasen eines Börsencrashes ähneln sich in den letzten Jahrhunderten: Aufschwung, Euphorie, Gier, Abschwung, Panik und Nachwirkungen für die Volkswirtschaft. Die Ursachen für die Kurszusammenbrüche sind vielfältig. Spekulanten, Banken, Presse, Notenbanken, Regierungen und die leichtgläubige Öffentlichkeit sind an Krisen schuld. Zudem lösten Innovationen beispielsweise in den Bereichen der Finanzen (Einführung des Papiergelds im Jahr 1720, Investmentfonds [1929]) oder Technologien (Eisenbahn [1860er], Internet [1990er]) Euphorie und Begeisterung aus.[10] Der Begriff „Börsencrash“ ist ein Synonym für das häufig an der Börse verwendete Wort „Baisse“. Finanzprofis bezeichnen heutzutage in der Regel Ereignisse als Börsencrash, wenn es zu panikartigen Verkäufen von Aktien kommt und der Markt binnen kurzer Zeit um 20 Prozent oder mehr nachgibt. Das stellt die Anleger auf eine Nervenprobe, zumal wenn sich die Kurse über Monate nicht erholen. Anleger könnten den Ratschlag des britischen Schriftstellers Rudyard Kipling beherzigen, der 1907 den Literaturnobelpreis erhielt und „Das Dschungelbuch“ geschrieben hat. In seinem Gedicht „If“ schrieb er: „Behaltet einen kühlen Kopf, wenn alle um Euch herum den Kopf verlieren.“[11]

Der „Schwarze Freitag“ am 25. Oktober 1929 galt und gilt bei Börsenkrisen und nervösen Finanzmarktstimmungen als Vergleichsmaßstab. An diesem Tag ereignete sich der schlimmste Börsencrash der Geschichte an der New Yorker Wall Street, dem Nabel der Finanzwelt, weil dieser eine über mehrere Jahre andauernde Weltwirtschaftskrise auslöste. Dieses Ereignis von 1929 wurde erstmalig mit den Wörtern Crash und Boom beschrieben – Begriffe, die bis dahin ausschließlich im Zusammenhang mit Kanonen oder Sturmfluten verwendet wurden, waren fortan Bezeichnungen für Börsenturbulenzen.[12]

Fachbücher warnten Anleger vor den Folgen der Spekulation bereits zu Beginn des 19. Jahrhunderts: Der französische Sozialist, Ökonom und Schriftsteller Pierre-Joseph Proudhon (1809–1865) veröffentlichte 1857 das „Handbuch des Börsenspekulanten“ (Manuel du spéculateur à la Bourse). Er bezeichnete den „Missbrauch von Spekulationen“ als „ein Werk des Betrugs“, der „von den Gerichten zu verurteilen“ sei.[13] Professionelle Börsenspekulanten nannte er die „Zigeuner der Börse“ – ein heute diskriminierender Begriff –, die die Wertpapierbesitzer täuschen.[14]

Vier Jahrzehnte später ergänzte der Soziologe und Ökonom Max Weber diese Aussagen. Im ersten Band seiner Reihe „Zweck und äußere Organisation der Börsen“ schrieb Weber: Die Börse ist „ein Institut, das seiner Natur nach eine Art Verschwörerclub ist, das zu Lug und Betrug auf Kosten des redlich arbeitenden Volkes arbeitet.“[15] Nichtsdestotrotz war für Weber die „börsenmäßige Spekulation, die auf Gewinn am Unterschied zwischen Kauf- und Verkaufspreis“ abziele, ein wichtiges Fundament für den Wertpapierhandel.[16]

Alle finanzökonomischen Ereignisse und Börsenkrisen weisen zwar Parallelen auf, aber die Krisenphänomene und -verläufe sind zu komplex, um diese gleichzusetzen. Dennoch helfen historische Vergleiche der Zusammenbrüche auf dem Börsenparkett, den Durchblick bei künftigen Krisen zu behalten. Diese sollten einen nutzbringenden Lernprozess in Gang bringen. Nicht umsonst besteht im Chinesischen das Wort „Krise“ aus den zwei Schriftzeichen wēi und jī, die übersetzt so viel bedeuten wie Gefahr/Risiko sowie Chance/Gelegenheit.

Daher widmet sich das Buch nicht nur den vergangenen Börsenkrisen und den aktuellen Entwicklungen, sondern auch den Lehren und Börsenmarktanpassungen, die als Folge von Börsenzusammenbrüchen initiiert wurden. Denn dieser Blick kann helfen, künftige Ursachen, Verläufe und Folgen von Krisen in einen größeren Kontext zu stellen und nüchterner zu bewerten. Aufbauend auf einer Analyse sollte ein Antikrisen-Börsenkonzept erstellt, ständig überarbeitet und an externe Einflüsse auf den Aktienmarkt angepasst werden. Künftige ökonomische Unsicherheiten könnten beispielsweise KI, Kryptowährungen, 24/7-Börsenhandel oder gezielt gesteuerte Desinformationen verursachen, die wiederum zu riskanten Turbulenzen an den Börsenmärkten führen können. Dieses Börsennotfallkonzept sollte künftige Alarmsignale frühzeitig erkennen und entsprechend darauf reagieren, anstatt wenig durchdachte Hauruckmaßnahmen umzusetzen, die Krisen letztendlich eher verschärfen.

Das Tulpenbuch von Jacob Marrel zeigt zwei der begehrtesten und teuersten Tulpen während der niederländischen Tulpenmanie mit den Namen Viceroy und Augustus.

1. Tulpenkrise 1637: Die erste Spekulationsblase in der Börsengeschichte

Ab 1453 ließ Sultan Mehmed II. erstmalig Wildtulpen aus den Steppen und Hochtälern Zentralasiens in Konstantinopel, der neuen Hauptstadt des Osmanischen Reiches, anpflanzen. Vor allem die europäischen Botschafter in Konstantinopel fanden Gefallen an der Blume und begannen heimlich, Zwiebeln außer Landes zu schmuggeln. Die erste große Tulpenzwiebellieferung kam 1562 von Konstantinopel nach Antwerpen. Spätestens ab diesem Zeitpunkt erfreute sich die Pflanze aufgrund ihres außergewöhnlichen Aussehens in ganz Europa großer Beliebtheit.[1] Der Botaniker Carolus Clusius machte sich um die Pflanze mit dem lateinischen Namen „tulipa", die „Blume, die einem Turban gleicht", verdient. Clusius pflanzte ab 1593 diese neue Pflanze im Hortus Botanicus der Universität Leiden. Ab Beginn des 17. Jahrhunderts begeisterte die Tulpenzwiebel in den Niederlanden erst Botaniker, dann Blumenliebhaber („bloemenliefhebbers") und letztlich Spekulanten.

Die Niederlande erlebten im 17. Jahrhundert eine wirtschaftliche und kulturelle Blütezeit, das goldene Zeitalter („de Gouden Eeuw"). Alleine in Amsterdam stieg die Bevölkerungsanzahl in sechs Jahrzehnten von 40.000 auf 210.000 Bewohner an. Das ehemalige Fischerdorf wuchs zwischen 1600 und 1662 zur Wirtschaftsmetropole heran. Hierfür ausschlaggebend war nicht nur der Hafen, sondern auch das 1602 gegründete Handelsunternehmen Vereenigde Oostindische Compagnie (VOC). Dieses baute den Kaffee- und Gewürzhandel mit Indien und den Tee- und Porzellanimport aus China aus. Zur Finanzierung des Unternehmens erlaubte der Staat bereits im Gründungsjahr 1602 die Herausgabe von Aktien. Die VOC sollte die erste Aktiengesellschaft werden, bei der jeder Bürger Anteile erwerben konnte.

Vor allem das Tulpengeschäft war ab den 1630er-Jahren bei den Niederländern sehr beliebt. Die professionelle Blumenzucht wurde ausgebaut. Geschäftsleute schätzten die Pflanze nicht wegen ihrer Schönheit, sondern weil sie hiermit Geld verdienen konnten.[2] Doch bei dieser Pflanze gab es eine „natürliche Angebotsverknappung". Züchter waren auf die Tochterzwiebeln angewiesen, die an der im Beet befindlichen Zwiebel wächst. Erst nach der Tulpenblüte im Frühjahr konnten die Tochterzwiebeln geerntet werden, die sich dann innerhalb von sechs bis acht Monaten entwickeln.

Die Händler ließen gedruckte Kataloge anfertigen, um ihre Ware, die elf Monate nicht blüht, einem Käuferkreis zu präsentieren. Zum Zwecke der Veranschaulichung des zu erwartenden Aussehens einer Tulpe gaben die Züchter und Händler Kupferstiche und Aquarelle von Tulpensorten in Auftrag. Diese Tulpenbücher dienten bei Versteigerungen als Verkaufskatalog.[3] Auch der Lehrer von Rembrandt van Rijn, Jacob van Swanenburgh, zeichnete 122 Aquarelle für ein Album eines niederländischen Züchters. Zu einem Bestseller, der sogar in französischer und englischer Sprache erschien, avancierte das Buch „Hortus floridus" des 17-jährigen niederländischen Künstlers Crispijn van de Passe. Jede Zeichnung, die wahre Kunstwerke waren, enthielt zwar den Namen der Tulpe, aber nur selten die Angabe des Preises.[4] Nicht nur die Tulpenbücher, sondern auch Zeitungsberichte und Werbeanzeigen förderten die Massenhysterie um eine Blume, die im Jahr gerade einmal zwei Wochen blüht. Adlige, Kaufmänner, Dienstmädchen, Landwirte, staatliche Beamte oder Knechte – jeder spekulierte mit den Zwiebeln. Die Nachfrage nach seltenen Tulpenzwiebeln stieg stark an. Eine Tulpenmanie brach aus: Preise erreichten abenteuerliche Höhen, besonders von 1635 bis in die erste Hälfte des Jahres 1636.[5]

Die hohen Marktpreise für Tulpen galten normalerweise für besonders ausgefallene Zwiebeln. „Die Nachfrage nach seltenen Tulpensorten stieg im Jahre 1636 so sehr an, dass an den Börsen von Amsterdam, Rotterdam, Haarlem, Leiden, Alkmaar, Hoorn und anderen Städten mit ihnen gehandelt wurde wie mit Aktien. Dieser Handel hatte anfangs durchaus glücksspielartige Züge. (…) Wie immer bei neuen Glücksspielen herrschte in der ersten Zeit starke Zuversicht, und alle gewannen. (…) Ein goldener Köder schien verführerisch im Raum zu hängen, und einer nach dem andern drängte zur Tulpenbörse – wie die Fliegen zum Honigtopf“, schrieb der schottische Schriftsteller Charles Mackay.[6]

Die Semper Augustus, die „Königin der Tulpen“, war mit ihrem rot geflammten Farbmuster und aufgrund ihrer Seltenheit der teure Star auf dem Tulpenmarkt. Wie der Historiker Mike Dash in seinem Buch „Tulpenwahn“ schreibt, stieg der Preis einer Semper Augustus auf bis zu 10.000 Gulden. Für das Geld hätte man im Amsterdam ein schickes Grachtenhaus kaufen können. Ein Zimmermann verdiente damals 250 Gulden im Jahr, ein Universitätsprofessor 750 Gulden.[7] Auch andere Sorten erzielten Spitzenpreise. So wurden für eine Tulpenzwiebel der Sorte Viceroy 2500 Gulden bezahlt. Für diesen Preis erhielt man sechs Tonnen Weizen, vier fette Ochsen, acht Schweine, zwölf Schafe, 450 Liter Wein, 600 Liter Bier, 1000 Pfund Butter und einen silbernen Trinkbecher.[8]

Bei der Tulpenblase wetteten viele Leute auf die Wertentwicklung von Tulpen. Auch die Knappheit der exotischen Exemplare führte zum Anstieg der Preise. Charles Mackay schrieb: „Die Holländer aus jeder

Bevölkerungsschicht verhielten sich kopflos, bar jeder Vernunft. Sie kauften längst nicht nur Tulpenzwiebeln zu immens hohen Preisen, sondern erwarben auch Kaufrechte auf Zwiebeln, die sich noch in der Erde befanden und deren Farbe, Pracht und Wert noch zweifelhaft waren. Solche Optionen auf künftige Tulpen wurden oft auf Kredit finanziert und von Zwischenhändlern weiterverkauft."[9]

Der von Mackay beschriebene Terminhandel heizte die Tulpenmanie an. Das System funktionierte folgendermaßen: Käufer und Verkäufer schlossen Verträge über den zukünftigen Kauf von Tulpenzwiebeln ab. Der Preis wurde jedoch bereits im Vorfeld festgelegt. Die Lieferung erfolgte erst zur Erntezeit.[10] Die Spekulation uferte immer weiter aus und eine Zwiebel konnte mehrfach den Besitzer wechseln, obwohl diese noch unsichtbar im Boden eingegraben war.

Der Großteil der Tulpen wurde nicht an der 1611 eröffneten Amsterdamer Börse gehandelt. Gotteshäuser waren anfangs der Ort der Tulpenauktionen. Dann entstanden eigene Märkte für seltene Tulpenzwiebeln. Der Handel wurde im Sommer 1636 so umfangreich, dass die Händler begannen, in zahlreichen Kaffeehäusern für Tulpenzwiebeln zu bieten.[11] Die Kaffeehäuser, vor allem im Finanzzentrum Kalverstraat, waren beliebte Handelsparkette. Kurze Zeit nach der Tulpenmanie schrieb Joseph de la Vega in seinem Börsenbuch, dass viele Menschen in Amsterdam, der Stadt der Spekulation, durch List und Verwirrung Vorteile zu erlangen versuchten. Welches der im vierten Dialog über die „Spekulation in den Kaffeehäusern" von de la Vega erwähnten Kaffeehäuser er meint, kann nicht mehr festgestellt werden. In diesen „Coffy-Husen" konsumierten „unsere Spekulanten (…) ein gewisses Getränk, Coffy von den Holländern und Caffee von den Levantinern genannt."[12] Nach Ansicht von de la Vega waren die „beide(n) Hauptgründe für die Einführung dieser Art von Spekulation die Gier der Makler und die Not der anderen

Leute, die das Glücksspiel erfunden haben."[13] Die Tulpenmanie und die Preisanstiege führten die einen auf die „Verrücktheit der Massen" (Charles Mackay), die anderen auf die „Volksverdummung oder Wahnsinn der Massen" zurück, wie es der Ökonom Earl Thompson ausdrückte.[14]

Anfang Februar 1637 erreichte der durchschnittliche Tulpenpreis einen Betrag, der etwa 20-mal höher war als Anfang Mai 1636.[15] Doch dann wurde die Tulpenmanie abrupt gestoppt. Am 7. Februar 1637 wollte keiner mehr bei einer Versteigerung in Haarlem eine Tulpe kaufen. Der Handel brach landesweit zusammen und die Kurse fielen bei Auktionen innerhalb weniger Tage ins Nichts. Nach einer sechsmonatigen Achterbahnfahrt der Tulpenpreise kam dies für alle Beteiligten sehr überraschend, weil es keinen Anlass gab. Daher gilt dieser An- und Abstieg der Tulpenpreise als ein eindeutiges Beispiel für eine Marktblase.[16]

Die Wurzel für die Spekulationsblase liegt zum einen in der Euphorie hinsichtlich der „Markteinführung" eines neuen Produkts in Europa, die Tulpen, und zum anderen in der außergewöhnlichen Geschwindigkeit, mit der die Blumenzwiebeln auf dem Höhepunkt des Booms von einer Hand in die andere wanderten. In den Augen der Investoren hatte die Tulpe nur einen Wert, wenn diese gehandelt wurde. Plötzlich ebbte die Nachfrage ab und die Preise fielen.[17]

Mit dem Zusammenbruch wurden viele Käufer schlagartig zahlungsunfähig, weil die überhöhten Preise der Tulpen vielfach mit Krediten bezahlt wurden.[18] Für große Unruhe sorgte die Passivität der Regierung, die sich bei den hohen Preisen nicht einschaltete. Die Generalstaaten (Staten Generaal), das Parlament der Republik Niederlande, hätten der Unruhe bei den Tulpenversteigerungen entgegenwirken können. Vor vielen niederländischen Gerichten gab es Klagen wegen der überhöhten Preise. Doch die Gerichte weigerten sich, zu „Glücksspielgeschäften", wie sie diese Tulpenspekulationen nannten, Stellung zu nehmen. Denn Spielschulden seien aus Sicht der Gerichte keine Schulden im Sinne des Gesetzes. Die Spekulanten hatten daher keine juristische Verfolgung zu befürchten.[19]

Saldo der Tulpenmanie: Das Verblühen einer Spekulationspflanze

Das Goldene Zeitalter mit einer prosperierenden Wirtschaft förderte auch die Kunst. Die Maler Peter Paul Rubens (1577–1640), Frans Hals (1580–1666) und die Haarlemer Schule sowie Rembrandt van Rijn (1606–1669) profitierten vom Wirtschaftsboom. Das erwirtschaftete Geld wurde bevorzugt in den Kunstmarkt investiert. Jährlich entstanden fast 70.000 Gemälde, sehr häufig waren es Porträtauftragsarbeiten. Der Dichter und gelernte Buchbinder Thomas Asselijn fasste diese Euphorie 1653 in folgendem Satz zusammen: „Hier is de beurs en't geld en liefde to de kunst" (Hier ist die Börse, und das Geld und die Liebe zur Kunst).[20] Das Platzen der Tulpenblase beendete das Goldene Zeitalter. Die niederländische Wirtschaft brauchte lange, um sich von diesem Schock zu erholen. Die Bevölkerung verarmte und hatte kaum mehr Geld für Konsumgüter. Der Staat musste letztlich eingreifen und verbot den Terminhandel und regulierte den Finanzmarkt stärker. Auch die Kunst wurde durch den Börsencrash stark in Mitleidenschaft gezogen. Rembrandt spekulierte wie viele seiner Landsleute an der Amsterdamer Börse. Der wirtschaftliche Zusammenbruch stürzte ihn in den Bankrott. Bis zur Krise verdiente Rembrandt das Vierfache von einem Durchschnittseinkommen eines Handwerkers, rund 2000 Gulden. Nach dem Platzen der Tulpenblase hatte niemand mehr Geld, um in seiner Malerwerkstatt Gemälde zu bestellen. 1656 war er pleite und musste sein Amsterdamer Haus verkaufen.[21] Kleiner „posthumer" Trost: Nach dem Maler, von dem es kurioserweise keine Tulpenbilder gibt, wurde wenigstens eine Tulpensorte benannt. Die Rembrandt-Tulpe weist ein geflammtes Muster auf.

Früher waren Tulpen Spekulationsobjekte, heute zählen sie zu den günstigeren Blumen im Handel. Doch für die Niederlande ist die Frühlingsblume Nummer eins immer noch Big Business. Die Exporteinnahmen belaufen sich auf rund 320 Millionen Euro (2022). Seit bald 400 Jahren sind die Niederlande ganz eng mit der Tulpe verbunden. Sie sind das Zentrum der Tulpenproduktion und Tulpenexporte. Rund 80 Prozent der Weltproduktion – zehn Milliarden Tulpen und Zwiebeln – stammen aus den Provinzen Zuid-Holland, Flevoland, Overijssel und Drenthe. Laut dem Centraal Bureau voor de Statistiek (CBS) betrug im Jahr 2023 die Anbaufläche rund 15.000 Hektar. Ihr Anbaugebiet umfasst mehr als doppelt so viele Hektar wie der Anbau der zweitplatzierten Lilien und Narzissen. 18 Prozent der Blumenzwiebeln aller Art gehen nach Deutschland, in das Exportland Nummer eins.[22]

In der „Dreigroschenoper" von Bertolt Brecht spielen Banken, indirekt im Zusammenhang auch mit der Börse, eine wichtige Rolle.

2. Der Börsenkrisen-Doppelpakt 1720

2.1 Mississippi-Krise in Frankreich

Der Anfang dieses Börsenzusammenbruchs könnte Stoff eines spannenden Krimis sein. Eine verheiratete Frau hatte eine Affäre mit dem aus Edinburgh stammenden John Law. Als der Ehemann hinter diesen Seitensprung kam, forderte er Law zu einem Duell heraus. Am Ende hatte der Ehemann doppelt verloren: die Frau und sein Leben. Wegen Mordes musste Law ins Gefängnis. Nachdem er die Wachen bestochen hatte, gelang ihm die Flucht aus dem King's-Bench-Gefängnis im Süden Londons. Auf seiner Flucht entwickelte Law eine Idee für ein neues Geschäftsmodell: Die Papierwährung sollte das Münzgeld von Gold und Silber ersetzen. Zudem lernte er an den Spieltischen beim bekannten Faro-Kartenspiel die Geheimnisse des Glücksspiels kennen und wie er sich erfolgreich vermarkten konnte.[1] Das größte Finanzabenteuer der damaligen Zeit begann. Denn bei seiner Flucht lernte Law nicht nur etwas über monetäre Herausforderungen der einzelnen Länder, sondern bot seine Papierwährungsidee den Regierungen in den Niederlanden, Deutschland, Ungarn und Italien an.[2]

Diese fand erst in Frankreich Gehör. Hier traf der verurteilte Mörder und Ökonom aus Schottland auf Philippe II. de Bourbon, duc d'Orléans.

Der Herzog war von Laws Wirtschaftstheorien angetan. Law überzeugte seinen Freund Philippe: Je mehr Geld da ist, umso mehr brummt die Wirtschaft, wovon der Staat leicht mitprofitiert.

Als am 1. September 1715 der verschwenderische „Sonnenkönig" Louis XIV. starb, hinterließ er Frankreich eine sagenhafte Staatsschuld von fast drei Milliarden Livres. Die Finanzen lagen komplett am Boden – die Zinslast für die Schulden betrug 90 Millionen Livres, die jährlichen Staatseinnahmen betrugen drei Millionen Livres. Der Nachfolger von Louis XIV. war Louis XV., damals noch ein Kind. Sein Vormund war Philippe II. de Bourbon, der die Amtsgeschäfte führte. Er erinnerte sich an Laws Ideen und sah darin die Lösung, die leere Staatskasse zu füllen. Philippe übertrug Law die Haushaltssanierung. In kürzester Zeit stieg Law dank seines Gönners zu einem der mächtigsten Männer Frankreichs auf.

In Bertolt Brechts „Dreigroschenoper" wird die Frage aufgeworfen, was moralisch verwerflicher ist: ein Bankeinbruch oder die Gründung einer Bank. Im Falle von Frankreich müsste die Antwort lauten: Das ist unerheblich. Denn der Regent Philippe II. übertrug mit dem königlichen Edikt vom 5. Mai 1716 Law die Erlaubnis, die Privatbank „Banque générale" zu gründen, die als erste Aktion Papiergeld mit staatlicher Deckung auf dem Markt einführte. Der Schotte war plötzlich als solider Finanzier und Sanierer des französischen Staatshaushalts in aller Munde. Schon bald vertrauten die Franzosen dem neuen Papiergeld. Sie waren überzeugt, dass dieses im Gegensatz zum zirkulierenden Hartgeld mit festgelegtem Silbergehalt langfristig seinen Wert behalte. Die Folge dieses Vertrauensvorschusses für das neue Zahlungsmittel war so enorm, dass Law zum „Zocker mit der Notenpresse" wurde und Unmengen von Banknoten druckte.[3]

Zu diesem Zeitpunkt erschlossen die Franzosen gerade den Westen der USA. In der Gegend des Mississippi-Deltas wurden nicht nur große

Edelmetallvorkommen vermutet, sondern auch die lukrativen Handelsgüter Kaffee, Zucker und Tabak angebaut. Um den Handel und die Erschließung der Bodenschätze in der französischen Kolonie Louisiana – benannt nach Louis XIV. – zu forcieren, gründete Law im Jahr 1717 die Aktiengesellschaft Compagnie d'Occident. An der Mündung des Mississippi gründete Law die Stadt La Nouvelle Orléans, das heutige New Orleans – benannt nach seinem herzoglichen Gönner. Zwei Jahre später bündelte Law unter dem Dach der 1719 gegründeten Compagnie Perpétuelle des Indes sämtliche Handelsmonopole für Ostindien, China, Teile der Südsee und Französisch-Amerika.[4]

Fast gleichzeitig wurde die Banque générale in die königliche Zentralbank, die Banque royale, umgewandelt. Die Geldmenge wuchs, das eigene Bankguthaben der Banque royale wuchs jedoch nicht in der gleichen Geschwindigkeit. Die Preise der Verbrauchsgüter stiegen an. So kostete eine Tasse Kaffee nicht mehr 50 Sous, sondern zur Jahresmitte 1719 18 Livres.[5]

Ab 1719 erfasste La Grande Nation ein großes Spekulationsfieber. Immer mehr Leute kauften in Erwartung der mit den Bodenschätzen prognostizierten Gewinne Aktien auf Pump und Kredit. Weitere Bevölkerungsschichten kamen zum ersten Mal mit der Börse in Kontakt. Vor allem die Aktien der Compagnie d'Occident waren der Verkaufsschlager.

An manchen Tagen drängten sich 15.000 Menschen aus allen Bevölkerungsschichten – vom Herzog über Markgrafen bis Handwerker – vor Laws Hauptquartier in der Pariser Rue Quincampoix, um Aktien zu erwerben. Die Zeichnungsanfragen übertrafen das Volumen der neu emittierten Anteile um ein Vielfaches. Das Volk bewegte sich auf dem Zenit der Verblendung.[6] Um genügend Barmittel zu besitzen, verkauften viele ihre Ländereien und verpfändeten ihren Schmuck. Eine enorme Sogwirkung entstand, weil jeder an diesem großen Glücksspiel teilnehmen wollte. Aktien, die einen Einstiegsnennwert von 50 Livres hatten, notierten ein Jahr später bei einem Kurs von unglaublichen 18.000 Livres. Zudem versuchte Law in der Hochphase der Spekulation die Nachfrage nach neu emittierten Aktien künstlich zu forcieren, indem er bewusst Gerüchte über gekaufte Journalisten streute, dass z. B. in Louisiana Goldminen entdeckt wurden. Für die Existenz des Goldes gab es keinerlei Beweise, aber jeder wollte sich eine goldene Nase verdienen. Denn es war nicht die Zeit der Zweifler und Zauderer.[7]

Liselotte von der Pfalz heiratete im Alter von 19 Jahren Philippe I. de Bourbon, Herzog von Orléans. Ihr Sohn war der Regent Philippe II. Über ihre Zeit in Versailles schrieb sie zahlreiche Briefe. Die Herzogin von Orléans berichtete über die Finanzpraktiken von Monsieur Las, wie die Pariser Bevölkerung John Law nannte. In mehreren ihrer Briefe erzählt sie, „wie narrisch die Banque von Mons(ieur) Law hi(e)r alle Menschen macht, (insbesondere) die Damen." Und fügte hinzu: „Die Banque von Monsieur Law zieht von allen Orten so viele Leute nach Paris, dass es unglaublich scheint."[8]

Im Jahr 1719 schrieb Daniel Defoe ein Essay über die Machenschaften von John Law. Unter dem Titel „The Chimera" kritisierte er die französische Überproduktion von Finanzmitteln, um die eigenen Staatsschulden zu tilgen. Das Buch wurde bereits 1720 gedruckt, also vor dem Platzen der Blase. Defoe verwendete das Bild der Chimäre, einem Tiermischwesen aus der griechischen Mythologie. Dieses Fabelwesen stand für ihn stellvertretend für die undurchsichtige Geschäftspraxis von Law, der bewusst die Öffentlichkeit durch sein verästeltes Firmengeflecht täuschen wollte. Über die Euphorie auf den Straßen des bankrotten Frankreichs schrieb Defoe: „Die ganze Welt scheint mit ungeheuren Summen nach Paris zu strömen. (…) Unzählige Familien sind durch diesen überraschenden Kursaufschwung der Aktien reich geworden."[9] Viele Franzosen wurden „millionaires“ (Millionäre), ein Begriff, der ab 1720 erstmalig verwendet wurde.[10]

Laws Finanzsystem basierte immer stärker auf einer zügellosen Vermehrung der Geldmenge und Aktien, die ungedeckt waren. Doch das Volk lag Law weiterhin zu Füßen. Aber die Alarmglocken hätten klingeln müssen, zumal das Parlament vor der großen Papiergeldmenge und dem Bankrott des Landes warnte. Regent Philippe überhörte diese Stimmen und ernannte den Schotten im Januar 1720 sogar zum „Generalkontrolleur der Finanzen“, eine Position, die mit dem heutigen Finanzminister zu vergleichen ist. Zuvor bekleidete Law bereits die Ämter des Zentralbankchefs und des Premierministers in Personalunion.

Das System brach 1720 endgültig zusammen. Die Geldvermehrung hatte zu einer Hyperinflation geführt. Am 27. Februar 1720 verbot Law das Hartgeld und das Land stand kurz vor einer Revolution.[11] Durch diesen Aufstand fiel der Kurs der Mississippi-Aktie in kürzester Zeit. Im Juni 1720 wertete die Banque royale das Papiergeld deutlich ab. Die Aktien brachen komplett ein. Die nervösen Anleger wollten ihre Banknoten in Gold umtauschen. Als dieser Tausch ihnen verwehrt wurde, versammelten sich über 15.000 aufgebrachte Anleger im Juli 1720 vor der Banque royale und stürmten das Bankgebäude.

Am 17. Juli 1720 war Laws Gesellschaft zahlungsunfähig. Seine Bank musste die Pforten schließen. John Law, der für den Aufruhr in Frankreich maßgeblich verantwortlich war, ging nach Venedig ins Exil. Aus der Ferne konnte er nach dem Tod des Regenten Philippe von Orléans im Dezember 1723 den Kurssturz der Compagnie-Aktie an der Pariser Börse verfolgen, deren Notiz daraufhin bald eingestellt wurde.[12] Law starb in Venedig im März 1729 verarmt. Sein Grab befindet sich heute in der Kirche San Moisè im Sestiere San Marco. Auf dem Gedenkstein steht der Spruch: „Hier liegt dieser berühmte Schotte, dieser unvergleichliche

Rechner. Der durch die Regeln der Algebra Frankreich ins Krankenhaus brachte."[13]

Saldo der Mississippi-Krise

Nach Laws Flucht betrug die Staatsschuld Frankreichs im Jahr 1721 rund 3,1 Milliarden Livres. Sieben Jahrzehnte nach Laws Ruin begann die Französische Revolution. Die große Unzufriedenheit der Franzosen, die fast alle bankrott waren, und die wirtschaftliche Misere nach der Mississippi-Blase hatten sicherlich das Revolutionsfundament gegossen. Aufgrund der bis dahin größten Geldvernichtungsaktion kehrte Frankreich wieder zum Münzsystem zurück. Es folgte eine langanhaltende Depression. Das Misstrauen gegenüber Banken und Papiergeld blieb in Frankreich lange tief verwurzelt.[14]

Der österreichische Ökonom Joseph Schumpeter sprach bei John Law zum ersten Mal von einer Manie, die „wie spätere Manien durch eine vorhergehende Periode der Innovation ausgelöst (wurde)." In diesem Fall war es das Papiergeld.[15]

Der Börsenzusammenbruch von Paris fand durch den Komponisten Georg Philipp Telemann Eingang in die Musik. Auch wenn seine Orchestersuite TWV 55:B11 erst im 20. Jahrhundert den Titel „La Bourse" erhielt, dürfte Telemann über die Finanzgeschehnisse in Paris um das Jahr 1720 informiert gewesen sein – und zwar aufgrund der Lage seiner Frankfurter Wohnung. Telemann verbrachte fast ein Jahrzehnt seiner Komponistenkarriere im Haus Braunfels auf dem Liebfrauenberg. Im Erdgeschoss vor dem Haus trafen sich im 18. Jahrhundert die Kaufleute und Wechselhändler zur Börsenversammlung. In den unterschiedlichen Aussagen spürt der Hörer die sich abwechselnden Gefühlsregungen der Anleger und wie sich in der Finanzwelt positive und negative Nachrichten in kurzen Zeitabständen ablösen.[16]

2.2 South Sea Bubble in England

„So schwärmt der verblendete Bankrotteur,
setzt alles auf eine verzweifelte Wette
und stürzt sich dann in die südlichen Wogen
über Kopf und Ohren in Schulden getaucht
Sag uns, du, der du es am besten weißt,
Warum in der gefährlichen Kluft tief,
Wo Hunderte und wo Tausende fielen,
Die Narren schwimmen hauptsächlich, die Weisen sind ertrunken?"

(Jonathan Swift, The South Sea Project)

Der irische Schriftsteller Jonathan Swift, der 1726 das Buch „The travels into several remote nations of the world by Lemuel Gulliver" (deutsch: Gullivers Reisen) veröffentlichte, setzte sich anfangs für das Projekt der South Sea Company ein. Doch am Ende zählte er zu den Hunderten von Engländern, die ein beträchtliches Vermögen verloren hatten. In seinem 1721 veröffentlichten Gedicht „The South Sea Project"[17] verglich er die Exchange Alley mit einem Tiefseegraben in der Südsee, auf welcher die Geblendeten mit Booten hin- und herfuhren. Hierin verwendete er die Zeile „Garraway cliffs". Mit dieser Formulierung wollte er auf das Kaffeehaus Bezug nehmen, in dem viele Spekulationsgeschäfte getätigt wurden.[18]

Zwischen den beiden Spekulationsblasen in Frankreich und England im Jahr 1720 gibt es eine große Gemeinsamkeit: Beide Länder waren komplett bankrott. War es in Frankreich ein verschwenderischer König, musste die englische Regierung gegen einen Schuldenberg ankämpfen, der sich seit zehn Jahren aufgrund des Spanischen Erbfolgekrieges aufgebaut hatte. 1711 betrug das Haushaltsdefizit rund 9,5 Millionen Pfund.

Der Schatzkanzler Robert Harley wendete sich an den Unternehmer John Blunt, der ihm die Gründung einer Gesellschaft für den Handel mit Südamerika vorschlug.[19]

Kurze Zeit später gründete Blunt die South Sea Company als Aktiengesellschaft, um das Handelsmonopol über die spanischen und portugiesischen Kolonien zu erlangen. Durch den 1713 geschlossenen Vertrag von Utrecht war der Spanische Erbfolgekrieg beendet. Neben dem lukrativen Sklavenhandel, dem „Asiento de Negros“, sicherte sich die englische Krone Gebietszugewinne wie Neuschottland, Neufundland, Menorca oder Gibraltar.

1717 verabschiedete das englische Unterhaus den South Sea Act, der die Erhöhung des Aktienkapitals der South Sea Company von zehn auf zwölf Millionen Pfund erlaubte. Die Bank of England trat nun in den Wettbewerb mit der South Sea Company und bot ihrerseits dem König an, einen Großteil der Staatsschulden – Ende 1719 beliefen sich die englischen Staatsschulden auf 50 Millionen Pfund – zu übernehmen. Im Parlament warnte der Abgeordnete Robert Walpole, der die Interessen der Bank of England vertrat, frühzeitig, dass die South Sea Company mit unrealistischen Versprechen den Aktienkurs künstlich in die Höhe treibe und die Bevölkerung durch lukrative Dividenden zum Aktienkauf locke.[20] Die Wirklichkeit sah anders aus: Der spanische König Philipp V. dachte gar nicht daran, nach dem Vertrag von Utrecht auf weitere Handelsprivilegien wie die Einnahmen aus den Gold- und Silberminen in Mexiko und Peru zu verzichten. Der eigentliche Businessplan der South Sea Company hatte einen Haken und konnte aufgrund der Blockade Spaniens nicht umgesetzt werden.

Im 17. Jahrhundert steckte London in seinen Anfängen als Finanzzentrum. Seit 1571 existierte in London die Royal Stock Exchange. Joseph Addisons berühmter Aufsatz über die Royal Exchange im Spectator Nr.

69 vom 19. Mai 1711 unterstrich die Rolle des Handels als Hauptinstrument und erklärte die Royal Exchange zum „Handelszentrum der Welt" („Emporium for the whole Earth").[21] Doch Ende des 17. Jahrhunderts wurde der Handel mit Unternehmensanteilen – die Unternehmensform der Aktiengesellschaft war in England bereits bekannt – oftmals nicht an der Royal Stock Exchange durchgeführt, sondern in den rund 82 Kaffeehäusern wie dem Jonathan's Coffee House oder Garraway's im Finanzdistrikt. Das Jonathan's Coffee House war während der South Sea Bubble der „große Zufluchtsort der Spekulanten", wie es Charles Knight 1844 schrieb.[22]

Mit der „Glorious Revolution" fand ab Ende des 17. Jahrhunderts ein Wirtschaftsaufschwung statt und London wurde aufgrund der zugewanderten Finanziers aus den Niederlanden und Frankreich zu einer der wichtigsten Finanzkapitale.[23]

Wie schon über die Ereignisse in Paris veröffentlichte Daniel Defoe, der als erster Berufsjournalist gilt, Berichte über die Südseeblase. Seine Artikel sind einzigartige Zeugnisse aus dieser Zeit des Spekulationsfiebers, auch wenn er sich nicht neutral verhielt: Denn er unterstützte die South Sea Company, weil er sich finanzielle Möglichkeiten vom Handel mit Südamerika erhoffte.[24] Während Defoe lautstark Laws französisches Projekt verurteilte, äußerte er in seiner ab Anfang 1720 geführten Zeitung Commentator nur wenig Kritik an der South Sea Company. Im Juli 1720 verglich er das französische Mississippi-Projekt mit der englischen South Sea Company: „Unsere South Sea Company, die über ein solides Fundament verfügt, das ihre Kreditwürdigkeit stützt und es ihr ermöglicht, Zinsen und Dividenden zu zahlen, kann nicht sinken. (…) Der Unterschied zwischen South Sea und Mississippi liegt nämlich zwischen stabilem Geld und Fälschung, wie zwischen Substanz und heiße Luft, wie zwischen einer echten Schönheit und gemalten Hure (‚a real Beauty and a painted

Whore').“[25] Auch Journalisten können sich irren. Defoe konnte dem Aktienboom nicht widerstehen, investierte kräftig in die Papiere und verlor.

Die englische Öffentlichkeit war zum damaligen Zeitpunkt in Finanzfragen noch sehr unerfahren und ungebildet. Vielen Anlegern war nicht bewusst, dass der Aktienkurs nicht auf fundamentalen Wirtschaftsdaten basierte, sondern lediglich auf Erwartungen, die mit einem Handel von Gold- und Silberschätzen in Zukunft eintreten sollten. Ohne nachzudenken investierte die englische Gesellschaft genauso wie der englische König Georg I. Sie übersahen, dass die South Sea Company außer Aktienemissionen bislang keine operative Aktivität erfolgreich zu Wege gebracht hatte. Des Weiteren stand Bestechung und Schaffung einer ganz engen Verflechtung zwischen Politik und South Sea Company ganz oben auf der Tagesordnung der Aktiengesellschaft. Regierungsvertreter erhielten Aktien, Direktoren der South Sea bekamen Sitze im Parlament. Angesichts dieses Abhängigkeitsverhältnisses war an eine neutrale, umfassende Kontrolle des Geschäfts nicht mehr zu denken. Des Weiteren beherrschte die South Sea Company das Spiel, öffentliches Gesprächsthema zu bleiben, weil das Unternehmen seine Aktienemissionen immer mit einer parallel stattfindenden PR-Kampagne begleitete.[26]

Eine Neuigkeit vernebelte den finanziellen Scharfsinn in England komplett. War in Frankreich das Papiergeld als neues Finanzinstrument mitverantwortlich für die Blase, tauchten in England immer mehr Aktiengesellschaften auf, die als „neues Wunder“ der Finanzwirtschaft angesehen wurden. Allein in den 1720er-Jahren entstanden in England über 190 neue Aktiengesellschaften. Die sogenannten Bubble companies waren größtenteils Schwindelunternehmen rund um die South Sea Company. Aufgrund dieser „wahnsinnigen Blaseninfektion“, wie es Defoe formulierte, entstanden Fake-Firmen mit Namen wie die „Gesellschaft zur

Durchführung eines überaus nützlichen Unternehmens, das aber noch niemand kennt."[27]

Doch dann ging es Schlag auf Schlag. Mit dem sogenannten Bubble Act im Juni 1720 zog die Regierung die Notbremse, um gegen unseriöse Aktiengesellschaften vorzugehen. Ab diesem Zeitpunkt sollten zwielichtige Firmengründungen verboten werden und die Neugründung bedurfte einer ausdrücklichen Genehmigung durch ein königliches Dekret. Das Vertrauen der Anleger schmolz bei Aktiengeschäften und dieser Stimmungsumschwung auf dem Markt traf auch die South Sea Company. Zeitgleich zum Bubble Act kursierten Gerüchte, dass die South-Sea-Direktoren und Politiker sich von ihren Aktienpaketen trennen wollten. Lag der Aktienkurs der South Sea Company Anfang des Jahres 1720 noch bei 120 Pfund, vervielfachte sich der Aktienkurs binnen weniger Monate auf den Höchststand von 1050 Pfund im Juli. Der Kurs stürzte auf 175 Pfund (Dezember) ab. Die Blase platzte. Die Anleger waren ruiniert, die Menschen verloren ihr Geld. Wut machte sich auf den Straßen Londons breit. Auch viele bekannte englische Berühmtheiten verloren viel Geld mit der South Sea Bubble. Neben Defoe bezahlten die Journalisten Jonathan Swift und Richard Steele ihre Euphorie mit viel Vermögen. Eine Gravitation anderer Natur erfuhr der Wissenschaftler Isaac Newton. Auch er wurde von der „Masse" der Spekulanten angezogen und verlor rund 40 Prozent seines Vermögens, weil er in South Sea investierte. Im Herbst 1720 schrieb der Wissenschaftler von Weltrang selbstironisch: „Ich kann die Bewegungen der Himmelskörper berechnen, aber nicht die Verrücktheit der Menschen". Ab dem Frühjahr 1720 war er Teil der Spekulationsmanie. Nach anfänglichen Gewinnen verlor Newton am Ende rund 20.000 Pfund.[28]

Saldo der South Sea Bubble

Schriftsteller Charles Mackay zog folgendes Resümee: „Jeder hochnäsige Blick, jede überhebliche Äußerung erhielt jetzt die verdiente Quittung und wurde hundertfach mit Armut und Demütigung zurückgezahlt."[29] Die Folge der geplatzten Blase war für England eine schlimme Wirtschaftskrise.

Die Gier der Öffentlichkeit und die große Unerfahrenheit der Anleger mit Finanzprodukten förderten die Kursanstiege. Wichtige Akteure, wie die Bank of England oder das Parlament, trafen Entscheidungen erst unter Zeitdruck. Im Dezember 1720 wurde die South Sea Company in einer Notrettung von der Bank of England und der East India Company übernommen. Es dauerte sehr lange, bis die englische Bevölkerung wieder dem Börsenmarkt vertraute und in Aktien investierte.[30]

Die Börse in Lyon wurde 1540 gegründet und ist eine der ältesten Wertpapierbörsen der Welt. Hier wurden erstmalig keine Waren, sondern Schuldscheine und einfache Finanztitel gehandelt. Der erste Handel mit Aktien setzte an der 1602 eröffneten Amsterdamer Börse ein.

3. Das Jahrhundert der nationalen Börsenkrisen in Berlin, Wien und Paris

3.1 Das Jahr 1848: Revolutionen auf dem Straßenasphalt und Börsenparkett

„Die eigentlichen Tempel unserer modernen Religion, die Börsengebäude, werden zwar sehr sinnreich wieder auf griechische Säulen construiert.“[1]

(Richard Wagner in „Das Kunstwerk der Zukunft“)

In der ersten Hälfte des 19. Jahrhunderts waren an der Berliner Börse in der Burgstraße die Eisenbahnaktien der Verkaufsschlager, weil sie hohe Renditen versprachen. Immer mehr Privatanleger investierten ihr Geld in Aktien, auch wenn die Eisenbahngesellschaften bescheidene Kursgewinne verzeichneten. Die Spekulation mit Bahnaktien wurde mit jeder neu eröffneten Strecke angeheizt.[2] Das bereits im November 1838 erlassene preußische Eisenbahngesetz förderte die Privatisierung des Eisenbahnbaus. Der Staat kümmerte sich wenig um den Ausbau des Schienennetzes und hielt sich bei der einsetzenden Industrialisierung hinsichtlich der Finanzierung komplett zurück, sondern überließ diese vor allem Privatpersonen und Privatunternehmen. Dies führte zu immer mehr Aktiengesellschaften, die sich auf das „Transportmittel der Zukunft“ spezialisiert hatten. Der Markt mit Anteilen an Bahnunternehmen stand richtig unter Dampf, zumal der preußische Staat ab 1844 eine Zinsgarantie von 3,5 Prozent auf Eisenbahntitel einführte. Die Folge war eine Hausse bei diesen Werten und eine Spekulationsblase.[3] Die Spekulation nahm immer weiter zu. „Hätte der Staat den Bau der Eisenbahnen übernommen, so wäre der Aktienschwindel bei uns ebenso vermieden worden", schrieb die Kölnische Zeitung.[4] Als die Anteile schlagartig an Wert verloren und ein Bärenmarkt einsetzte, verstanden die Anleger nur Bahnhof.

In Frankreich, das 1848 das „europäische Revolutionspulverfass" zum Explodieren bringen sollte, hatte die Börse noch wenig Rückhalt in der Bevölkerung.

Die französische Gesellschaft machte sich zu diesem Zeitpunkt über den Stellenwert der Börse und Spekulationen keine Gedanken. Arbeiter und Bürger wollten mehr Rechte und stürzten in der Februarrevolution 1848 den französischen König Louis-Philippe. Die Nachricht von der Seine verursachte an vielen Börsenplätzen, wie in Berlin, große Unruhe. „Wir haben noch niemals eine so plötzliche Reaktion der Kurse erlebt wie am 29. Februar nach Eingang der Nachrichten über die Pariser Ereignisse", wie die überregionale Kölnische Zeitung Anfang März schrieb: „Die Börse glich an jenem Tage einem alles verschlingenden See-Ungeheuer(s), da ein Großteil der Spekulanten der Baisse zugeneigt waren."[5]

Der Erfolg auf der Pariser Straße löste eine Revolutionswelle in Europa aus. Ab dem 18. März 1848 revoltierten die Bürger zunächst in den deutschen Klein- und Mittelstaaten – als letztes erreichte die bürgerlich-demokratische Revolution Preußen. Auslöser der Revolution waren vor allem die extrem gestiegenen Lebensmittelpreise, die die Menschen nicht mehr bezahlen konnten. Ernteausfälle in Europa ließen die Preise von Kartoffeln und Getreide sprunghaft ansteigen.[6] Der Großteil der Bevölkerung hatte indes kein gesichertes Einkommen mehr, weil die Betriebe

Einsparungen an ihrer Belegschaft vornahmen. Die Wirtschaftskrise verschärfte die politischen Spannungen.

Der Aktienmarkt reagierte auf die Revolution mit starken Kurseinbrüchen. Die unsichere politische Situation schickte die Börsen auf Talfahrt. Zwischen Ende März und Ende Mai 1848 erreichten die Börsenkurse nie gesehene Tiefstände.[7] Zeitgenössische Zeitungen schrieben über die Achterbahnfahrt an den Börsen. Anfang Juli 1848 erfuhren die Leser der Düsseldorfer Zeitung: „Je rascher die Ereignisse aufeinanderfolgen, desto langsamer wird sich das Vertrauen an der Börse herstellen. Kaum ist die Börse zwei Schritte vorwärtsgekommen, so geht sie wieder einen Schritt zurück."[8]

Zwei Monate nach der Revolution wurde am 18. Mai 1848 ein gewähltes gesamtdeutsches Parlament in der Paulskirche in Frankfurt eröffnet. Ende 1848 verabschiedete das Parlament ein Reichsgesetz, das unter anderem persönliche und politische Freiheitsrechte garantierte.[9]

Die beiden wichtigsten Orte für das Effektengeschäft zu dieser Zeit der Revolution waren Berlin und Frankfurt. Berlin war aufgrund seiner Bankendichte um 1848 noch der wichtigste Börsenhandelsplatz.[10] Doch Frankfurt nahm aufgrund der Messe und den beiden Bankhäusern Bethmann und Rothschild im Finanzmarkt eine zunehmend wichtigere Stellung ein. Das Haus Rothschild[11] hatte sich einen ausgezeichneten, europäischen Ruf erworben. Viele andere Bankiers waren von dieser Frankfurter Geldmacht abhängig, die ebenfalls die Börse beherrschte und starken politischen Einfluss hatte. Salomon Rothschild soll gesagt haben: „An die Börse muss man gehen, wie in ein kaltes Brausebad: schnell hinein und schnell wieder heraus." Das eigentlich Geniale aber war schon im 18. Jahrhundert die Kommunikation der Familie Rothschild. Die Brüder schrieben sich täglich, alles war mit Brieftauben, Kutschen und Pferdekurieren perfekt organisiert. So hatten sie immer einen Informationsvorsprung. Teilweise setzten die Gegner der Familie Falken ein, um die Brieftauben abzufangen und den Kommunikationsweg zu unterbrechen.[12]

Der liberale Umgang der Politik mit den Zeitungen nach der Revolution von 1848, die Vielzahl neuer Aktiengesellschaften und der wirtschaftliche Aufschwung forcierten den Finanzjournalismus. Die beiden Frankfurter Bankiers Heinrich Bernhard Rosenthal und Leopold Sonnemann brachten ab 1856 die Frankfurter Handelszeitung auf den Markt – die Geburtsstunde der zwei Jahre später in Frankfurter Zeitung unbenannten Publikation, die aufgrund ihrer Wirtschaftsberichterstattung zur angesehensten Tageszeitung wurde. Für Sonnemann, wie er in seinen Erinnerungen formulierte, war das Hauptziel des neuen Blattes die Auswüchse der Spekulation an den deutschen Börsen zurückzudrängen: „Es galt dem deutschen Publikum die großen Gefahren des Aktienwesens nahezulegen und die Unhaltbarkeit mancher neuen Schöpfung nachzuweisen."[13]

3.2 Das Börsencrashjahr 1873: Der Doppelpakt in Wien und Berlin

Die „Kinderstube des Kapitalismus"[14] mit einer stark wachsenden Industrialisierung wurde 1873 auf eine harte Probe gestellt. Denn fast zeitgleiche Einbrüche an den Aktienmärkten in Wien (Mai), New York (September) und Berlin (Oktober), trübten die Euphorie in der Wirtschaft. Mitauslöser war der ab den 1860er-Jahren stattfindende Eisenbahnboom, weil diese neue Infrastruktur neue Finanzierungsmethoden benötigte. Die Aktiengesellschaften ermöglichten die Akkumulation größerer Menge an Kapital.[15]

Wiener Börsenkrach

„Eine Börsenkrise ärgster Art ist hereingebrochen (...). Während Österreich auf dem Gebiet des Handels, der Industrie und der Landwirtschaft in rascher und gesunder Entwicklung begriffen war, hatte sich ein aller Schranken der Vorsicht und Solidität überschreitendes Börsenspiel zum Beherrscher des Geldmarktes aufgeworfen (...).“[16]

(Wiener Zeitung am 17. Mai 1873)

Hundert Jahre nach der Eröffnung der Wiener Börse (1771) galt sie im Vergleich zu anderen Finanzzentren eher als ein Mikrokosmos in der Finanzwelt. Nach der überraschenden Niederlage des Habsburgerreichs gegen Preußen (1866) geriet zwar die österreichische Wirtschaft kurzfristig aus dem Gleichgewicht, erlebte aber kurze Zeit später vorrangig in den Bau- und Bahnwerten ein Boom. Zwischen 1867 und 1873 feierten insgesamt rund 700 neue Aktiengesellschaften ihre Erstnotierung. Die Börse bildete zunehmend den Brennpunkt des Wirtschaftslebens. Die Tatsache, dass die Börse wenig reguliert wurde, ließ die Börse boomen, weil jeder, auch Leute mit wenig Einkommen, Aktienpositionen erwarben.[17] Ein zeitgenössischer Autor schrieb: „Überhaupt ist bereits mehrmals darauf hingewiesen worden, dass dem Österreicher verführt durch das hier seit Jahrzehnten besonders ausgeprägte Lotto und die Losanleihen, die Spielwut bis zu einem gewissen Grad im Blut lag.“[18] Über die Zeit seiner Eltern vor der Börsenkrise 1873 schrieb Stefan Zweig: „In ihrem Österreich gab es in jener windstillen Epoche keine jähe Staatsumwälzung, keine jähen Wertzerstörungen. Wenn einmal an der Börse die Papiere vier oder fünf Prozent verloren, nannte man es schon einen Krach und sprach mit gefalteter Stirn über die Katastrophe.“[19]

Die Kehrseite des Wiener Booms war die Leichtgläubigkeit gerade von liquiditätsschwachen Personen, die kaum volkswirtschaftliches Wissen besaßen. Auch sie investierten in neue Unternehmen, weil Zeitungsartikel und Inserate wöchentlich steigende Kurse und höhere Zinsen versprachen.

Am 1. Mai 1873 eröffnete im Wiener Prater die Weltausstellung. In den Monaten vor der Weltausstellung stiegen bereits die Aktienkurse und die Immobilienpreise in astronomische Höhen. Selbst die kaiserliche Familie, das Haus Habsburg, spekulierte kräftig mit. Erzherzog Ludwig Viktor, der Bruder von Kaiser Franz Joseph, investierte viel Geld auf dem Aktienmarkt. Auch wenn am Ende von den erwarteten zehn Millionen Besuchern nur sieben Millionen zur Weltausstellung kamen und die Kosten dreimal höher (19,1 Millionen Gulden) als die projektierten Ausgaben (sechs Millionen Gulden) ausfielen,[20] blähte sich zeitgleich der Aktienmarkt in der österreichisch-ungarischen Doppelmonarchie auf.

Die Wiener Spekulationsblase wurde sehr stark durch unkritische Zeitungsartikel gefördert. Doch die Anleger wussten nicht, dass die positive Berichterstattung zumeist aufgrund eines Kopplungsgeschäftes zwischen Aktiengesellschaft und Zeitung entstand. Das Anzeigengeschäft war eine lukrative Einnahmequelle für die Zeitungen. Im 19. Jahrhundert war der Journalismus weit von der heutigen „Follow the money"-Recherchepraxis entfernt. Dabei handelt es sich um eine investigative, journalistische Methode, um Finanzströme zu verfolgen und mögliches, unrechtmäßiges Fehlverhalten von Wirtschaftsmanagern oder Politikern aufzudecken. Die Wiener Redaktionen, wie die 1864 gegründete Neue Freie Presse, waren jedoch 1873 nicht daran interessiert, Formen von Wirtschaftskriminalität aufzudecken. Anstatt eine unabhängige Kontrolle der wirtschaftlichen Vorgänge einzufordern, hielten sich die Journalisten mit Warnungen vor den „Taschenspielertricks" am Börsenparkett zurück. Zeitungen erwarben Aktienpakete, die sie ihren Lesern in zahlreichen Artikeln empfahlen. Von diesen Beteiligungen erfuhren die Leser nichts.

Es geschah alles im Geheimen. Der Journalismus wurde abhängig von der Welt des Kapitals.

Wenige Tage nach der Eröffnung der Weltausstellung meldete die Franco-Ungarische Bank in Budapest ihre Insolvenz. Dies löste eine große Welle an Kursverlusten aus. Anleger verkauften massenhaft ihre Papiere, Panik brach aus. Die Kurse in Wien stürzten ab, Maklerbanken brachen zusammen. Im Wiener Börsensaal an der Ringstraße kam es zu Tumulten.

Die Kurse brachen bis zu 90 Prozent ein. Am Schwarzen Freitag, den 9. Mai 1873, musste die Polizei die Börse um 13 Uhr schließen. Fast zeitgleich trennte sich die Österreichische Creditanstalt von Effekten in Höhe von 20 Millionen Gulden. Die Insolvenz des Kommissionshauses Petschek – Petschek hatte Schuldscheine in den Umlauf gebracht, die nur zu einem geringen Teil gedeckt waren – riss 120 Unternehmen in die Tiefe.[21] Eine Zeitung kommentierte den Kursverfall mit folgenden Worten: „In der Nacht von 9. auf den 10. Mai 1873 wurden aus Aktien Papiere, in denen die Naschmarktfrauen den Salat einwickelten."[22] Einer der Zeitzeugen war der deutsche Volkswirtschaftler Albert Schäffle, der Professor in Wien war und im Jahr 1871 für acht Monate das Amt des Handels- und Ackerbauministers im österreichischen Kaiserreich bekleidete. Er schrieb: „Im Laufe des Jahres 1873 brach endlich das Strafgericht über ein Schwindeltreiben herein. (…) Aber nirgendwo hat der tolle Tanz um das goldene Kalb mit solchem Schrecken ein Ende genommen wie in Wien."[23]

Erst nach dem Zusammenbruch passten die Zeitungen ihre Berichterstattung an die neuen Umstände an. So schrieb die Neue Freie Presse in ihrer Ausgabe am 10. Mai in ihrem Leitartikel: „An der Börse herrscht Panik. (…) Jammer, Elend und Vernichtung."[24] Die einst euphorischen Erfolgsmeldungen wurden von Handlungsaufforderungen an die Politik, das Finanzministerium und die Nationalbank abgelöst. Die Redaktionen warfen Politikern, die sehr eng mit der Wirtschaft verbunden waren, vor, nicht aktiv etwas unternommen zu haben.[25] Die Zeitschrift Der Tresor bilanzierte, dass sich der Börsen-Übermut rächte: „Jedes Übermaß trägt sein Korrektiv in sich. Die Katastrophe, welche alle Denkenden längst vorausgesagt, die aber, weil unerwartet lange aufgeschoben, gleich einer abergläubischen Prophezeiung nachgerade zum Kinderspott für die Apostel der Börse geworden war, sie ist nun mit verheerender Gewalt hereingebrochen."[26]

Nachdem bis Ende Mai rund vierzig Banken, sechs Versicherungen, ein Eisenbahnunternehmen und 52 Industriegesellschaften Insolvenz anmeldeten, griff die Nationalbank ein. Gemeinsam mit 20 solventen Banken setzte die Nationalbank einen Aushilfsfonds auf. Die Nationalbank verfügte über eine Reserve von 18 Millionen Gulden. Zur Einordnung: Allein die Creditanstalt hatte in den turbulenten Tagen vor dem großen Krach Aktienpakete im Wert von 20 Millionen Gulden auf dem Markt platziert. Dieser Fonds beruhigte dennoch die Lage, der den Banken Überbrückungskredite gewährte und die Liquidität weiterhin aufrechterhielt.

Die Öffentlichkeit war vom plötzlichen Zusammenbruch überrascht und über die Verheerungen erschüttert. Zwischen Mai und Juni gab es eine Suizidwelle in Wien. Gescheiterte Spekulanten sprangen in die Donau. Schäffle berichtete über einen Schwindler mit Namen Modern, der die Chance nutzte, um unerkannt nach Ungarn zu fliehen: Er „legte seine Kleider am selben Punkt einer Donaukanal-Brücke nieder, wo im Monat Mai und Juni sich fast allnächtlich eine oder zwei Personen ins Wasser stürzten. Er betrieb aber den Selbstmord „modern", d. h. als Schwindel; denn statt sich in die Donau zu stürzen, floh er unter falschem Namen."[27]

Saldo des Wiener Börsenkrachs

Mit dem Trinkduett aus der Fledermaus-Operette, die ein Jahr später nach dem Börsenkrach in Wien uraufgeführt wurde, hatte Johann Strauß der Stimmung am Schwarzen Freitag ein musikalisches Denkmal gesetzt. Im Finale des Ersten Aktes singt der Gesangslehrer Alfred die Zeile: „Glücklich ist, wer vergißt, was doch nicht zu ändern ist."

Der Krach der Wiener Börse löste einen Flächenbrand aus. Die wirtschaftlichen Folgen im Habsburgerreich waren enorm. Angehörige aller Schichten – vom Beamten über Großgrundbesitzer bis hin zum Haus Habsburg – hatten sich an der Börsenspekulation beteiligt und ihr gesamtes Vermögen verloren.[28] Zudem wurden Schutzzölle auf Warenimporte eingeführt und ein politischer Antisemitismus begünstigt, der sich vorrangig gegen jüdische Finanzakteure und Unternehmer richtete.

Karl Kraus (1874–1936) machte mit seiner ab 1899 erscheinenden Zeitung Die Fackel mit den Mitteln der Polemik und Satire auf soziale Missstände aufmerksam. Dabei kritisierte er auch immer wieder die Börse. Über den Wiener Börsenkrach schrieb er: „Es wäre der Gipfel der Heuchelei, wollte man plötzlich so tun, als ob man nie geahnt hätte, dass Bankbeamte mit Riesenbeträgen an der Börse spielen. (…) Und wer sind die Richter, denen man zumutet, das Börsenspiel von Beamten zu verdammen! (…) Es gibt kein widerlicheres Schauspiel als den Versuch, eine in ihrem Wesen unmoralische Institution mit Moral zu schminken und es gibt kein törichteres Schwärmen als das für eine korruptionsfreie Börse und Banken."[29] Über eine Gruppe im „Spielerkreis der Börse am Schottenring"[30], wie Kraus es formulierte, urteilte der Volkswirtschaftler Albert Schäffle. Banken, die „unmoralische Personen" darstellen, waren für ihn genauso die „Hauptursache des schnöden Spieltreibens" wie die „Bestechlichkeit selbst allergrößter Journale."[31]

Nach der Krise fand im Habsburgerreich eine intensive Auseinandersetzung mit den Börsen statt. Am 1. April 1875 trat in Österreich ein neues Börsengesetz in Kraft – weg von der Staatsbörse hin zu mehr Autonomie. Die Unterstellung der Börsen unter einen staatlichen Kommissar und ein verbesserter Gläubigerschutz wurden eingeführt.[32]

Börsenkrise in Berlin setzt dem Kaiserreich die Krone auf

„Das politische Leben wurde ersetzt durch das Fieber der Spekulation, die Gier nach Gewinn, die Sucht des Spiels. (…) Börsenspekulation soll als die Basis der industriellen Entwicklung sein, oder besser gesagt, alle industrielle Tätigkeit soll bloßer Vorwand zur Börsenspekulation werden.“[33]

(Karl Marx in New-York Daily Tribune am 11. Juli 1856)

Im Deutschen Bund (1815–1866) bzw. Norddeutschen Bund (1867–1871) lief die Industrialisierung seit der Jahrhundertmitte auf vollen Touren. In den 1850er-Jahren brach ein Börsenfieber aus oder wie es Karl Marx in einer US-Zeitung über den „Börsenzauber“ formulierte: „Die Sucht reich zu werden, (…) Geld in Aktiengesellschaften zu investieren und mit Aktien zu spekulieren wurden zur Leidenschaft des Tages und ergriff alle Klassen, vom Bauern bis zum Fürsten mit der Adelskrone.“[34]

Die erste deutsche Wochenzeitschrift Die Gartenlaube – Illustriertes Familienblatt beschrieb in einer ihrer Ausgaben 1869 das wachsende Interesse an der Börse in der Öffentlichkeit: „Dieses moderne Heiligtum ist die Berliner Börse, seine Besucher sind verschiedene Bankiers, Spekulanten à la hausse und à la baisse, Makler und Agenten. (…) Schon von halb zwölf Uhr an sammelt sich ein zahlreiches Publikum in der Vorhalle der Börse, einer prachtvollen Säulenhalle. Man drängt sich hier Mann an Mann dem Eingange zu. Zehn Minuten vor Zwölf werden die Flügeltüren der Börse geöffnet und nun beginnt das weniger feierliche als geräuschvolle Schauspiel.“[35]

Zeit ist Geld. Je eher die Informationen das Parkett erreichten, desto schneller konnten Gewinne realisiert und Verluste abgemildert werden. Während Wirtschaftstelegramme aus Frankfurt oder Hamburg in wenigen Sekunden im Haupttelegrafenamt der Stadt eintrafen, brauchte es eine Ewigkeit, bis die Kuriere mit diesen Telegrammen die Börse erreichten. Aus diesem Grund wurde im Jahr 1865 die Rohrpost zwischen der Berliner Börse und dem Haupttelegrafenamt eröffnet. Die 864 Meter lange „pneumatische Rohrleitung“ wurde von Werner von Siemens gebaut. Bei diesem neuen Kommunikationsmedium wurde der Brief im Haupttelegrafenamt in eine „Rohrpostbüchse“ gesteckt und mit rund 15 Metern pro Sekunde durch das Netz geschickt.[36]

Mit der Gründung des Kaiserreichs 1871 erhielt die Berliner Börse, die erst 1805 in ein eigenes Gebäude einzog und somit 1875 ihr 70-jähriges Jubiläum feierte, einen entscheidenden Standortvorteil. Denn die neu gegründete Deutsche Bank, die Commerzbank und die Dresdner Bank eröffneten ihren Hauptsitz im neu entstandenen Bankenviertel der Reichshauptstadt, das unweit zur Börse in der Burgstraße lag.[37]

Im Deutschen Reich gab es mit der Mark eine neue nationale Währung.[38] Das Kaiserreich profitierte von der Beseitigung der letzten Zollschranken und Reparationszahlungen aus Frankreich. Der schnelle Sieg über Frankreich mit der Unterzeichnung des Friedensvertrags in Frankfurt im Mai 1871 füllte unerwartet die Staatskassen mit einer französischen Kriegsentschädigung in Höhe von fünf Milliarden Francs. Dieses Geld löste einen Gründerboom aus, heizte eine Sonderkonjunktur an und sorgte für eine Hausse an den Börsen. Die Liberalisierung des Aktiengesetzes im Juni 1870 erleichterte die Gründung von Aktiengesellschaften. Dies hatte zur Folge, dass in den Gründerjahren zwischen 1871 und 1873

928 neue Aktiengesellschaften gegründet wurden,[39] vor allem in den Branchen Banken, Eisenbahn, Bau und Montan. Doch die wenigsten der AG-Newcomer hatten ein solides finanzielles Fundament, sondern wollten lediglich von den steigenden Aktienkursen profitieren und emittierten oftmals reine Spekulationspapiere.[40] Die Börse wurde von der positiven Stimmung erfasst. So stiegen die Tagesumsätze an der Berliner Börse von 24,5 Milliarden Taler (1870) auf 60,5 Milliarden Taler (1871).

Durch die zusätzliche Liquidität und die neuen Finanzierungsmöglichkeiten entstanden in der Kaiserzeit neben der Elektroindustrie – von der Starkstromtechnik bis zum Telefon – vor allem innovative Firmen in der Chemieindustrie und im Maschinenbau. Die gerade entstehende Autoindustrie spielte am Kapitalmarkt noch keine große Rolle. Die Börse erlebte eine Gründerjahrehausse. Viele Börsianer bezeichneten den Wertpapierhandelsplatz untereinander als „Palast der Prinzessin Mumpitz", weil die Anleger an einen immerwährenden Boom mit hohen Kursgewinnen glaubten. Im Nachwort zur dritten Auflage des Buches „Das Kapital" ergänzte Friedrich Engels einen Abschnitt über die Börsen, dem „Herd der äußersten Korruption": „Die Börse ist die hervorragend erste Vertreterin der kapitalistischen Produktion."[41]

Die Berliner Börse wurde zum Ort der Kontaktpflege, des Informationsaustausches und der Anbahnung von Inseratengeschäften zwischen Medien und Finanzvertretern.[42] Die Verknüpfung von journalistisch-verlegerischen Interessen mit privat-geschäftlichen Interessen belastete die Objektivität der deutschen Medien schwer. Es kam zu Abhängigkeitsverhältnissen – Inseratengeschäfte gegen Veröffentlichungen. Die Medienhäuser buhlten um neue Werbeanzeigen und litten zunehmend unter dem Druck des „Inseratenhungers".[43] Eigeninteressen der Redakteure standen der journalistischen Objektivität entgegen.

Der Historiker Heinrich Wuttke kritisierte bereits in den 1860er-Jahren, dass das „Urteil der Zeitung (…) mithin durch den Inseratenteil“[44] bestimmt werde. Die positiven Berichte über Aktiengesellschaften und Anzeigen beeinflussten die Hausse an der Börse, weil die Anleger glaubten, dass die Zeitungen die Wahrheit sagten. Doch es gab auch kritische Stimmen: Das Finanzblatt Der Tresor stellte in seiner Ausgabe die Frage, ob die Börse die erste Violine im Staat spiele und hier nicht der Staat zu Mitteln greifen sollte, wenn die „Wurzel der Volkswirtschaft, die Steuerkraft des Landes in Gefahr“ sei. Die Redaktion ging vor allem mit den Bankiers hart ins Gericht: „Sind sie nicht vielmehr Drohnen, die im Börsenstaat einzig und allein für ihre eigene Tasche leichtem Gewinn nachjagen, um sofort die ‚Staatshilfe‘ anzurufen, wenn Schwindelpapiere im Kurs fallen?“[45] Doch die Leser ignorierten solche Signale und investierten weiter. Immer mehr Bevölkerungsschichten waren von der Anziehungskraft der Börse infiziert.[46] Kritische Warnungen von Parlamentariern wurden ebenfalls überhört, die immer wieder Zweifel am Wahrheitsgehalt der hohen Notierungen äußerten. Im Parlament gab es schon frühzeitig eine Ahnung, dass die neue Gründerwelt auf finanziellem Treibsand gebaut war. Parlamentarier wiesen auf die verdächtigen Aktienkursentwicklungen und die Missstände an der Börse hin. „Wir sind, wenn ich nicht irre, an der Periode des Börsenspiels angelangt, welche das letzte Feuerwerk bildet, ehe der Vorhang fällt und die Nacht eintritt“,[47] sagte der Abgeordnete der wirtschaftsfreundlichen Nationalliberalen Ludwig Bamberger am 24. März 1873. Der Abgeordnete Moritz Mohl stellte fest: „Alle Maßregeln der Regierung und der Gesetzgebung gegen Spekulation waren vergeblich.“[48] In der Parlamentssitzung am 4. April 1873 warnte der nationalliberale Abgeordnete Eduard Lasker bei seiner Rede über die „Handhabung der Gesetze über das Aktienwesen“. Man müsse „sich leider die Börse als eine Schule vorstellen, in der man in alle derartigen

Umgehungen des Gesetzes auf das Beste eingeführt wird, als eine Akademie für die Übertretung der Gesetze, wo es sich um leichten Geldgewinn handelt."[49] Sollte sich am Ende Otto von Bismarcks Aussage über die Finanzkrise im Juni 1850 doch bewahrheiten: „Mit schlechten Gesetzen und guten Beamten lässt sich immer noch regieren. Bei schlechten Beamten helfen die besten Gesetze nichts."[50]

Zwei Jahre nach der Geburtsstunde des Kaiserreichs erschien im Januar 1873 die zweite Auflage des Buches „Das Kapital". Im Nachwort schrieb Karl Marx, dass die nächste Krise im „Anmarsch (sei) und (sie) werde durch die Allseitigkeit ihres Schauplatzes, wie die Intensität ihrer Wirkung selbst den Glückspilzen des neuen preußisch-deutschen Reiches Dialektik einpauken."[51] Seinen Worten folgte ab Mai 1873 eine schwere Krise auf dem Berliner Börsenparkett im Gebäude von Friedrich Hitzig.

Am 10. Mai 1873 wurde es sehr turbulent, sodass die Berliner Börse ihre Geschäfte einstellte. Eine Reihe von spekulativen Unternehmen verzeichnete in den Tagen zuvor große Kursverluste. Die Krise war unter anderem vom Zusammenbruch des größten deutschen Konzerns, dem Eisenbahnunternehmen von Bethel Henry Strousberg, ausgelöst worden. Enthüllungen offenbarten, dass eine wichtige Säule des Konsortiums von Strousberg aus Bestechungen und Intrigen bestand, um die Chancen des privaten Eisenbahnbaus (z. B. Berlin-Görlitzer Eisenbahn 1864 oder Ostpreußische Südbahn 1862/63) auszunutzen. Der Banker Carl Fürstenberg erinnerte sich: „Der Zusammenbruch Strousberg zog (...) eine regelrechte Wirtschaftskatastrophe nach sich. An der Berliner Börse spielten sich unbeschreibliche Szenen ab und durch die Burgstraße ging ein Zittern."[52] In seiner Verteidigungsschrift beschwerte sich Strousberg über eine „Hexenjagd" auf ihn und die ständige Diffamierung als Wirtschaftsbetrüger: „Gründertum, Aktienschwindel, Spekulations-Manie, Finanzkrisen, Konzessionsunfug, Verschleuderung des Aktienkapitals (…) sind die Ausdrücke und Begriffe, mit denen man meinen Namen anhaltend in Verbindung gebracht hat, und diese dienten (…) mich zu diskreditieren."[53] Nicht er sei schuld an der Finanzkrise, sondern die Großbanken und Politiker aus den konservativen Parteien. Wie eng die Verzahnung zwischen Unternehmertum und Medien war, zeigt sich am Beispiel Strousbergs. Als Herausgeber der Tageszeitung Die Post versuchte er ab 1866 mithilfe der Zeitung die öffentliche Meinung bezüglich des Ausbaus des Zugnetzes zu beeinflussen.[54] In der Zeitschrift Schacht und Hütte veröffentlichte der spätere Winnetou-Schriftsteller Karl May 1875 zwei Artikel über ihn. Unter dem Titel „Ein jetzt Vielgenannter" schrieb May: „Zunächst schrieb Strousberg für das ‚London Magazine' und das ‚Marchants Magazine', und seine volkswirtschaftlichen Aufsätze zeichneten sich durch Klarheit, Gediegenheit und leicht fließenden Stil aus. (…) Die Millionen, welche er sich durch den Eisenbahnbau erwarb, verwandte er sofort wieder auf andere Unternehmungen."[55]

Die nach der Revolution 1848 wöchentlich erscheinende Satirezeitschrift Kladderadatsch veröffentlichte nach den Kurseinbrüchen im Mai 1873 das Gedicht „Ein neues Lied von der Berliner Börse"[56]:

Die Börse stund ohn' Ahnung da,
Als dieses Schreckliche geschah:
An einem Freitag Nachmittag,
da kam der ungeheure Krach.
Man glaubt, der Wiener hat's getan –
O sehet nur den Jammer an! (…)
Derweil dies zu Berlin geschah (…)"

Kurz nach dem Zusammenbruch des Strousberg-Konsortiums kollabierte im Oktober 1873 das Firmenimperium von Heinrich Quistorp. Auch hier gab es Warnungen im Vorfeld. So griff im August 1873 die Frankfurter Zeitung die Quistorp-Gesellschaft scharf an. Das Geld, so die Zeitung, leihe sich Quistorp von verschiedenen Quistorp-Anstalten. „Lucullus speist bei Lucullus, Herr Quistorp borgt bei Herrn Quistorp, und bedankt sich in seinem Zirkular (Anm. Pressemitteilung) selbst für die Hilfe, welche er seinem eigenen Bauverein geleistet hat."[57] Am 15. Oktober 1873 verkündete zuerst die Quistorpsche Vereinsbank, kurze Zeit später der Centralbauverein ihre Insolvenz. Die Vereinsbank hatte sich mit Bahnstrecken-Anteilen in den USA, die hohe Zinsen versprachen, verspekuliert.[58] Quistorp, der ein Liebling der Berliner Gesellschaft war, gründete, gründete und gründete. So etablierte er 21 neue Unternehmen an der Börse – von Feilen- über Waggon-, Werkzeug- und Fuhr- bis hin zu Dampfschiff- und Bergbauaktiengesellschaften. Kaum hatte Quistorp eine Aktiengesellschaft auf dem Markt eingeführt, gründete er mit dem durch Aktien eingesammelten Kapital das nächste Unternehmen. Er perfektionierte eine Art „Schneeballsystem".[59] „Die Börse, welche sonst Niemandem, nicht einmal sich selber traut, hielt Quistorp für den leibhaftigen Bruder Grund-Ehrlich", klagte Otto Glagau, Journalist und Schriftsteller. Doch 1873 sank der Kurswert plötzlich um 46 Prozent.[60]

In Berlin wuchs nunmehr die Angst unter dem Anlegerpublikum. In der Presse wurde Anfang Oktober der Ruf nach Staatshilfe immer lauter. Doch der preußische Staat lehnte es ab, den Steuerzahler in Haftung zu nehmen.[61] Der „Eiserne Kanzler", Otto von Bismarck, blieb hart und stellte keine Finanzhilfen für die strauchelnden Finanzinstitute zur Verfügung. „Wer die Gewinne einstreicht, muss auch die Risiken tragen", war sein Credo. „Der Staatsmann ist wie ein Börsenspieler. Wenn der heute eine Million gewonnen hat, und er denkt sich darüber zu freuen, so kommt auch schon die Sorge, wie er die gewonnenen Millionen zu weiteren Spekulationen anlegen könne", sagte Bismarck am 24. Februar 1895.[62]

Saldo des Berliner Börsenzusammenbruchs 1873

Nach den Kurszusammenbrüchen, die Strousberg und Quistorp auslösten, waren zur Jahreswende 1873/74 etwa 700 Unternehmen zahlungsunfähig. Das Kaiserreich erlebte eine mehrjährige Depressionsphase.

Für diese geplatzte Börsenblase verwendete am 26. September 1873 die Tageszeitung Das Vaterland auf der Titelseite erstmalig den Begriff „Gründerkrach". Kurz nach dem Platzen der Börsenblase schrieb der Jurist Karl Gareis über das Jahr 1873, dass dem Anlegerpublikum das Verständnis für „den wahren Wert der Aktien und die börsenmäßige Spekulation" fehlte.[63] Gareis kam zu folgendem Schluss über die Börsenspekulationen infolge der Gründerjahre: „Es ist klar, dass mit Deklamationen über das ‚unmoralische Börsenspiel', die ‚zügellose Spekulationswut', die ‚Überschätzung der materiellen Güter', die ;wahnwitzige Spielsucht' und dergleichen moralisch-rhetorischen Phrasen nichts erklärt. Der Egoismus herrscht nun einmal auf dem wirtschaftlichen Gebiet, ‚reich werden' wollten die Menschen zu allen Zeiten."[64]

Der österreichische Schriftsteller Egon Friedell (1878–1938) verfasste zwischen 1927 und 1931 ein mehrbändiges Werk über die Kulturgeschichte. Im fünften Buch seines Werkes beschäftigte er sich ausführlich mit dem Schwarzen Freitag: Dieser „bleibt der Finanzwelt in ähnlich schreckhafter Erinnerung wie den Serben die Schlacht auf dem Amselfeld und den Römern Cannae. (…) Alle waren vom Spekulationsfieber ergriffen."[65]

Auffallend war die politische Aufarbeitung des Börsenkrachs. Es wurden Sündenböcke gesucht. Der Antisemitismus breitete sich aus, weil vor allem preußische Adelige, die sich an der Börse verspekuliert hatten, die

Schuld bei jüdischen Geschäftsleuten suchten. Antijüdische Ressentiments gegen Personen, die in der Kreditwirtschaft und dem Aktienwesen tätig waren, wurden immer lauter, wie der Historiker Hans Rosenberg schrieb: „Die antisemitische Volkswelle, die in weitgehendem Maße gerade mit dem Klagen über die Wirtschaftslage und die sozialen Schäden der kapitalistischen Entwicklung verbunden war, (...) wurde die politische Mobilisierung des Judenhasses, der Judenfurcht, der Judenverachtung und der Judenbekämpfung zu einem attraktiven (...) Werbeunternehmen für seriöse antiliberale Parteien."[66] Dabei wurden die „betrügerischen Gründer" häufig „in Verbindung mit jüdischen ‚Kouponabschneidern' gebracht." Die in der Öffentlichkeit kursierenden „Ressentiments wurden vereinfacht auf ein für alle greifbares Symbol ausgelegt, auf die ‚Gärtner des Giftbaums Börse'."[67]

In Folge des Börsenkrachs wurden sensationsheischende Enthüllungsschriften publiziert. Das Gift des Antisemitismus fraß sich wie auch in Österreich-Ungarn durch die Gesellschaft. Die inflationär geäußerten Verschwörungstheorien rund um das jüdische Finanzkapital wurden durch den Publizisten Otto Glagau in einer ab 1874 veröffentlichten Artikelserie in der populären Gartenlaube befeuert. Wer sich als Opfer von Börsenspekulanten wähnte, glaubte ihm, der die Juden als Vertreter des unproduktiven „raffenden" Kapitals dem produktiven „schaffenden" Kapital der Christen gegenüberstellte. Ein Großteil der geschädigten Anleger – vor allem das Kleinbürgertum, das sich aus Handwerkern und kleinen Grundbesitzern zusammensetzte – hätte wahrscheinlich auch Glagaus Zuspitzung widerstandslos unterschrieben: „Die soziale Frage ist heute wesentlich die Judenfrage."[68] Laut Glagaus judenfeindlicher Schrift „Der Börsen- und Gründungsschwindel" wurde dieser von Juden verübt, eine nach seiner Ansicht „physische wie psychisch degenerierte Rasse".[69] Insgesamt nannte er mehr als 100 Namen, die meisten von ihnen Juden, die sich angeblich schuldig gemacht und das Publikum getäuscht hätten.[70]

In den 1870er-Jahren wurde häufig der Begriff „Börsenjude" gebraucht, wenn es um die Frage der Hauptschuldigen an der Krise ging. Ein Begriff, der Börsenkritik und Antisemitismus verknüpfte, wurde auch von Friedrich Nietzsche in seinem Buch „Menschliches, Allzumenschliches" verwendet. Auch wenn sich der Philosoph immer wieder gegen die antisemitischen Hetzer positionierte, war für Nietzsche „der jugendliche Börsen-Jude die widerlichste Erfindung des Menschengeschlechts."[71]

In einem Brief des jüdischen Bankiers Gerson von Bleichröder, der unter anderem die Bankgeschäfte des Reichskanzlers Otto von Bismarck abwickelte, an Kaiser Wilhelm I. vom 18. Juni 1880 kam die Angst vor einer zunehmenden Radikalisierung zum Ausdruck: „Mein Name wird (...) nicht nur als Zielscheibe für Verfolgung herangezogen, sondern auch als Inbegriff des gesamten Kapitals, der Börse, des gesamten Wohlstands und des gesamten Bösen gebrandmarkt."[72]

Eine Folge der Turbulenzen auf den Finanzmärkten war die 1875 im Bankgesetz festgelegte Gründung der Deutschen Reichsbank (1876) als zentrale Notenbank. Rosenberg stellte einen „recht weitgehenden Klimaumschlag in der Bewusstseinslage und den Reaktionsweisen" bei den verantwortlichen Stellen fest.[73] Überließ der Staat die Wirtschaftspolitik bis 1873 vor allem Privatunternehmen, wie beispielsweise den Ausbau der Infrastruktur – von Eisenbahnbau bis Elektrifizierung –, änderte sich dies in den folgenden Jahren. Der Staat übernahm nun die Führung und verfolgte eine aktivere Wirtschaftspolitik.[74]

3.3 Der Börsencrash von Paris im Jahr 1882

„Das Börsendebakel war schlecht für Frankreich. Es geht um den öffentlichen Kredit, um das nationale Vermögen, das gegen die Panik der Verkäufer und des Marktes verteidigt werden muss.“[75]

(Le Figaro am 20. Januar 1882)

Im Vergleich zum Deutschen Kaiserreich gab es in Frankreich keine Gründerjahre, in der die Wirtschaft prosperierte. Das zweite französische Kaiserreich (1852–1870) kämpfte mit einem rückläufigen Wirtschaftswachstum, Schwierigkeiten bei der Industriefinanzierung und den Reparationszahlungen nach der Niederlage im Deutsch-Französischen Krieg in Höhe von fünf Milliarden Goldfrancs.[76] Angesichts des in Schieflage geratenen Staatshaushalts emittierte die Troisième République française zwei Anleihen (emprunts de la libération), deren Zeichnung die Presse als „patriotischen Akt“ vermarktete. Der große Erfolg ermöglichte Frankreich, seine Schulden schneller an das Deutsche Reich zu überweisen als vorgesehen.[77]

Im Jahr 1882 erlebte die Pariser Börse 80 Jahre nach ihrer Wiedereröffnung durch Napoleon, der selbst „die Stimmung der Börse zu fälschen versuchte, jenem Weibe gleichend, welches den Spiegel zerschlug, der die erste Runzel zeigte“,[78] einen unerwarteten Crash. Im Mittelpunkt stand Paul-Eugène Bontoux, ein Ingenieur und ehemaliger Mitarbeiter einer Rothschild-Eisenbahngesellschaft. Er gründete 1878 gemeinsam mit anderen Monarchisten die katholische Bank Société de l'Union générale. Die Investmentbank organisierte ein neues Finanznetzwerk, um französisches Kapital nach Mittel- und Südeuropa zu leiten mit dem Ziel, die Position der Rothschild-Creditanstalt-Gruppe in Wien herauszufordern.

Vor allem Konservative, der Klerus und der Adel waren von diesen Plänen begeistert.

Mit sehr riskanten Transaktionen vervielfachte die Bank schnell ihren Börsenwert. Nach der Niederlage des Osmanischen Reichs im Krieg gegen Russland (1878) befürchteten viele europäische Großmächte, dass die russischen Zaren Alexander II. und sein Sohn versuchen würden, sich den Balkan einzuverleiben. Daher investierten das Habsburgerreich und die von Bontoux eigens hierfür gegründete Banque de Lyon et de la Loire – sie unterstand der Union générale – in Infrastrukturprojekte, damit sich die nun unabhängigen Nationalstaaten auf dem Balkan anstatt für St. Petersburg (Hauptstadt des Zarenreichs) für die Machtzentren Paris oder Wien entschieden.[79] Es entstand ein boomender Markt für neue Wertpapiere. Spekulanten nahmen Kredite auf, Banken stellten die notwendigen Finanzmittel zur Verfügung. Die Finanzpresse stimulierte die Spekulation und berichtete bevorzugt über bereits auf dem Balkan erfolgreich realisierte Projekte. Der Le Figaro-Journalist Pierre Giffard stellte einige Personen vor, die durch den „einfachen Mechanismus der beispiellosen Spekulation" mit Aktien reich wurden: „Ein Bankangestellter verdiente achthunderttausend Francs und fuhr nach Cannes, um dort ausgezeichnete Zigarren zu rauchen und dabei auf das Mittelmeer zu blicken."[80]

Erste dunkle Wolken zogen 1882 auf, als die Geschäfte der Banque de Lyon auf dem Balkan ins Stocken gerieten. Vor allem der Aktienkurs des Mutterhauses der Banque de Lyon, die Union générale, begann rasant zu fallen. Mit Täuschen, Tricksen und Lügen versuchte die katholische Bank Société de l'Union générale noch irgendwie den Absturz ihrer Papiere zu verhindern. Da die Bank über weniger Kapital verfügte, als sie stets angegeben hatte, fälschte sie auch ihre Quartalsberichte. Im September 1881 gab sie einen fiktiven Gewinn von 34 Millionen Francs an. Am 18. Januar

1882 kam es zu einem Ansturm von Kunden auf die Banque de Lyon. Einen Tag später, dem „entscheidenden" Tag, wie es Jean Bouvier in seiner großen Studie „Le Krach de Union Générale" schrieb, verschärfte sich die Krise.[81] Der Aktienkurs der Union générale, der am 14. Januar noch bei 2800 Francs notierte, fiel auf 1460 Francs. Obwohl Bontoux verzweifelt versuchte, die Bank mit einer neuen Kapitalinfusion zu retten, wurde sie am 30. Januar geschlossen. Ende des Monats wurden die Aktien an der Pariser Börse noch für 500 Francs gehandelt.[82] Am Tag nach dem Zusammenbruch fragte Le Figaro seine Leser: „Aber wer ist daran schuld, wenn nicht die Regierung, die nur eine schlechte Politik gemacht hat?"[83] Für die Tageszeitung stand in ihrer Analyse fest, dass offenbar die Anziehungskraft des leicht verdienten Geldes und das Vertrauen in die katholische Kirche vor allem für die Mittelklasse der ausschlaggebende Grund war, den Finanzaktionen der Bank zu vertrauen.

Der Kurszusammenbruch der Papiere der Union générale wirkte auf viele weitere Aktien ansteckend. Innerhalb von drei Tagen wurden rund fünf Milliarden Francs öffentlichen Vermögens vernichtet. Als die Marktturbulenzen bereits große Auswirkungen hatten, versuchte Le Figaro seine Leser zu beruhigen und appellierte an ihre „confiance", ihr Vertrauen, in den Markt.[84]

„Le Krach", wie der Kurskollaps in Frankreich bezeichnet wurde, hatte zur Folge, dass die älteste Wertpapierbörse der Welt, die 1540 gegründete Bourse de Lyon, ab Januar 1882 immer wieder zeitweise durch den französischen Finanzminister Léon Say geschlossen wurde. Die Strippenzieher hinter den Schließungen der „Börsenkonkurrentin" in Lyon waren Pariser Privatbankiers, die sogenannte haute banque. Ihr alleiniges Interesse galt der Pariser Börse. Deren Schließung konnte durch einen Notkredit der Banque de France im Schulterschluss mit einem Bankenkonsortium abgewendet werden.[85]

Saldo von „Le Krach“: Die Pariser Baisse und ihre Folgen

Der spektakuläre Zusammenbruch des französischen Aktienmarktes im Jahr 1882 leitete eine tiefe Rezession ein, die bis zum Ende des Jahrzehnts andauerte.

Die Kunstgeschichte wurde jedoch durch „Le Krach“ reicher. Denn Paul Gauguin entschied sich, seinen zwölf Jahre lang ausgeübten Beruf als Börsenmakler an der Pariser Börse aufzugeben. Auf Rat seines Freundes Camille Pissarro widmete er sich ab 1882 ausschließlich der Malerei. Seitdem begeistern seine Gemälde mit einer unvergleichlichen Farbenpracht Menschen rund um den Globus.

Der Bankgründer der Union générale Bontoux fiel nach dem Platzen der Blase mit antisemitischen Parolen auf. Er sah sich als Verschwörungsopfer einer „syndicat à la baisse“ aus jüdischen Finanzleuten. Sie wollten nach seiner Ansicht ein Finanzinstitut zerstören, das eine konservative und katholische Ausrichtung hatte. Nach dieser Verschwörungsthese, der zahlreiche Zeitungen folgten, hatten laut den Recherchen von Niall Ferguson vor allem antisemitische Publikationen gegen die Rothschild-Bank Hochkonjunktur.[86]

Der Börsencrash fand dank Émile Zola Eingang in die Literatur. Sein Buch „Das Geld“ handelt vom Spekulanten und Bankgründer Aristide Saccard sowie dem jüdischen Börsenmagnaten Alphonse Gundermann, der James de Rothschild zum Vorbild hatte. Gundermann war der „Finanzkönig, Meister der Börse und der Welt (...) der Mann, der die Geheimnisse wusste, der nach Belieben Hausse oder Baisse machte, wie Gott den Donner macht (...) (der) Börsengott.“[87] Zola beschrieb das große Interesse von Spekulanten, die in „schwarzen Gehröcken“ gekleidet waren, und das turbulente Geschehen auf dem Börsenparkett in Paris zum Zeitpunkt des Börsenkrachs 1882 mit folgenden Worten: „Das Spiel ist das einzig Richtige, das Spiel, welches über Nacht mit einem Schlag Wohlstand, Luxus, Wohlleben, das volle und ganze Leben gibt.“[88]

3.4 Bank- und Börsenkrise 1891: Der Gewinn als Duft, lag in der Berliner Luft

Ein Jahrzehnt vor dem Operettenlied „Berliner Luft“ roch es im Berliner Börsensaal in der Burgstraße nach Angstschweiß. Die Börsenkrise von 1873 war bei den Banken schnell vergessen und sie versuchten durch Spekulationen wieder ihr eigenes Kapital zu vermehren.

Im September 1891 vermeldete plötzlich die Berliner Bank Carl Wilhelm Schnöckel ihre Insolvenz. Die vielen privaten Gläubiger, die der Bank ihre Gelder anvertrauten, wussten nichts davon, dass das Kreditinstitut ohne deren Wissen in Aktiengesellschaften investierte, in denen die Bankvertreter selbst im Verwaltungsrat saßen. Aufgrund dieser persönlichen Geschäftsbeziehung fand eine Überprüfung der Bilanzen dieser Aktiengesellschaften in den seltensten Fällen statt.[89]

Im November meldete mit Hirschfeld & Wolff die nächste Bank ihre Insolvenz. Das 1827 errichtete Bankhaus erfreute sich nach Ansicht der Frankfurter Zeitung eines „gutgehenden Kundengeschäfts“[90] und genoss in Berlin „großes Vertrauen zahlreicher und bis in die höchsten Kreise reichender Kapitalisten“[91] wie Beamten und die Hohenzoller Kaiserfamilie. Der Chef der Bankfirma Hirschfeld & Wolff in Berlin versuchte jahrelang die finanziellen Schwierigkeiten zu vertuschen. Doch am 3. November wurde ein Verlust von fünf Millionen Mark verkündet und die Bank stellte ihre Zahlungen ein.[92] Die Folge der Insolvenzen war ein Kurszusammenbruch an der Berliner Börse. Das Wall Street Journal bilanzierte den Verlust: „Die Panik, die durch den Zusammenbruch nach der Pleite

Hirschfelds entstanden ist, hat jegliches Vertrauen zerstört. Die 300.000 Mark Nominalvermögen der Firma sind größtenteils wertloses Papier."[93]

Der Berliner Bankenskandal weitete sich aus. Nun fiel ein Dominostein nach dem anderen und es kam immer mehr ans Licht, dass die privaten Bankiers die Depots ihrer Kunden veruntreuten, um an der Börse zu spekulieren. So verwendete die Wechselbank Hermann Friedländer & Sommerfeld die ihren Kunden gehörenden Wertpapiere rechtswidrig zum Zwecke des Eigenhandels in Differenzgeschäften. Oftmals konnte nur der Einsatz von Polizei die aufgeregten Kunden, die um ihre Einlagen in den Depots fürchteten, von einem Sturm auf die Bankschalter abhalten.

Saldo der Krise 1891: Das neue Börsengesetz im Jahr 1896

Bis zur Verabschiedung des Börsengesetzes regelte jeder der 14 Börsenplätze im Deutschen Kaiserreich – die meisten befanden sich im Königreich Preußen – die rechtliche Ausgestaltung selbstständig. Es gab noch nicht einmal Kritik an der damals praktizierten Kursfeststellung durch die Makler, die eher den Wünschen der Bankiers als dem tatsächlichen Wertpapierangebot und der Nachfrage entsprachen.[94]

Die Vorgänge im Bankengeschäft 1891 sowie die finanziellen Auswirkungen der Bankenpleiten leiteten ein Umdenken des Staates ein. Zu diesem Zeitpunkt wurden nicht nur die Banken mit großer Skepsis angesehen, sondern es gab im Kaiserreich „ein tiefes Misstrauen weiter Teile der Bevölkerung gegen die Börse."[95]

Vor allem die Manipulation der Kurse durch spekulative Termingeschäfte war Ende der 1880er-Jahre weit verbreitet. Im Reichstag wurden Forderungen immer lauter, die „Börsen und de(n) Geschäftsverkehr einer wirksamen staatlichen Aufsicht zu unterstellen".[96] Unterstützt wurde dieses Bestreben durch eine Entscheidung des Reichsgerichts in

Leipzig am 26. März 1892, welches das Termingeschäft juristisch dem Glücksspiel gleichsetzte.

Daraufhin setzte Reichskanzler Leo von Caprivi 1892 eine Börsen-Enquetekommission ein, um gegen die Veruntreuungen und Betrügereien vorzugehen. Die Kommission wollte vor allem den stark in die Kritik geratenen Terminhandel untersuchen. Hierfür wurden insbesondere die Auswirkungen an der Hamburger Kaffeebörse untersucht, weil dort bereits ausreichend Expertise über diese Finanzkontrakte, bei denen erst in Zukunft der Vertrag erfüllt werden musste, vorlag. Denn die Hansestadt konnte mit der Einführung des Kaffeeterminhandels im Jahr 1887 den Wettbewerb mit der Kaffeebörse Le Havre, die durch den Terminhandel eine Vormachtstellung errang, für sich entscheiden.[97]

In ihrem Abschlussbericht kam die Enquetekommission zum Ergebnis, dass Börsen „die Neigung eines erheblichen Teils des Publikums zum Börsenspiel" begünstigten.[98] Die Kommission empfahl, die Spekulation an deutschen Börsenplätzen unter die Lupe zu nehmen. Für die Kommission war Spekulation eine „geistige Tätigkeit, welche aus der Erfahrung der Vergangenheit und aus der Beobachtung der Gegenwart einen Schluss auf die Zukunft zöge, (um) (…) einen Vermögensvorteil zu erlangen."[99] Auch der Begriff „Börsenspiel" war zu der damaligen Zeit weit verbreitet. Die Enquetekommission rückte die Börse in die Nähe von „wildestem Glücksspiel" und forderte die Annullierung jedes verdächtigen Spekulationsgeschäftes.[100] Die Kommission wollte das deutsche Börsenwesen von Grund auf neu ordnen. Die lange sehr liberale staatliche Haltung gegenüber der Börse müsse endlich beendet werden.[101]

Doch für alle Beteiligten stand fest, dass die Börse mit ihrer preisbildenden Funktion „eine im modernen Wirtschaftsleben kaum hoch genug einzuschätzende Leistung" einnehme.[102] In der Reichstagsdebatte am 10. Januar 1896 stellte der SPD-Abgeordnete Bruno Schönlank fest: „Die

Börse ist das Barometer, auf dem wir das wirtschaftliche Wetter ablesen können, der Spiegel, worin der Weltmarkt reflektiert ist". Aufgrund der aktuellen „Auswüchse und Übelstände (...) ist die Börse ein böser Ort, der böseste neben den Rennplätzen; nirgend wird mehr gemogelt als auf dem Turf und an der Börse."[103] Anlässlich der Arbeit der Kommission schrieb der Nationalökonom Max Weber eine längere Abhandlung über die Börse. Die Börse ist „für die ganze nationale Wirtschaft unentbehrlich". Ansonsten würde die Volkswirtschaft bei fehlendem Kapital nur in die „Abhängigkeit ausländischer Kapitalisten" geraten.[104]

Die Verhandlungen zum Börsengesetz wurden immer wieder von antisemitischen Aussagen begleitet. Als publizistisches Sprachrohr fungierte der Chefredakteur der 1896 gegründeten Deutschen Zeitung Friedrich Lange. In seinen Artikeln erwähnte er regelmäßig „das empörende Treiben der jüdischen Geldmänner". Dabei ließ er die Strafverfahren gegen die Berliner Bankiers Paul Polke und Hugo Löwy, die „größten Börsenschwindler", nicht unerwähnt und forderte Vorschriften gegen „die Spielgeschäfte auf Kosten des Volkes".[105]

Nach langen Beratungen wurde am 22. Juni 1896 das Börsengesetz von Kaiser Wilhelm II. verabschiedet. Kernpunkte waren, dass jede Börse eine eigene Börsenordnung erlassen musste (§4) und diese unter die Aufsicht der Landesregierungen gestellt wurde. Ein Staatskommissar, der die Rolle des „überwachenden Polizeibeamten" einnehmen sollte, hatte bei der Kursfestsetzung eine führende Rolle.[106] Des Weiteren wurde der Börsenterminhandel verboten.[107] Gleich mehrere Paragrafen wie §75 richteten sich gegen die Spekulation: „Wer in betrügerischer Absicht auf Täuschung berechnete Mittel anwendet, um auf den Börsen- oder Marktpreis von Waren oder Wertpapieren einzuwirken, wird mit Gefängnis und zugleich Geldstrafe bis zu fünfzehntausend Mark bestraft."

"WELL, FOR ONCE THEY CAN'T BLAME ME."

Karikatur von J. S. Pughe (1907): Die Regierungszeit von US-Präsident Roosevelt von 1901 bis 1909 war von wirtschaftlichen Krisen geprägt. Hierfür gab es unter anderem eine Schuldige, die New Yorker Wertpapierbörse, oder wie die Zeichnung verrät: Wall Street is to blame.

4. „Roosevelt Panic“: Bärenmarkt an der Wall Street 1907

„Die Krise war eine der gefährlichsten in der Finanzgeschichte, und der Schaden für die Wirtschaft war zweifellos sehr groß. (...) Die Schwere der Wall-Street-Panik zeigt sich deutlich in der Tatsache, dass ihre Auswirkungen sofort in jeder Stadt zu spüren waren (...).“

(Wall Street Journal am 11. November 1907)[1]

Zu Beginn des 20. Jahrhunderts war im Deutschen Kaiserreich gerade der größte Wirtschaftsskandal über die Bühne gegangen. Der preußische Staat erwarb nach der Versorgungskrise mit Kohle ab 1904 mit Unterstützung der Dresdner Bank die Aktienmehrheit an der Hibernia, der drittgrößten Bergwerksgesellschaft des Ruhrgebiets.[2] Carl Fürstenberg, der zur gleichen Zeit Bankier bei der Berliner Handelsgesellschaft war – das Bankhaus hatte sich auf die Industriefinanzierung spezialisiert –, schrieb über die Hibernia-Affäre: „Die Börse hat in den Hundstagen eine wilde Hausse erlebt. (…) Zu verdienen war fast nichts.“[3]

Auf der anderen Seite des Atlantiks erlebten die Vereinigten Staaten unter Präsident Theodore Roosevelt seit der Jahrhundertwende einen nationalen Wirtschaftsboom. Nach den Jahren der Depression, die durch Importzölle seines Amtsvorgängers William McKinley (1897–1901) ausgelöst wurden, belebte Roosevelt die Wirtschaft, auch wenn ihn, wie er selbst zugab, Finanzthemen langweilten. Am Anfang seiner Präsidentschaft sagte er: „Ich interessiere mich nicht im Geringsten für Aktien und Anleihen, aber ich möchte nicht, dass sie am ersten Tag meiner Präsidentschaft fallen!"[4]

Fast zeitgleich zum Amtsantritt brachte der US-Erzähler Mark Twain zur Jahrhundertwende sein Misstrauen gegenüber Aktien in seinem 1894 veröffentlichten Roman „Pudd'nhead Wilson" zum Ausdruck: „Es gibt zwei Zeiten im Leben eines Menschen, in denen er nicht spekulieren sollte: wenn er es sich nicht leisten kann, und wenn er es könnte."[5] Die Romanfigur Knallkopf Wilson, wie sie in der deutschen Übersetzung heißt, sagt: „Der Oktober ist einer der besonders gefährlichen Monate, um am Aktienmarkt zu spekulieren. Die anderen sind Juli, Januar, September, April, November, Mai, März, Juni, Dezember, August und Februar."[6]

Während der Präsidentschaft von Roosevelt (1901–1909) erlebte die Wall Street eine ständige Achterbahnfahrt. Nach dem Machtantritt setzte bereits die erste Spekulationswelle ein.[7] Die ab 1903 steigenden Zinsen lösten eine Kettenreaktion aus. Die Industrieproduktion verzeichnete einen Rückgang, Eisenbahnunternehmen stornierten Aufträge an Zulieferbetriebe und viele Unternehmen meldeten Insolvenz an. Zeitgenossen bezeichneten diese Turbulenzen als „the rich's man panic", weil die Kurseinbrüche vor allem Großanleger betrafen, die an der Börse spekuliert hatten.[8] Auf diese Talfahrt reagierte US-Präsident Roosevelt mit Passivität. Für ihn trage die Wall Street alleine die Schuld für die fallenden Aktienkurse, wie er an den Historiker und US-Senator Henry Cabot Lodge im August 1903 schrieb: „Die Panik ist hauptsächlich auf die spekulative Verwässerung von Aktien in gigantischem Ausmaß zurückzuführen, der J.P. Morgan und so viele seiner Art in den letzten Jahren frönten."[9]

Zu diesem Zeitpunkt war der US-Aktienmarkt noch unreguliert. Preismanipulationen standen aufgrund fehlender Berichtspflichten für

Aktiengesellschaften auf der Tagesordnung. Die Investition in eine Aktiengesellschaft war aufgrund der intransparenten Informationen eine Blackbox.

Als sich die Aktienmärkte ab Frühsommer 1904 wieder erholten, sorgte Roosevelt für Verunsicherung auf den Märkten mit seiner Kartellrechtspolitik. Die US-Regierung ging gegen Monopolunternehmen vor, die gegen das 1890 erlassene US-Wettbewerbsrecht (Sherman Antitrust Act) verstießen und weiterhin auf Kosten der Arbeiter die Preise und Löhne untereinander abstimmten. So wurden juristische Verfahren gegen die Kartelle der damaligen Wallstreet-Giganten wie J.P. Morgan, US Tobacco und Standard Oil eingeleitet. Die erste Kartellrechtsklage (1906) traf John D. Rockefellers Unternehmen Standard Oil, das Anfang des 20. Jahrhunderts 70 Prozent des weltweiten Ölmarktes kontrollierte.[10]

Das Jahr 1907 war der Tiefpunkt in der Wirtschafts- und Finanzpolitik von Roosevelt. Dieser wurde auch als „Roosevelt panic“ bezeichnet, weil die Wall Street auf die staatlichen Maßnahmen ab März mit Kurseinbrüchen reagierte. Erst die staatliche Bereitstellung von Gold im Wert von zwölf Millionen Dollar beruhigte die New Yorker Banken.[11] Der amerikanische Aktienmarkt wurde acht Monate später durch die Nachricht vom Zusammenbruch der US-Bank Knickerbocker Trust noch stärker beeinträchtigt als durch die Kartellverfahren. Auslöser war eine Geschäftsbeziehung zwischen dem Knickerbocker-Präsidenten Charles T. Barney und den Kleinspekulanten Augustus Heinze, Otto Heinze und Charles Morse, die den Markt für die Aktien des Kupferbergbauunternehmens United Copper manipulieren wollten. Am 18. Oktober 1907 wurde publik, dass Barney die erfolglosen Aktiengeschäfte des Trios mit den Einlagen der rund 18.000 Knickerbocker-Kunden finanzierte. Nach diesem Skandal konnte die drittgrößte Treuhandgesellschaft[12] in New York City, die über Einlagen in Höhe von fast 65 Millionen Dollar verfügte,[13] von einem Tag auf den anderen den Aktienhändlern an der Wall Street nicht mehr die hohen Kreditsummen zur Verfügung stellen.[14]

Die Situation verschärfte sich am 21. Oktober. An diesem Tag entließ Knickerbocker seinen Vorstand Barney aufgrund seiner persönlichen Verbindungen zu Morse. Am gleichen Tag verkündeten die National Bank of Commerce und viele andere nationale Banken, dass sie künftig keine Wechsel der Knickerbocker Trust mehr akzeptierten.[15] Es setzte ein Bank Run auf die Finanzinstitute ein. Als an einem Tag fast acht Millionen Dollar alleine bei Knickerbocker Trust abgehoben wurden, musste das Institut schließen.[16] Die größte Finanzkrise und die zunehmende Verunsicherung der Bevölkerung konnten nur durch eine von der US-Regierung bereitgestellte Staatshilfe in Höhe von 25 Millionen Dollar eingedämmt werden, um die Liquiditätsengpässe der Banken zu beheben.[17]

Zu diesem Zeitpunkt gab es noch keine Zentralbank in den USA, die bei der Notsituation hätte eingreifen können. Am 24. Oktober teilte der Präsident der Wall Street dem Finanzmagnaten J.P. Morgan vertraulich mit, dass er die Börse aufgrund der Kurseinbrüche umgehend schließen müsse. Daraufhin hob J.P. Morgan ein Bankenkonsortium aus über 20 Finanzunternehmen, die nicht in Schieflage waren, aus der Taufe, um den massiven Rückgang der Bankreserven und den Zusammenbruch des Marktes zu stoppen. Am Ende entspannte sich die Situation an der New York Stock Exchange, weil das Konsortium kurzfristig einen Kredit in Höhe von zehn Millionen Dollar zur Verfügung stellen konnte. Eine Fortsetzung des Kursrutsches konnte abgewendet werden. Nur diesen Geschäftsleuten, die „in der Krise mit solcher Weisheit gehandelt haben", wie es US-Präsident Roosevelt erklärte, sei es zu verdanken, dass der Börsenmarkt wieder „Zuversicht" und „Ruhe" ausstrahle.[18]

Im Deutschen Kaiserreich reagierte der Börsenmarkt zwar mit Kursrückgängen auf die Ereignisse jenseits des Atlantiks, aber nicht panisch.

Die Neue Zürcher Zeitung schrieb über die Lage auf den europäischen Effektenmärkten: „Während mehrerer Jahre ging für die europäischen Effektenmärkte die Sonne im Westen, nämlich in Amerika auf. Allein die aktuellen Börsenberichte (…) bilden lehrreiche Belege dafür, dass aus Amerika aber nicht nur Sonne, sondern auch Sturm kommt, und für die gewaltige Preisentwertung an den europäischen Börsen“ sorgen.[19]

Saldo der „Roosevelt Panic“

Der komplette Zusammenbruch des US-Finanzsystems konnte zwar in letzter Minute verhindert werden. Doch die Vertrauenskrise blieb nicht ohne Konsequenzen. Im Jahr 1907 schrumpfte die US-Wirtschaft um zwölf Prozent, tausende Unternehmen waren insolvent und die Arbeitslosenrate im Land hatte sich mehr als verdoppelt. Diese Krise löste einen wirtschaftlichen Abschwung aus.

Kurz nach der Börsenkrise 1907 zog die New York Times folgendes Resümee: „Während die Sensationsmacher hier und in anderen europäischen Hauptstädten die Krise in New York genutzt haben, um das amerikanische Finanzwesen und seine Methoden in Misskredit zu bringen, gibt es in zuverlässigeren und gesünderen Kreisen eine starke Note des Optimismus. Zwar wird eingeräumt, dass die Krise die Nerven der Finanzwelt strapaziert (hat). (...) Die Situation wird als die Krise des reichen Mannes, aber als die Panik des armen Mannes beschrieben.“[20]

Die Banken- und Börsenkrise 1907 veränderte die Haltung in den US-Finanzinstituten, die bisher anstatt einer Zentralbank eine dezentrale Bankenlandschaft favorisierten. Die Angst vor der nächsten Krise war zu groß und die US-Banker sprachen sich für die Gründung der amerikanischen Notenbank Federal Reserve Bank im Jahr 1913 aus. Es setzte sich offenbar die Erkenntnis durch, dass nur eine Zentralbank in der Krise dem Markt die notwendige Liquidität zur Verfügung stellen könne.[21]

Im New Yorker Waldorf-Astoria-Hotel bedienen Frauen – die Männer waren im Krieg – im Jahr 1918 die Börsentafel und die Tickermaschine. Über ein Tickerband wurden auf einem Papierstreifen aktuelle Kurse und Finanzdaten elektronisch übermittelt.

5. Erster Weltkrieg erweist der Börse einen Bärendienst

„Deroute an der Berliner Börse – ein Viertel der Industrieaktien nicht notiert“

(Vossische Zeitung am 25. Juli 1914, S. 1)

1914 gab es im Deutschen Reich 24 Wertpapierbörsen. Berlin entwickelte sich zur Zentralbörse und war mit London und Paris der wichtigste europäische Handelsplatz. Nach der Ermordung des Thronfolgers Franz Ferdinand am 28. Juni 1914 in Sarajevo trat an den europäischen Handelsplätzen eine „Deroute“ ein, wie die damalige Umschreibung von Crash lautete. Durch das damals herrschende Bündnissystem zwischen den Nationen wurde durch die Kriegserklärung Österreich-Ungarns gegenüber Serbiens am 28. Juli aus einem Konflikt ein Flächenbrand.[1]

Die Finanzmärkte froren ein, Aktien stürzten ab, und Einleger konnten tagelang nicht auf ihre Gelder zugreifen. Nachdem die Börsen in Montreal und Toronto (28. Juli) und die Bolsa de Madrid ihren Handel aussetzten, gab es in Londons Finanzzentrum einen Ansturm auf die Banken. An der Londoner Börse, damals Europas größter Marktplatz, tummelten sich die Händler wie „Ameisenschwärme um den Schutthaufen“.[2] Die Regierung versuchte den Markt zuerst mit dem Ausrufen eines Bankfeiertages („Bank Holiday“) von wenigen Tagen zu beruhigen, um eine Börsenstrategie zu entwickeln. Doch am 31. Juli schloss die Weltbörse in London erstmalig in ihrer 117-jährigen Geschichte. Fünf Monate fand in London kein Handel statt.[3]

Dem Londoner Beispiel folgte am gleichen Tag die New Yorker Wall Street. Auch wenn die USA erst 1917 in den Krieg eingriffen, ordnete US-Finanzminister William G. McAdoo am 31. Juli 1914 die Schließung der Börse für vier Monate an – die längste Schließung in der Geschichte der New Yorker Börse. Die Sorge der Regierung vor einer finanziellen Destabilisierung war zu groß. Denn bei Ausbruch des Ersten Weltkriegs besaßen vor allem französische und englische Anleger Eisenbahnaktien und -anleihen in Höhe von mehr als vier Milliarden Dollar. Wäre die Börse offengeblieben, hätten die Ausländer ihre Aktien und Anleihen kurzfristig in Dollar umtauschen und nach den Regeln des Goldstandards bei einer amerikanischen Bank Gold verlangen können. Allein ein Verkauf von 25 Prozent der amerikanischen Wertpapiere durch Europäer hätten die Goldreserven der New Yorker Banken schlagartig um die Hälfte halbiert. Nach Ansicht von McAdoo war eine geschlossene Börse die wirksamste Bremse gegen den Goldabfluss.[4]

Auch an der Berliner Börse stürzten die Kurse ins Bodenlose. War die Aktie der BASF am Montag, dem 27. Juli, noch bei 455 Mark notiert, so wurde sie am 29. Juli (dem Tag der ersten Kampfhandlungen) mit 375 Mark gehandelt – ein Minus von einem Drittel binnen nicht einmal zwei Tagen. An diesem Tag konnten von den 2500 gelisteten Papieren 1600 Papiere in Berlin nicht notiert werden und der Wunsch nach einer Börsenschließung wurde auf dem Parkett an der Spree immer lauter diskutiert. Am 30. Juli 1914 setzte der Vorstand der Berliner Börse die Festsetzung von Kursen aus. Der Wirtschaftsjournalist Richard Lewinsohn schrieb über diese Schließung, dass zwar „das Räderwerk der Effektenspekulation zum Stillstand gekommen" sei, aber die Börse als lebendiges Herz des Kapitalismus aufgehört hatte zu schlagen.[5]

Die Herausforderung für die Länder bestand nun darin, aufgrund der geschlossenen Handelsplätze Kapital für die Finanzierung des Kriegs zu gewinnen. Hierfür gab es in den Ländern unterschiedliche Ansätze. Die englische Regierung favorisierte nach der Wiedereröffnung des Londoner Handelsplatzes die Anleihefinanzierung.[6] Durch die deutsche Zusicherung einer uneingeschränkten Bündnistreue („Blankoscheck") an Österreich-Ungarn kurz vor deren Kriegserklärung gegenüber Serbien war das Deutsche Reich Kriegspartei. Daher waren den Deutschen viele Wege für die Akquise externer Finanzmittel versperrt und die Börse war weiterhin geschlossen. „Die Schließung der Börsen beseitigte den Weg zur Unterbringung von Staatsschuldtitel", wie die Berliner Börsenzeitung am 30. Juli 1914 feststellte. Die Kriegsfinanzierungsquelle für die „finanzielle Mobilmachung" existierte auf unbestimmte Zeit nicht mehr. Trotz geschlossener Börsen wurde im September 1914 die erste Kriegsanleihe emittiert. Im Reichstag erklärte der deutsche Finanzminister Karl Helfferich – er wandelte sich von einem nationalliberalen (vor 1914) zu einem nationalistischen, rechten Politiker (Weimarer Republik) – im März 1915 den Sinn und Zweck von Kriegsanleihen: „Eine Schlacht, die für den Ausgang dieses Völkerringens, das nicht nur mit den Waffen des Krieges, sondern auch mit den Waffen der Wirtschaft und Finanzen ausgefochten wird. (…) Für diesen Krieg gibt es nicht nur eine allgemeine Wehrpflicht, sondern auch eine allgemeine Sparpflicht und eine allgemeine Zahlpflicht."[7] Neun Anleihen emittierte die Reichsbank, die die Zeichnung der Kriegsanleihen als „die allgemeine Wehrpflicht der Daheimgebliebenen" bezeichnete. Der Krieg wurde auf Pump finanziert. Insgesamt nahm der Staat eine Summe von rund 98 Milliarden Mark ein, die in etwa 60 Prozent der Kriegsausgaben deckte. Eine Neuemission war immer von einer großen Werbekampagne begleitet. So zeichnete der damals für seine großformatigen Wandgemälde sehr bekannte Fritz Erler (1868–1940), der 1899 in Holzhausen am Ammersee die Künstlervereinigung „Die Scholle“ gründete, im Auftrag der Reichsbank beispielsweise das Plakat für die sechste Kriegsanleihe (1917) mit dem Slogan „Helft uns siegen – zeichnet die Kriegsanleihe!“.

Aufgrund der geschlossenen Wertpapierhandelsplätze fand der Effektenhandel nun ausschließlich unter den Großbanken statt. Die Bankiers wurden zu „Schiedsrichter(n) an den einzelnen Börsenplätzen“, die Kurse festlegten.[8] Über den zwischen den Banken stattfindenden Effektenmarkt besaß der Staat keine Kontrollmöglichkeit mehr. Erst im Januar 1918 erfolgte an den deutschen Börsen die Wiederaufnahme des amtlichen Aktienhandels. Deutsche Anleihen und Aktien hatten in den vier Jahren der Handelsaussetzung rund 90 Prozent ihres Wertes verloren. Der zeitgenössische Wirtschaftsjournalist Richard Lewinsohn, der viele Jahre die Wirtschaftsredaktion der Vossischen Zeitung in Berlin leitete, schrieb über den Zustand der Weltbörsen nach dem Ersten Weltkrieg: „In keinem der kriegführenden Länder aber hat sich die Börse jemals Rechenschaft darüber abgelegt (über) die ungeheuren volks- und weltwirtschaftlichen Verluste, die durch den Krieg entstanden waren.“[9]

Berlin um 1900: Zu dieser Zeit befand sich die Börse in der Burgstraße, in der Nähe zur Friedrichsbrücke, dem Stadtschloss und dem Berliner Dom.

6. Börse in der Weimarer Republik: Zwischen Isolation und Weltwirtschaft

6.1 Hyperinflation

Ende 1918 sprach der Vertreter des Reichswirtschaftsamtes, der sich mit den Problemen der Übergangswirtschaft befasste, den warnenden Satz: „Es könne sehr wohl sein, dass die härteste Zeit, die wir erleben müssen, die erste Zeit nach Friedensschluss sein werde", wie die Frankfurter Zeitung im Dezember 1918 schrieb.[1]

Ab Juni 1919 mussten die Deutschen nach dem vereinbarten Versailler Vertrag (Artikel 231) Reparationen in Höhe von 132 Milliarden Goldmark an die Alliierten bezahlen. Das deutsche Volkseinkommen im Jahr betrug rund 54 Milliarden Goldmark.[2] Die Reparationszahlungen ließen in Deutschland ein sehr störungsanfälliges Finanzkarussell rotieren.[3]

Die Wall Street wurde im September 1920 durch einen heftigen und bis heute ungeklärten Bombenanschlag mit 40 Toten erschüttert.[4] Die Vossische Zeitung schrieb am 18. September 1920:[5] „Über die Entstehung schwirren hundert unfassbare Gerüchte, Vermutungen und einander widersprechende Behauptungen. (…) Die Polizei führt (diesen Anschlag) auf ein anarchisches Komplott (…) gegen das Schatzamt zurück, in dem 600 Millionen in Gold aufbewahrt wurden." Während die Amerikaner diesen terroristischen Anschlag verarbeiteten, lasteten die Reparationen schwer auf den deutschen Staatsfinanzen.[6] Um die Reparationszahlungen in den Griff zu kriegen, versuchte die Regierung mithilfe von Notenpressen genügend Finanzmittel zu produzieren. Alleine im Herbst 1923 druckten im Dienst der Reichsdruckerei mehr als 130 Fremdfirmen mit rund 1800 Druckmaschinen neue Geldnoten. Die Folge war das Schreckgespenst der Wirtschaft: eine Inflation. Die Hyperinflation ist das Trauma der 1920er-Jahre, das sich „in das kollektive Gedächtnis [der Deutschen] eingebrannt hat".[7]

Nach seinen Recherchen zur Inflation zieht der Wirtschaftshistoriker Carl-Ludwig Holtfrerich folgendes Resümee: „Die große Inflation war kein Betriebsunfall. Man wollte die noch junge Demokratie stabilisieren und wusste sich zunächst nicht anders zu helfen, als Staatsausgaben über die Notenpresse zu finanzieren."[8] „Der Staat trieb die Notenpresse zur Höchstleistung an", wie Stefan Zweig schrieb, „um möglichst viel künstliches Geld nach Mephistopholes' Rezept zu schaffen, kam die Inflation nicht mehr nach. (…) Das Chaos nahm immer phantastischere Züge an."[9] Im November 1923 brachte die Reichsbank einen Geldschein im Wert von 100 Billionen Mark heraus. Das Geld büßte seine eigentliche Funktion vollständig ein. Zusätzlich zu den Reparationszahlungen wurde der Staatshaushalt durch die Finanzierung stark ausgebauter Sozialleistungen belastet.[10] Der Bargeldumlauf war innerhalb von zehn Jahren von rund sechs Milliarden Mark auf 400 Trillionen Mark gestiegen.[11]

Die Inflation sollte jahrzehntelang das Verhältnis der Deutschen zum Geld prägen. Angesichts des fallenden Kurses der Mark verteuerten sich die importierten Rohstoffe wie Erdöl oder Kohle genauso wie Lebensmittel. Kostete ein Laib Schwarzbrot im August 1914 32 Pfennig, so stieg der Schwarzbrot-Preis im November 1923 auf 201 Milliarden Mark. Die Preise der Lebensmittel erhöhten sich am Tag mehrfach. Der Romanist

Victor Klemperer, der als Professor in Dresden lehrte, notierte in seinem Tagebuch: „Den Finanzen stehe ich fatalistisch gegenüber. Unsinnige Höhe der Börse, des Dollars, der Preise. Gefühl unmittelbar bevorstehender Katastrophe. Aber wie wird sie sein? An der Börse (...) besitze ich heute etwa eine halbe Milliarde, (...) und ein Viertel Pfund Butter kostet 1,6 Millionen."[12] Für ihn war das Jahr 1923 das „Krisenjahr". „So füllt das Spekulationsdenken jetzt alle Hirne und Stunden. Die Zeit ist allzusehr aus den Fugen", schrieb Klemperer Ende Mai 1923.[13]

Einer der wichtigsten Figuren in der Zeit der Inflation war der Reichsbankpräsident oder, wie das Volk den Banker nannte, „Generalgeldmarschall" Rudolf Havenstein. Anstatt die Inflation zu bekämpfen, ließ der Notenbankchef immer mehr Geld drucken.[14]

Diese aufgeblähte Geldmenge, die Hyperinflation, belebte das Börsengeschäft. Denn die Menschen investierten ihr Vermögen in Sachwerte wie öffentliche Schuldverschreibungen und Aktien. Das Statistische Reichsamt schrieb im Jahr 1922, in dem es eine Aktienhausse gab, über den Zusammenhang von „Inflation und Aktienkurs": „Die Steigerung des Kursniveaus in der Nachkriegszeit steht in keinem Verhältnis zu den verhältnismäßig geringfügigen Dividendenerhöhungen. In einer Zeit, wo unter instabiler Währung der Besitz wertstabilen Sachgüter dem Besitz wertbedrohten Geldes vorgezogen wird",[15] waren vor allem Aktien von Unternehmen mit starken Alleinstellungsmerkmalen und einer stabilen Kapitalstruktur nachgefragt. Die Hoffnung der Anleger war, dass diese Firmen sich gegen die Geldentwertung behaupten können. Eine Spekulationshysterie prägte den Aktienmarkt in den Inflationsjahren. Auch bei den Banken entwickelte sich das Wertpapiergeschäft zu einem Hauptertragspfeiler.[16] Die Wertpapiere wurden vor allem auch außerhalb der Börsen gehandelt. Bei diesem vom Staat unkontrollierten Freihandel wurden die Anteile zu überhöhten Preisen verkauft.[17]

An den Börsen wurde 1919 der erste deutsche Aktienindex der Frankfurter Zeitung eingeführt, der im März 1922 vom Aktienindex des Statistischen Reichsamtes abgelöst wurde. Die Entwicklung der Effektenkurse wurde durch die Inflation stark beeinflusst, wie die Branchenindizes der einzelnen Wirtschaftskategorien zeigten. So waren an der Berliner Börse 40 Bankaktien und 20 Aktiengesellschaften aus dem Maschinenbau notiert, gefolgt von Aktiengesellschaften aus der Chemischen Industrie (20 Firmen) und Textilindustrie (15 AGs).

Notierung der Branchenindizes einzelner Wirtschaftskategorien

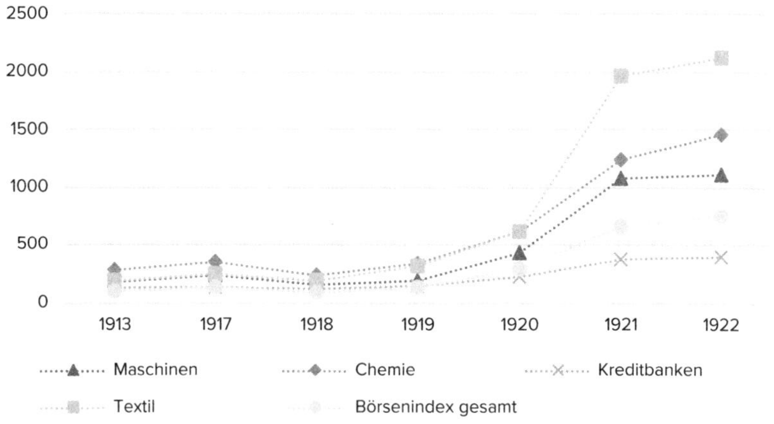

1917, ein paar Jahre vor der Inflation, veröffentlichte der Industrielle Walther Rathenau, der Aufsichtsrat der von seinem Vater gegründeten Allgemeinen Elektricitäts-Gesellschaft (AEG) war, sein Buch „Vom Aktienwesen – eine geschäftliche Betrachtung". Er warnte vor dem „Börsenspiel" und der „Spekulation mit Krediten": „Die Aktie ist keine Kapitalanlage für den kleinen Sparer. Ich halte es für unverantwortlich, einem Mann, der seine Ersparnisse nötig hat, zu raten, einem Zinsgewinn zu liebe einen Teil seines Vermögens aufs Spiel zu setzen."[18] Rathenau –

er war Reichsaußenminister während der Inflationszeit in der Weimarer Republik und fiel 1922 einem Attentat von Rechtsradikalen zum Opfer – wendete sich gegen Werte, die durch Beeinflussung der „Meinung zu sprunghaften Spekulationssteigerungen oder Entwertungen missbraucht werden". Wäre der „Kapitalbedarf unserer Wirtschaft (alleine) auf die geringe Tragfähigkeit und die Laune der Spekulation gestellt", dann sei nach Ansicht Rathenaus ein unternehmerisches Handeln undenkbar."[19]

Rathenaus Landsleute sahen das anders und spekulierten weiter. Auch der Romanist Victor Klemperer ließ sich von der Börseneuphorie anstecken. Seinem Tagebuch vertraute er an: „Meine Gedanken waren bei der Börse. (…) Es geht hin und her und ist eine nervenpeitschende Sensation. Und immer wieder sagt man sich, dass nichts hinter den Riesenzahlen steht und immer wieder wirken sie berauschend."[20]

Die Spekulation war dem Reichsbankpräsidenten Hjalmar Schacht ein Dorn im Auge. So misstraute er jedem Bankier, der auf eigene Rechnung an der Börse spekulierte. „Als verantwortungsbewusster Banker war ich gegen alles, was nach einem Glücksspiel aussah", schrieb Schacht.[21] Erst mit der Währungsstabilisierung 1924 fand eine Normalisierung der Verhältnisse an den Börsen statt. Der erste Schritt, die Hyperinflation in den Griff zu kriegen, war die Einführung der Reichsmark nach dem Bankgesetz vom 30. August 1924. Für den Schriftsteller Elias Canetti belebte die Inflation aber vor allem die alten Klischees über die angebliche jüdische Vorherrschaft im Finanzwesen wieder. In seinem Buch „Masse und Macht" schrieb der Literaturnobelpreisträger, dass die durch die Inflation geschürte Ungewissheiten den Antisemitismus in der Weimarer Republik förderten. „Man kann sagen, dass es in unseren modernen Zivilisationen außer Kriegen und Revolutionen nichts gibt, dass sich in seiner Tragweite mit Inflationen vergleichen lässt. (…) Man kann die Inflation als einen Hexensabbat[22] der Entwertung bezeichnen. (…) Als Objekt für diese (Entwicklung) fand Hitler während der deutschen Inflation die Juden. Sie waren dafür wie geschaffen: Ihre Geschicklichkeit in Aktivitäten der Spekulation, ihr Zusammenströmen auf Börsen."[23] Für Canettis unwesentlich älteren Schriftstellerkollegen Stefan Zweig hätte die Einführung der neuen Währung „ein Wendepunkt in der Geschichte werden können." „Als mit einem Glockenschlag je eine Billion emporgeschwindelter Mark gegen neue Mark eingelöst wurde, war eine Norm gegeben", wie sich Zweig ausdrückte. Doch letzten Endes hatte „nichts das deutsche Volk so verbittert, so haßwütig, so hitlerreif gemacht wie die Inflation."[24]

Ein Jahr nach der Neuregelung der Währung mit der eingeführten Reichsmark verzeichnete der Aktienmarkt ab 1925 eine starke Steigerung. Vor allem das mit der neuen Währung wiedergewonnene Vertrauen ausländischer Anleger und die Zunahme der Kapitalströme aus dem Ausland, die von der Reichsbank nicht kontrolliert werden konnten, sorgten für einen Kursaufschwung.[25]

6.2 Börsencrash im Mai 1927 in Berlin

„Was sich heute an der Berliner Börse abspielte,
ist nur vergleichbar mit der Panik in den ersten Kriegstagen."[26]

(Münchner Neueste Nachrichten am 14. Mai 1927)

Ab Anfang 1927 registrierte die Reichsbank in der Weimarer Republik einen steigenden Kauf größerer Aktienpositionen durch ausländische Anleger. Des Weiteren weckte das Geschäft an der Berliner Börse ein immer größeres Interesse von deutschen Privatpersonen. Dies hatte eine Haussekonjunktur an der Berliner Börse zur Folge. Das gestiegene Geschäftsvolumen sorgte an den Maklerschranken dafür, dass Orders nur zeitverzögert ausgeführt wurden.[27] Joseph Roth versuchte die Euphorie literarisch in seinem Artikel „Hausse und Baisse" in der Zeitung Der Neue Tag in Worte zu fassen: „Es ist eine große Hausse in Schiebungen und eine Baisse in Moral. (...) Geld gewinnt man leicht und mühelos auf der Börse. Und selbst das Prickeln des Abenteuertums, der Kitzel des Sensationchens ist dabei. Also spielt man auf der Börse. (...) Gewitter sind Geldkrisen, Blitze erleuchtende Spekulationseinfälle. Und ein Donner ist natürlich ein Krach."[28]

Weniger mit Worten, sondern mit Taten wollte der Reichsbankpräsident Hjalmar Schacht gegen die seit 1927 festzustellende Entwicklung an deutschen Börsen vorgehen. So legte er am 7. März 1927 bei einer Sitzung des Reichskabinetts die wirtschafts- und finanzpolitischen Herausforderungen dar.[29] Schacht führte aus: „Ich habe den Eindruck, daß (viele Banken) sich ihrer Verantwortlichkeit gegenüber der Reichsregierung absolut nicht mehr bewußt sind, daß sie (...) Reichseinrichtungen" sind.[30] Denn das Reich hatte nach Artikel 8 der Weimarer Verfassung durch die von Matthias Erzberger verfügte Reichsfinanzreform (1919/20) – Heike Knortz spricht vom „größten Reformwerk der deutschen Verwaltungsgeschichte"[31] – eine Finanzhoheit. Zudem nahm der Reichsbankpräsident Bezug auf die Aktivitäten der Banken auf dem Börsenparkett: „Eine weitere Gefahr, die in dieser großen Geldflüssigkeit liegt, ist die Effektenspekulation an der Börse. (...) Die Banken haben soviel kurzfristiges, d. h. flüssiges Geld, daß sie sich auf die Anlage im Börsengeschäft geradezu hingedrängt fühlen (...). Das Vertrauen auf die sogenannte Verkaufsmöglichkeit an der Börse ist aber ein vollständig sinnloses; denn wenn wirklich ein Kladderadatsch (= Börsencrash) kommt, so werden diese Effekten teilweise überhaupt nicht zu verkaufen sein, auch nicht zu niedrigsten Kursen. (...). (Wir müssen gegen) diese künstliche, durch die Geldflüssigkeit erzielte Kurssteigerung (...) eine Regulierung der Börse herbeiführen."[32] Schacht war überzeugt, dass die Hausse durch eine Kreditreduzierung für Banken in den Griff zu kriegen sei und schlug eine Senkung des Reichsbankdiskontsatzes vor. Bis zu diesem Zeitpunkt hatten sich die Kurse innerhalb von 18 Monaten verdoppelt.[33]

Am 13. Mai 1927 verfügte Schacht in einem vertraulichen Gespräch mit führenden Kreditinstituten den Stopp aller Reichsbankkredite. Die Vereinigung Berliner Banken und Bankiers – hierzu zählten die fünf Großbanken Dresdner Bank, Deutsche Bank, Commerz- und Privatbank, Berliner Handels-Gesellschaft und Reichs-Kredit-Gesellschaft – berichtete in einer mit der Reichsbank nicht abgestimmten Pressemitteilung über den Beschluss einer restriktiveren Kreditpolitik. Die Folge war ein Bericht in der Berliner Börsen-Zeitung. Die Ankündigung, die Kredite zur Finanzierung von Börsengeschäften erheblich zu reduzieren, führte zu starken Kursrückgängen, weil „das Publikum überstürzt die Effekten auf den Markt warf(en)."[34] Zu dieser überraschenden Kreditankündigung und offenbar ohne die wirtschaftlichen Auswirkungen miteinzukalkulieren, passt der Spruch des zeitgenössischen Bankiers Carl Fürstenberg, der als Geschäftsführer einer der führenden deutschen Banken, der Berliner Handels-Gesellschaft, an der Börse tätig war, über seinen eigenen Berufsstand: „Als erstes im Bankgeschäft lernt man den Respekt vor den Nullen, die im ersten Stock sitzen. Da saß die Direktion."[35]

Am 13. Mai 1927 erlebte die Berliner Börse einen enormen Kurssturz. Hierfür wurde zum ersten Mal an den deutschen Handelsplätzen der Begriff Schwarzer Freitag gewählt. Die Formulierung „Black Friday", die erstmalig 1910 in England in einem komplett anderen Zusammenhang verwendet wurde,[36] galt fortan für viele weitere Börsenkrisen als Synonym. Der Aktienindex brach um 31,9 Punkte ein, was auch durch den Abzug großer Mengen ausländischen Kapitals ausgelöst wurde. Zusätzlich hatten die Banken wegen des kurzfristigen Kapitalabzugs Liquiditätsengpässe. In der Weimarer Republik wiesen die Banken ein problematisches Verhältnis zwischen Eigen- und Fremdkapital auf. So betrug das Eigen- und Fremdkapitalverhältnis bei den Berliner Großbanken vor 1914 1:3, im Jahr 1929 lag es bei 1:15.[37]

In seinen Memoiren schrieb Schacht über die Anfang Mai 1927 verordnete Kreditblockade: „Leider kündigten die Banken diese Maßnahme an und die sensationelle Überraschung führte am Freitag, dem 13. Mai, zu einem erheblichen Kursverfall der Wertpapiere an der Berliner Börse. Ich bedauerte zwar die ungeschickte Art und Weise, in der die Maßnahme durchgeführt worden war, aber die Maßnahme selbst war eine Notwendigkeit."[38] Ein ähnliches Erklärungsmuster wie Schacht, nicht Auslöser der Börsenkrise gewesen zu sein, pflegte auch das Reichskabinett. Unter der Überschrift „Die Reichsregierung lehnt die Verantwortung ab" wurde in der Vossischen Zeitung eine Erklärung abgedruckt, in der die Regierung die Schuld zurückwies, die Baisse verursacht zu haben.[39]

Reichsbankpräsident Schacht ergänzte in seinem Rückblick: „In liberalen Kreisen war ich eine Persona non grata aufgrund von Ereignissen wie jenem ‚Schwarzen Freitag', die zeigten, dass ich nicht bereit war, die Spekulation unkontrolliert gedeihen zu lassen."[40] Stellvertretend für die Stimmung im Reich stand die Ausführung des Abgeordneten im Bayerischen Landtag, Ludwig Graf von Freyen-Seyboldsdorf, am 1. Juni 1927. Im Landtag sagte er: „Man mag über die Finanzpolitik des Reichsbankpräsidenten denken wie man will. Jedenfalls sind die Erschütterungen (...) nicht dazu angetan, unsere Wirtschaft zu stärken. Man spricht von einem Börsenkrach."[41]

Der Jurist und Chefredakteur der Berliner Börsen-Zeitung Walther Funk – ab 1933 war er Pressesprecher Adolf Hitlers und ab 1938 wurde er Reichswirtschaftsminister – analysierte die Ursachen der Börsenkrise:

Die „Börsenlage (…) (hat) den Reichsbankpräsidenten zu einer Änderung der Finanzierung der Effektenspekulation bewogen. Nun hat in Deutschland auf die Dauer kein Mensch ein Interesse daran, dass die Börse ihre Funktionen als Kreditmarkt, den die Wirtschaft besonders bei ansteigender Konjunktur braucht, verliert."[42]

Saldo der Börsenkrise 1927

„Es hat an den deutschen Börsen auch in der Inflationszeit ‚schwarze Tage' gegeben, aber man wird wohl feststellen müssen, dass keiner von ihnen so unvorbereitet und so katastrophal hereingebrochen ist, wie die beiden neuesten schwarzen Tage",[43] bilanzierte die Ingolstädter Zeitung im Jahr 1927.

Die Hauptursachen für den Kurssturz waren die Passivität der Reichsregierung und die „ungeschickte Handlungsweise des Zentralbankpräsidenten (Schacht), der offenbar nicht mit den Folgen rechnete."[44] Die Folge war der Abzug ausländischen Kapitals und ein höherer Zinssatz, der wiederum zu Finanzengpässen bei der Kapitalversorgung der Wirtschaft führte. Alles in allem signalisierten die Ereignisse um den Schwarzen Freitag von 1927, dass drei Jahre nach der Stabilisierung der Währung noch keine Stabilität des Kapitalmarktes erreicht worden war. Auch von einer Normalität des Effektenmarktes wie vor 1914 war man noch weit entfernt.[45]

BROOKLYN DAILY EAGLE

And Complete Long Island News

WALL ST. IN PANIC AS STOCKS CRASH

Attempt Made to Kill Italy's Crown Prince

STOCKS CRASH IN RUSH TO SELL; BILLIONS LOST

ASSASSIN CAUGHT IN BRUSSELS MOB; PRINCE UNHURT

Hollywood Fire Destroys Films Worth Millions

FEAR 52 PERISHED IN LAKE MICHIGAN; FERRY IS MISSING

PIECE OF PLANE LIKE OITEMAN'S IS FOUND AT SEA

High Duty Group Gave $700,000 to Coolidge Drive

Titelseite der Zeitung The Revolution Generation am 24. Oktober 1929.

7. Börsenkrach 1929: Das New Yorker Parkett außer Kontrolle

„Dies ater in New York“

(Frankfurter Zeitung am 25. Oktober 1929, S. 1)

Als Dies Ater, Schwarzer Tag, wurde im Römischen Reich ein Kalendertag bezeichnet, an dem ein historisch denkwürdiges Unglück geschah. Den Begriff wählte die Frankfurter Zeitung für die Beschreibung der Geschehnisse an der New Yorker Wallstreet. Das Aktien-Waterloo im Jahr 1929 hatte jedoch eine längere Vorgeschichte.

7.1 Bullen und Bären auf dem Kursblatt – der Verlauf der Spekulation

In den USA – einem Land, in dem in den 1920er-Jahren Lotterien und öffentliches Glücksspiel verboten waren – ereignete sich mit dem New Yorker Börsenkrach im Oktober 1929 der bis dahin größte Finanzkollaps, der eine Weltwirtschaftskrise auslöste.

Die Spekulationsblase an der Wall Street kam nicht aus heiterem Himmel. Spätestens ab 1928 erzählten die Medien häufig die gleichen Erfolgsgeschichten: „Jeder kann es vom Tellerwäscher zum Millionär schaffen!“

John Kenneth Galbraith analysierte in seinem Buch „The Great Crash of 1929“ die Ursache der Börsenkrise: „Zu Beginn des Jahres 1928 änderte sich die Art des Booms. Die massenhafte Flucht in die Illusion, die so sehr Teil der wahren Spekulationsorgie ist, begann ernsthaft.“[1] Die New York Times berichtete über die Euphorie am Wertpapiermarkt und Spekulationswelle im Oktober 1928 – ein Jahr vor dem Crash: „Ein aufmerksamer Reisender (...) bemerkte, dass sich die Gespräche in den Zügen (...) immer mit echter Begeisterung um die Börse drehten. (...) Die spekulative Tätigkeit hat sich beschleunigt. (...) Jeder gibt zu, dass die gegenwärtige Börsenspekulation (...) unweigerlich den unvorhersehbaren Schwankungen der Psychologie der Masse unterliegt.“[2] Auslöser für die erhöhte Nachfrage war der Boom in der US-Wirtschaft. Zwischen 1927 und 1929 wuchs die US-Industrieproduktion um 25 Prozent. Vor allem die Aktien der Autoindustrie – allein 1929 wurden in Detroit rund fünf Millionen Autos gebaut – profitierten von dieser Euphorie.

Erstmalig durchbrach der Dow-Jones-Aktienindex, den es seit 1884 gab und der seit 1928 die Kursentwicklung von 30 US-Industriewerten repräsentierte, im Jahr 1924 die Marke von 110 Punkten. Diese Hürde galt bis dahin als unüberwindbar. An der Wall Street gab es kein Halten mehr. Die amerikanischen Aktienkurse bewegten sich ohne Unterbrechung sechs Jahre steil aufwärts. Zwischen Anfang 1926 und Oktober 1929 hat sich der Dow-Jones-Index fast verdoppelt, von 158,54 (1926) auf einen Höchststand von 386,1 (3. September 1929). Vor dem Höhepunkt der Börsenhausse jubelte US-Präsident Herbert Hoover in seiner Wahlkampfkampagne 1928: „Wir sind dem endgültigen Sieg über die Armut heute näher als nie zuvor in unserer Geschichte.“[3]

Die „Roaring Twenties“, wie die 1920er-Jahre in den USA bezeichnet werden, waren ein Jahrzehnt der Feierlaune: Josephine Baker im Bananen-Rock, der Charleston-Tanz, die frühe Blüte der Jazz-Musik. Nicht einmal das Alkoholverbot durch die Prohibition störte die Lebenslust. Zeitschriften wie das in der Zeit neu auf den Markt gekommene Time Magazine oder Forbes machten Finanziers zu Coverstars. Diese Visionäre begeisterten die Nation als Symbole des Erfolgs.

Wie kein anderer Roman, spiegelt „The Great Gatsby" die sozialen und wirtschaftlichen Veränderungen der „Roaring Twenties" wider. Der Autor F. Scott Fitzgerald verschriftlichte die Atmosphäre der 1920er-Jahre mit dem neu gewonnenen Reichtum und den damit einhergehenden gesellschaftlichen Veränderungen. Im Mittelpunkt des 1925 veröffentlichten Romans steht der junge Börsenmakler Nick Carraway, der nach New York zog: „So beschloss ich, an die Ostküste zu ziehen und das Börsengeschäft zu erlernen. So gut wie alle, die ich kannte, waren im Börsengeschäft tätig."[4]

Ebenfalls 1925 veröffentlichte der US-Journalist Edwin Lefèvre einen Bestseller über den „König der Spekulanten" Jesse Livermore. Im Roman legte Lefèvre seiner Hauptfigur Livermore folgende Worte in den Mund: „Eine weitere Lektion, die ich früh gelernt habe, ist, dass es an der Wall Street nichts Neues gibt. Das kann auch gar nicht sein, denn die Spekulation ist so alt wie die Berge."[5] Livermore meinte, dass „Spekulation ein hartes und anstrengendes Geschäft ist, da ein Spekulant ständig am Ball bleiben muss, sonst hat er bald keinen Job mehr."[6]

Zudem ermutigten Slogans wie „Be a bull in America" zu riskantem Handel und Investitionen. Doch die Anleger wussten nicht, wie riskant eine Aktienanlage war. In den USA gab es in den 1920er-Jahren das sehr populäre Sprichwort: „Never sell the United States short".[7]

Das Spekulationsfieber mit den Aktien wurde von Werbeslogans und von oberster staatlicher Stelle angeheizt. So äußerte Anfang 1929 der noch amtierende US-Präsident Calvin Coolidge, dass die Aktien „zu den derzeitigen Preisen günstig" seien.[8] Äußerungen, die bei der Öffentlichkeit den Eindruck hinterließen, dass alles in Ordnung sei. Andere bewerteten die Situation weniger euphorisch, wie der Unternehmer Arthur A. Robertson, der mit seiner Aktiengesellschaft an der Wall Street gelistet war: Die Wall Street „war ein reines Glücksspielkasino mit gezinkten Würfeln. Die wenigen Haie nutzten die Vielzahl der Trottel aus. Es war ein Tausch von teuren Hunden gegen teure Katzen."[9]

Die Bevölkerung agierte nach dem Motto Konsum statt Sparen. Jeder wollte von dem Wirtschaftsboom profitieren und reich werden. Millionen drängten an die Wall Street und investierten ihre Börsenabenteuer mit Krediten – Privatanleger spekulierten auf Pump. Der Bullenmarkt basierte vor allem auf der exzessiven Kreditaufnahme. Auf einer gigantischen Struktur aufgeblähter Kredite wuchs in kürzester Zeit der Wohlstand von Millionen amerikanischer Haushalte. Zudem wurde ein neuartiges Finanzprodukt, der geschlossene Investmentfond, immer populärer. Einen solchen emittierte auch die Investmentbank Goldman Sachs Ende 1928. Den Kunden wurde versprochen, dass sie ein sehr ausgewogenes Paket von Aktien erwarben. Doch in der Realität behielten die Institutionen, die die Investmentfonds auflegten, die Mehrheit an Stammaktien. Im Fall von Goldman Sachs wurden vorzugsweise eigene Aktien gekauft, um den Kurs in die Höhe zu treiben.[10]

Neben solchen Kapitalanlageprodukten gab es zahlreiche Warnungen vor der grassierenden Spekulationswelle. 17 Monate vor dem Crash titelte das Wall Street Journal am 15. Mai 1928: „Gambling and speculation". Für John Maynard Keynes wurde die irrationale Spekulation vor allem durch Informationsdefizite, Massenpsychologie und spekulatives Spiel ausgelöst.[11] Der Banker und Gründer des amerikanischen Zentralbanksystems Paul M. Warburg warnte im Jahresbericht an die Aktionäre seiner International Acceptance Bank: „Wenn die Orgie der ungezügelten Spekulation (unkontrolliert weitergeht), ist der endgültige Zusammenbruch nicht nur für die Spekulanten selbst unvermeidlich, sondern wird auch eine allgemeine Depression nach sich ziehen, von der das ganze Land betroffen sein wird."[12] Warburg bezeichnete das Handelsvolumen als „Ausschweifung" und gab kurze Zeit später eine offizielle Warnung an die Händler heraus, sich vom Börsenmarkt zurückzuziehen.[13] Seine Warnung wurde sehr verhalten aufgenommen. Ein Kritiker bezeichnete ihn als „Sandbagger für den amerikanischen Wohlstand".[14] Wenige Tage vor dem Börsencrash warnte am 5. September 1929 der Wirtschaftswissenschaftler Roger Babson in einer Rede vor der Wirtschaftskammer (Annual National Business Conference) vor einem „terrific crash". Die Neue Zürcher Zeitung resümierte ein Jahr nach dem Crash, dass man Babson hätte glauben sollen: „Babson hatte recht gehabt. Als die Hausse noch andauerte, erhob er seine warnende Stimme und (warnte) vor dem unvermeidlichen Zusammenbruch. Damals wurde er als Verräter an der amerikanischen Wirtschaft, als Zweifler an der amerikanischen Prosperität und Stabilität hingestellt."[15] Auch der renommierte Wirtschaftswissenschaftler Irving Fisher warnte mehrmals vor der ungesunden Kursentwicklung der Aktien, die seiner Meinung „durch den Einfluss der Investmentfonds-Bewegung" ausgelöst wurde.[16]

Der Börsencrash erfolgte in mehreren Wellen in einem Zeitraum von wenigen Tagen. Bei der Eröffnungsglocke der New Yorker Börse am sogenannten Schwarzen Donnerstag, dem 24. Oktober, fielen bereits die Kurse. „Um elf Uhr war der Markt in ein wildes, verrücktes Gerangel um den Verkauf ausgeartet. In den überfüllten Vorstandsetagen im ganzen Land verkündete der Ticker einen erschreckenden Zusammenbruch. Um 11 Uhr 30 war der Markt der blinden, unerbittlichen Angst erlegen. Dies war in der Tat eine Panik," berichtete der Ökonom John Kenneth Galbraith.[17]

Wild gestikulierend liefen Makler über das Börsenparkett – immer hektischer suchten sie nach Aktienkäufern. Am Schwarzen Donnerstag wechselten 13.000.000 Aktien den Besitzer, und der Ticker fiel um vier Stunden zurück. Das „Volumen der Verkäufe überschwemmte die Wall Street wie die großen Niagarafälle“, wie die Washington Post formulierte. Die Preise fielen unaufhaltsam und auf dem Börsenparkett brachen Händler zusammen.[18] Die Restaurants in der Innenstadt blieben für die Broker, die das Auftragsvolumen bewältigen wollten, auch über Nacht geöffnet.[19] Der US-Unternehmer Arthur A. Robertson beschrieb die Folgen: „An der Wall Street liefen die Leute wie Zombies herum. Es war, als ob der Tod Urlaub machen würde. Es war sehr dunkel. Man sah Leute, die gestern noch in Cadillacs herumgefahren waren und jetzt Glück hatten, dass sie noch ein Auto hatten.“[20]

Zufällig war der spätere britische Premier Winston Churchill, damals noch britischer Schatzkanzler, am Tag des Zusammenbruchs der New Yorker Börse Gast auf dem Parkett und erlebte den Ausnahmezustand hautnah. In seinen Memoiren widmete er diesem Erlebnis eine längere Stelle: „Da waren also Händler, eingefroren wie in der Zeitlupenaufnahme eines aufgeschreckten Ameisenhaufens, einander enorme Mengen an Wertpapieren zu einem Drittel des ehemaligen Preises anbietend, nur um nach etlichen Minuten des Zusammenstehens schließlich festzustellen, dass niemand den Mut fand, die einmalige Gelegenheit zu ergreifen, ein Vermögen zu machen.“[21]

Die Panik wurde durch die neue Kommunikation mittels Telefone noch verstärkt. Schnell waren die Leitungen zwischen New York und Boston, Montreal, Chicago, Detroit, Cleveland und Toledo überlastet. Auch die transatlantischen Telefonleitungen zu den anderen Börsenstandorten glühten. Nachrichtenticker und Zeitungsjungen, die ihre Blätter lautstark auf den Straßen anboten, verbreiteten die Nachricht von New York ins ganze Land. Die Zeitungen am 24. Oktober schrieben zwar über die Abnormalität der Marktreaktionen, doch offenbar konnten auch die Redaktionen diesen Zusammenbruch nicht so richtig einordnen. Daher fiel die erste Analyse in der New York Times unter der Überschrift „Breaks of the Past Recalled on Street" auf Seite Drei eher nüchtern aus: „Man war sich allgemein einig, dass jedoch kein früherer Rückgang in Umfang und Heftigkeit mit dem gestrigen Einbruch vergleichbar war."[22]

Die nächste Welle ereignete sich am Schwarzen Dienstag (29. Oktober) mit dem Handel von über 16 Millionen Aktien. Der Chef der Wall-Street-Firma Goldman Sachs, Sidney J. Weinberg, der von der New York Times den Spitznamen „Mr. Wall Street" erhielt, erinnerte sich an den 29. Oktober 1929: „Es war ein Donnerschlag. Alle waren fassungslos. Auf der Straße herrschte allgemeine Verwirrung."[23] Als am Folgetag noch einmal 11 Millionen Aktien gehandelt wurden, entschied sich die New York Stock Exchange zur Börsenschließung. Als Grund für das Aussetzen des Parketthandels gab die britische Zeitung The Times an, „dass das Personal der Börsenhäuser den Punkt der physischen Erschöpfung erreicht habe, viele Angestellte 48 und sogar 72 Stunden lang nicht geschlafen hätten, um die Maschinerie des Handels und des Clearings in Gang zu halten."[24]

Die Wertentwicklung innerhalb eines Kalenderjahres der Topaktien AT&T, General Electric und Union Pacific verdeutlichen den rapiden Absturz an der Wall Street:

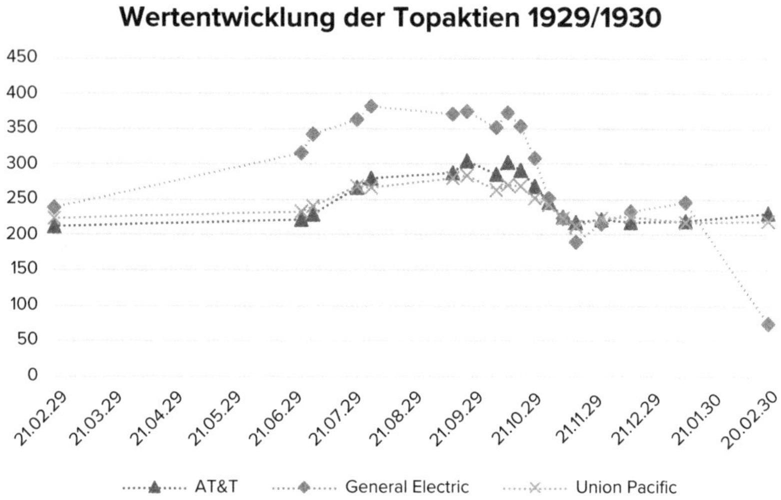

Der Kurszusammenbruch zeigte sich auch an der Entwicklung des Dow-Jones-Indizes:

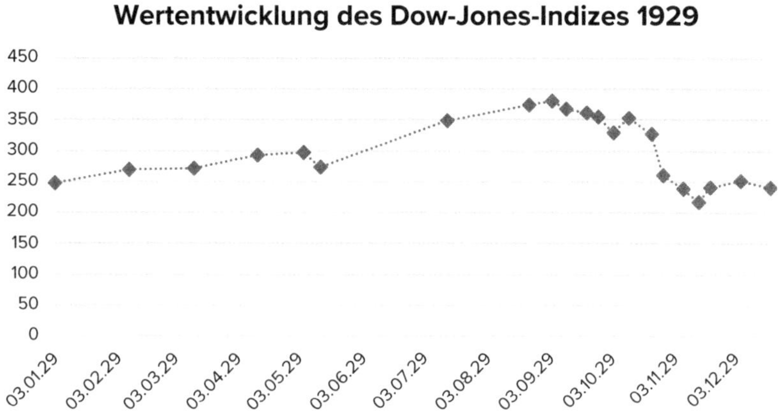

Eine Gruppe New Yorker Banken versuchte die Flut der Panikverkäufer aufzuhalten, indem sie einen milliardenschweren Pool bildeten, um den

Markt zu stützen und zu stabilisieren. Die Washington Post titelte: „Banker handeln, um Aktienpanik einzudämmen".[25] Denn zum Kurskollaps kam noch eine Kreditkrise, sodass kein Geld für Neuinvestitionen zur Verfügung stand. Das amerikanische Bankensystem hatte kein stabiles Eigenkapitalfundament, weil die zumeist lokal agierenden Institute vor allem von den örtlichen Industrien abhingen. Die „Liquiditäts-Erste-Hilfe" der New Yorker Banken blieb letztlich erfolglos und die amerikanische Zentralbank (Fed) pumpte kein zusätzliches Geld in den Kapitalmarkt. Henry Parker Willis (1874–1937), Professor für Bankwesen an der Columbia University und ehemaliger Mitarbeiter bei der Zentralbank Federal Reserve, warf der Fed eine „Vogel-Strauß-Politik" und eine „Nachgiebigkeit gegenüber den Kapitalanforderungen der Spekulation" vor. Vor allem das Banksystem war aus seiner Sicht der Auslöser des Börsenkrachs: „Die Politik der Bundesreservebanken war ungewiss und unaufrichtig – bald unterstützten, bald bremsten sie die Börsenspekulation, aber nie suchten sie zu den gesunden Grundregeln wirtschaftlicher Bankführung zurückzukehren. (…) Die Banken haben sich zweifellos mit offenen Augen und dennoch blind und verantwortungslos in den Wirbel der Spekulation gestürzt."[26] Rückblickend analysierte auch Ben Bernanke, der von 2005 bis 2008 der Fed vorstand, das damalige Verhalten der Zentralbank und deren ökonomischen Folgen in einer Rede am 8. November 2002 selbstkritisch: „Was die Weltwirtschaftskrise angeht (...) wir haben es getan. Es tut uns sehr leid. (...) Wir werden es nicht wieder tun."[27]

Die Folge des Marktkollapses war, dass sich viele Privatanleger und Händler nach dem Zusammenbrechen aus dem Fenster stürzten. Die New York Times schrieb, dass der „Zusammenbruch des Aktienmarktes zweifellos einen direkten Einfluss auf den Anstieg der Selbstmorde" in den Vereinigten Staaten hatte.[28] Die Anzahl der Menschen, die sich das

Leben nahmen, soll mindestens dreistellig gewesen sein, wie die Zeitungen damals spekulierten. Die Washington Post schrieb lapidar über die „suicide wave“: „Vielleicht wurden ein paar Menschenleben gerettet, weil der Crash von 1929 so dicht auf die Ferienzeit folgte.“[29] Zu einer anderen Einschätzung kommt der kanadische Ökonom John Kenneth Galbraith in seinem Buch über den New Yorker Börsencrash: „In Wirklichkeit gab es keine Selbstmordwelle. Bereits mehrere Jahre vor 1929 war die Selbstmordrate allmählich angestiegen (und) stieg in jenem Jahr weiter an.“[30]

Wenige Wochen nach den Oktoberereignissen umschrieb der US-Präsident Herbert Hoover in seiner jährlichen Rede zur Lage der Nation die Gründe für den Börsenzusammenbruch: „Der lange Aufwärtstrend des grundlegenden Fortschritts führte zu übermäßigem Gewinnoptimismus, der sich in einer Welle unkontrollierter Wertpapierspekulationen niederschlug, die zu einer Umleitung des Kapitals aus der Wirtschaft in den Aktienmarkt und dem unvermeidlichen Zusammenbruch führte.“[31]

Will Rogers, der bekannteste Humorist zu dieser Zeit, schrieb mehrfach über den New Yorker Börsencrash in seiner Kolumne Daily Telegram, die in über 500 Tageszeitungen abgedruckt wurde. So kommentierte Rogers den Crash: „Als die Wall Street ins Trudeln geriet, musste man Schlange stehen, um ein Fenster zu bekommen, aus dem man springen konnte, und Spekulanten verkauften Platz für Leichen im East River“.[32] Neben solchen makabren Zeilen, versuchte Rogers auch seine Landsleute aufzuheitern. Über den „sensational collapse“ an der Wall Street schrieb er am 25. Oktober 1930: „Wenn die Kühe dieses Landes eines Nachts nicht gemolken werden, wäre das eine größere Panik. (...) Darum ist die ganze (Nation) mehr vom Gackern einer Henne abhängig, als wenn die Börse in einen Nachtclub verwandelt würde.“[33]

7.2 Von der Wall Street bis zur Burgstraße: Auswirkungen auf die Berliner Wertpapierbörse

Der deutsche Historiker Golo Mann schrieb in seinen Erinnerungen: „Anfang Oktober 1929 starb Gustav Stresemann; für die Republik ein unersetzlicher Verlust, soviel war klar. Drei Wochen danach kam es zum Zusammenbruch der New Yorker Börse. (…) Die Krise begann in den USA, um binnen weniger Wochen nach Europa, dem politisch noch völlig unabhängigen, wirtschaftlich aber schon (…) abhängigen (Kontinent) überzuspringen; was für Deutschland, das kapitalärmste, kreditabhängigste Land bei weitem am stärksten galt.“[34]

Auch jenseits des Atlantiks, weit weg vom Epizentrum des Börsenzusammenbruchs, wurden die ersten Schockwellen auf dem deutschen Börsenparkett spürbar. Trotz des „erheblichen Einflusses“ der Wall Street auf „die Börse der anderen Industrieländer (…)“ hebt Friedrich-Wilhelm Henning hervor, „dass der deutsche Effektenmarkt aufgrund (vieler) Faktoren aber ein gewisses eigenes Krisenpotenzial“[35] aufwies. Das Reich verzeichnete ein chronisches Haushaltsdefizit. Die Ausgaben übertrafen die Einnahmen bei Weitem. Für Deutschland analysierte Die Zeit die Folgen des Börsencrashs: „Als im Oktober 1929 die New Yorker Börse zusammenbrach und Deutschland in den Strudel der verheerenden Weltwirtschaftskrise geriet, da lag es nahe, dass von Hyperinflation, Fabrikschließungen, Arbeitslosenheeren und Regierungschaos vor allem politische Extremisten, allen voran die Nazis, profitierten.“[36]

Nach dem Börsen- folgte in Berlin ein Politikbeben: So trat im Dezember 1929 der SPD-Reichsfinanzminister Rudolf Hilferding aus Protest gegen die Eingriffe von Reichsbankpräsident Schacht in die Finanzpolitik zurück. Er galt als einer der „besten theoretischen Köpfe der Regierung“, aber er war auch „ein notorischer Faulpelz“.[37]

Die direkten Folgen des New Yorker Börsencrashes waren für Berlin – die drittwichtigste Börse neben Paris und London – nicht so gravierend, weil sie bereits zwei Jahre vorher einen starken Kursverfall verzeichnete.[38]

Kursentwicklung an der Berliner Börse als Reaktion auf den Börsencrash in New York

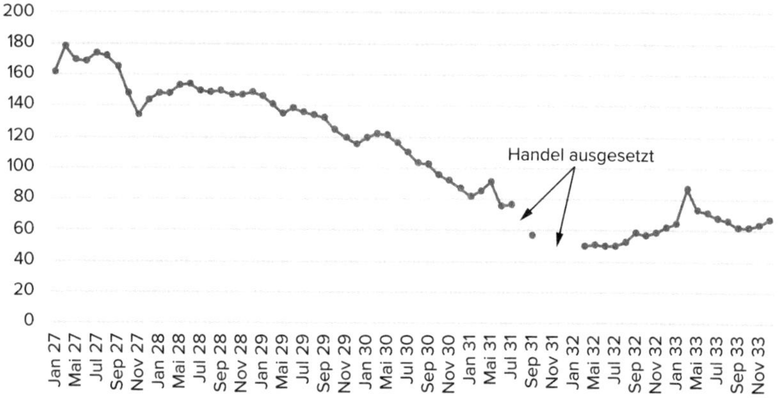

Der deutsche Schriftsteller Anton Schnack (1892–1973) veröffentlichte die „Ballade vom Börsenjahr 1929“ in der Zeitschrift Die Weltbühne: „In den Monaten Januar, Februar und November kam in den Montblancglanz der Haussen / Plötzlich und gierig, zerstörend der Krallenspuk einer schwarzen Baisse geschossen. / (…) Das berührte den Mann, der am zischenden Fabrikkessel stand, nicht viel, / Für ihn blieb die Weißglut im Ofen gleich, gleich der Schaufel vergriffener Stiel. / Doch der Mann von der Bank erschrak, gewaltig bei diesen furchtbaren Baissen; / denn es kostete ihn zigtausend Mark, kostet ihn Autos, Reisen, Maitressen. / (….).“[39]

Saldo des Börsencrashes 1929

Es steht fest, dass die Schwarzen Tage im Oktober 1929 in New York Milliardenvermögen vernichteten. Bis 1932 lösten sich fast 90 Prozent des US-Aktienvermögens in Rauch auf. Der Dow-Jones-Index verzeichnete von seinem Höchststand im September 1929 (381 Punkte) einen Rückgang bis Juli 1932 auf nur noch 41 Punkte – damit stürzte der Index zwischen 1929 und 1932 um schwindelerregende 89 Prozent ab. Erst 1954 erreichte der Dow Jones wieder sein Vorkrisenniveau.

Bei der Analyse über den Auslöser des Börsenkrachs gibt es unterschiedliche Sichtweisen. In „The Lesson of 1929" betonte der Finanzjournalist der New York Times, Andrew Ross Sorkin, dass die kreditfinanzierten Schulden und die Gier in den 1920er-Jahren die zentralen Treiber hinter dem Börsencrash von 1929 waren. Die Lektion sei, dass übermäßige Schulden und der Glaube an einen endlosen Aufschwung zu Panik führen, wenn sich die Realität ändert.[40] Für den Ökonomen Irving Fisher war es „die Psychologie des Pöbels."[41] Die Psychologie des Menschen als Masse war auch für den US-Ökonomen Robert Shiller für den Abschwung entscheidend, die durch eine erhöhte mediale Aufmerksamkeit zusätzlich beeinflusst wurde: „Die Preisstürze an einzelnen Tagen im Oktober 1929 haben auf jeden Fall Rekorde aufgestellt und Rekorde machen sich in Zeitungsartikeln immer gut."[42]

Der Crash von 1929 führte zu fundamentalen Veränderungen im wirtschaftspolitischen Denken. Er schuf das Bewusstsein für die Notwendigkeit staatlicher Intervention in Krisenzeiten und etablierte die Grundlagen moderner Finanzmarktregulierung. So wurde nach 1929 in den USA eine Wertpapieraufsicht, die Securities and Exchange Commission (SEC), gegründet.

Für den Wirtschaftshistoriker von der Princeton University, Harold James, ist der Börsenkrach von 1929 ein Kuriosum, weil er weltgeschichtliche Folgen hatte: die Große Depression. Diese Wirtschaftskrise erfasste schließlich Europa.[43] Auch wenn die US-Wirtschaft bereits ab 1929 ins Taumeln geriet, waren die Zusammenbrüche der Banken die Hauptursache für die Weltwirtschaftskrise und nicht die Panik an den Börsen.[44] Was allen Akteuren in der Zeit des Zusammenbruchs und danach fehlte, war das Katastrophenbewusstsein, also die Vorstellung, es könnte eine richtige Depression werden.[45] Bis 1931 hatten Politiker, Unternehmer, Gewerkschaften und Verbände geglaubt, dass es sich um eine normale konjunkturelle Krise handle. Ein gutes Beispiel war die Reaktion der US-Regierung. Anstatt eine Stabilisierungspolitik in Angriff zu nehmen, als die ersten Krisensignale in der amerikanischen Realwirtschaft sichtbar wurden, beschloss die US-Regierung den Smoot-Hawley-Tariff-Act. Das Gesetz im Jahr 1930 sah Zollsätze zwischen 14,8 Prozent und 19,8 Prozent (1933) auf 20.000 Produkte vor. Diese wirtschaftliche Abschottung verschärfte die Wirtschaftskrise, weil viele Länder Amerikas Schutzzollsystem folgten. Ein weltweiter Wettlauf an Protektionismus blockierte den internationalen Handel und die Weltwirtschaft kollabierte.

Erst der neue US-Präsident Franklin D. Roosevelt versuchte die Scherben der Vorgängerregierung zu kitten und leitete ab März 1933 mit seinem „New Deal“ eine komplette Kehrtwende bei der Wirtschaftspolitik ein. Mit umfassenden Reformen versuchte sich die US-Regierung gegen die Weltwirtschaftskrise zu stemmen. „Der New Deal wirkte sich sofort auf die Wall Street aus. Und das war wichtig, weil im Land der Standpunkt galt, dass die Wall Street für alle Umwälzungen verantwortlich ist“, erinnerte sich der US-Unternehmer Martin DeVries aus Chicago.[46] Der Kongress verabschiedete 1933 die erste Einlagensicherung und den Glass-Steagall-Act. Die Einlagensicherung schützte das Vermögen der Bevölkerung und sollte im Fall einer Bankinsolvenz den Sturm auf die Kredithäuser verhindern. Der Glass-Steagall-Act stellte das US-Bankensystem mit

Geschäftsbanken (commercial banks) und Investmentbanken, die mit Aktien handelten, neu auf.

Die Bilanz der Weltwirtschaftskrise sah folgendermaßen aus: Alleine in den USA wurden 30 Millionen Amerikaner arbeitslos, die Industrieproduktion verzeichnete zwischen 1929 und 1933 einen Rückgang von 40 Prozent und eine Reihe von Banken mussten schließen. Die geschätzte Zahl der Banken und Sparkassen in den Vereinigten Staaten sank von 26.000 im Jahr 1929 auf unter 15.000 (1933).[47]

In der Zeitschrift Die Weltbühne wurde der Artikel von Ossip Dymow „Wer hat in Wall Street verloren?“[48] am 7. Januar 1930 veröffentlicht. Der spätere amerikanische Schriftsteller und Drehbuchautor, der 1931/32 in Berlin lebte, schrieb: „Die Zeitungen druckten phantastische Zahlen; so schrecklich war noch keiner der vielen New Yorker Börsenkrachs. (…) Der Besiegte, das Opfer der Panik in Wall Street: ist die Bevölkerung! (…) Der Geist des Glücksspiels, der Spekulation, durchdringt alle Schichten der Bevölkerung. Man spielt, man setzt, man wettet, man spekuliert bei allen möglichen Gelegenheiten. Das Land ist vom Spielteufel besessen. Diese Leidenschaft ist der charakteristischste Zug des Amerikaners.“

William Christopher (W. C.) Handy (1873–1958),[49] der als Sohn frei gelassener Sklaven zum „Vater des Blues“ wurde, schrieb kurze Zeit nach dem Crash den „Wall Street Blues“: „Ich kann den Blues aus tiefstem Herzen singen, / All meine Gewinne waren weg, bevor ich überhaupt anfangen konnte. (…) Ich hatte nie einen solchen Blues wie den, der mich jetzt quält / (…) Broker, die Margin Calling betreiben, kilometerlanges Tickerband / Viele arme alte Trottel tragen Trauerflor / Heulende Wall Street / Ich habe den Wall-Street-Blues. / (…) Oh Wall Street, du hast mich depressiv gemacht.“

Die Weimarer Republik wies ein großes Haushaltsdefizit auf. Aufgrund der Weltwirtschaftskrise wurden kurzfristige Kredite aus den USA abgezogen, was die Weimarer Republik schwer traf. Zudem lasteten die Reparationszahlungen von fast neun Milliarden RM schwer auf der Wirtschaft. Nicht zuletzt waren die Handlungsspielräume des Staatsoberhaupts Heinrich Brüning, der seit März 1930 Reichskanzler war, sehr begrenzt. Hohe Lohnkosten, hohe Sozialabgaben und niedrige Investitionen bildeten für den Historiker Knut Borchardt eine „Krise vor der Krise". Und nun traf die Weltwirtschaftskrise auf eine bereits „kranke Wirtschaft" in der Weimarer Republik.[50] Brünings Antwort auf das immer größer werdende Haushaltsloch war zwischen 1930 und 1932 eine Deflationspolitik. Sein strenges Sparprogramm (Austeritätspolitik) verstärkte den Wirtschaftseinbruch. Alleine 1932 brach das BIP um 4,5 Prozent ein. Die verfügten Notverordnungen zwischen Januar und Juni 1932 hatten einen Zuwachs von 3,3 Millionen Arbeitslosen zur Folge.[51] Für zeitgenössische Journalisten wie Carl von Ossietzky waren die wirtschaftlichen Turbulenzen ein Katalysator für die Stimmenzugewinne der Nationalsozialisten bei Wahlen. So stellte der spätere Friedensnobelpreisträger von Ossietzky eine Verbindung zu dem politischen Erdrutsch her, der spätestens 1930 in Deutschland Einzug hielt. Am 14. September 1930 stimmten republikweit sechseinhalb Millionen Wähler für die Partei Hitlers. Diese erhöhte die Zahl ihrer Abgeordneten im Reichstag von zwölf auf 107 und damit war die NSDAP die zweitstärkste Fraktion hinter der SPD. In der Weltbühne schrieb Carl von Ossietzky: „Die Demokratie verschwindet. (…) Das Bürgertum hat für seine Entrechtung und Erniedrigung, für den Faschismus Adolf Hitlers optiert."[52]

Verzweifelte Kunden vor verschlossenen Türen der Danat-Bank im Jahr 1931. Zahlreiche Großbanken stellten während der Bankenkrise ihren Betrieb ein, weil sie zahlungsunfähig waren: Menschen versuchten noch verzweifelt, ihr Guthaben abzuheben.

8. Bankenkrise 1931: Organisierte Kriminalität von Banken löst Börsenabstürze aus

„Die Wirtschaft wäre keine Wirtschaft, wenn wir die Börse nicht hätten. Die Börse dient dazu, einer Reihe von aufgeregten Herren den Spielclub und das Restaurant zu ersetzen; (...) Die Börse erfüllt eine wirtschaftliche Funktion: ohne sie verbreiteten sich neue Witze wesentlich langsamer."

(Kurt Tucholsky in Die Weltbühne, September 1931)[1]

Im Mai 1931 gab die Österreichische Credit-Anstalt bekannt, dass sie gewaltige Verluste verzeichnete. Zahlreiche Insolvenzen von Bankhäusern folgten, auch im Deutschen Reich. Der zu der Zeit populärste Wirtschaftswissenschaftler John Maynard Keynes analysierte den Zusammenbruch der Banken: „Es gehört notgedrungen zum Geschäft eines Bankiers (und) so sehr zu ihren Geschäftsmaximen, dass ihr Status nicht angezweifelt werden darf. (...) Sie fühlen sich als ehrsame Bürger. (...) Die Gefahren der schlechten Welt (...) sehen sie nicht voraus. Es ist eine Bankier-Verschwörung."[2] Mitte 1931 jagte eine schlechte Nachricht die nächste. Wirtschaftsskandale und Bankzusammenbrüche lösten an der Börse, dem „Herz des nationalen und internationalen Kapitalmarktes", einen wahren Abwärtsstrudel aus.[3]

Der Bilanzfälschungsbetrug der Norddeutschen Wollkämmerei (kurz Nordwolle) läutete das Krisenjahr 1931 ein. Angesichts fallender Wollpreise nahmen die Lagerbestände immer weiter zu. Trotz allem wies der Nordwolle-Vorstand, der Bremer Kaufmann Georg Carl Lahusen, Gewinne und keine Verluste aus. 1931 kam dann alles ans Licht. Doch die Veröffentlichung eines Verlustes in Höhe von 45 Millionen traf nicht nur das Unternehmen, sondern auch die beiden Hausbanken des Wollbarons mussten ihre Nordwolle-Kredite abschreiben. Neben der Dresdner Bank war vor allem die Universalbank Darmstädter und Nationalbank (Danat) Gläubiger des Textilunternehmens. Die Danat-Bank, eine führende deutsche Großbank, lieh der Nordwolle rund 50 Millionen Reichsmark – vier Fünftel ihres Aktienkapitals. Aufgrund dieses riesigen Schuldenbergs schloss die Danat-Bank am 13. Juli 1931 ihre Bankschalter, ihr ging schlichtweg das Bargeld aus.[4]

Diese Nachricht versetzte die nach der Inflation und Wirtschaftskrise bereits gebeutelten Deutschen in Panik. Sie versuchten ihr Vermögen aus den Depots zu retten. Nach der Zahlungseinstellung der Danat-Bank – dem gesamten deutschen Finanzsystem drohte der Kollaps – entschied sich die Reichsregierung, wegen eines befürchteten panikartigen Runs auf die Bankschalter und der ständigen Kurskapriolen an den Wertpapiermärkten sowohl die Banken zu schließen als auch den amtlichen Börsenhandel auszusetzen, „um jegliche Spekulation auf die augenblicklich krisenhafte Lage zu unterbinden“.[5] Die sogenannten Bankfeiertage und die kurze Zeit später verkündete Reichsgarantie für die Danat-Kunden sollten den Ansturm auf die Banken verhindern.[6]

Seit der Kapitalflucht von ausländischen Gläubigern aufgrund der Bankenpleiten „war eine schleichende Krise“, wie der Wirtschaftsredakteur Felix Pinner 1931 schrieb, „durch die deutsche Wirtschaft insbesondere durch das deutsche Bankenwesen gegangen.“[7]

Die Börsen blieben erst einmal im ganzen Reich geschlossen, wie die Vossische Zeitung am 14. Juli 1931 ihren Lesern mitteilte. Aus den zwei

Schließungstagen wurde eine monatelange Börsenschließung im Deutschen Reich 1931/32.[8] Unter der Überschrift „Das Ausland wird nervös – Bedenken der City" berichtete die Vossische Zeitung über die Entwicklungen an der wichtigsten Börse in Europa, in London: „Nirgends wird ein Hehl daraus gemacht, dass ein Finanzchaos in Deutschland schwere Folgen in der ganzen Welt nach sich zieht. (…) An der (Londoner Börse) war die deutsche Lage und die mutmaßliche Entwicklung das einzige Gesprächsthema."[9]

Infolge der unsicheren Verhältnisse im Geld- und Kreditwesen offenbarte sich die Strukturschwäche des deutschen Bankensystems. Reichskanzler Heinrich Brüning traute den Großbanken schon länger nicht mehr, weil sie ihn alle zusammen über den Zustand der Nordwolle belogen hatten. Brüning verpflichtete als Ratgeber unter anderem den Ex-Reichsbankchef Hjalmar Schacht, der dem Kanzler seine Meinung über Bankiers umgehend mitteilte: „All die Leute, die uns hier gegenübersitzen, sind Verbrecher. Sie waren schon 1926 alle pleite." Der Bankier Carl Fürstenberg, der zu dieser Zeit Direktor der Berliner Handels-Gesellschaft war, erzählte das Bonmot über seinen Berufsstand. Demnach fragte er in einem Bankgebäude einen Fremden nach den Toiletten. „Die gibt es hier gar nicht, lautete die Antwort. Hier besch…ßt jeder den anderen."[10]

Erst durch die Fusion der Danat- und der Dresdner-Bank konnte im Jahr 1932 der Zusammenbruch verhindert werden. Das neue Bankhaus mit dem Namen „Dresdner Bank" wurde das erste öffentliche Geldinstitut in Deutschland, weil der Staat die Aktienmehrheit in Höhe von 90 Prozent hielt.[11] Alleine die Berliner Großbanken wiesen 1931 einen Verlust von 682,6 Millionen Reichsmark auf. Um die Großbanken vor dem Abgrund zu retten, verstaatlichte die Regierung viele Finanzinstitute und übernahm die Mehrheit der Aktien. Mit der Rettungsaktion des Staates, die das bereits bestehende Haushaltsdefizit um weitere 223,5 Millionen

Reichsmark zusätzlich belastete, konnte wenigstens das Finanzsystem aufrechterhalten werden.[12]

Zwischenzeitlich wurde auch die Idee von sogenannten Bad Banks diskutiert, um den angeschlagenen Bankinstituten zu helfen. Nach der Bankenkrise 1931/32 beabsichtigte die Reichsregierung eine „Neugründung von Stützungsbanken", wie es in der Ministerbesprechung vom 21. Dezember 1932 hieß. Der Hauptzweck der hierfür eigens gegründeten Tilgungskasse für Gewerbliche Kredite AG (Tilka) und das Deutsche Finanzierungsinstitut AG (Finag) sollten die „Bereinigung der Bankbilanzen" und die Schaffung „zusätzlicher Liquiditätsreserven" sein. Für diese Sanierungsaktion wollte das Reich 30 Millionen Reichsmark zur Verfügung stellen.[13] Aufgrund des Machtantritts der Nationalsozialisten wurden die weiteren Pläne für die Stützungsbanken nicht mehr umgesetzt.

Am 12. April 1932 nahmen die Börsen ihren Handel wieder auf. Nach der neunmonatigen Schließung lagen die monatlichen Aktienkurse deutlich unter den Notierungen vor der Bankenkrise.[14]

Monatliche Aktienkurse unter den Auswirkungen der neunmonatigen Schließung 1931/32

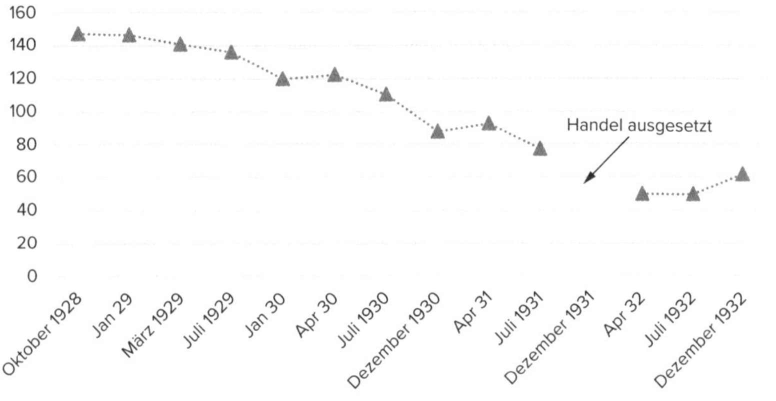

Inmitten der Weltwirtschaftskrise und der deutschen Bankenkrise schrieb Bertolt Brecht „Die heilige Johanna der Schlachthöfe". Auch wenn er, wie er selbst zugab, nur wenig von den Mechanismen der Börse und des Kapitalismus verstand, fand das Thema Börse durch dieses Theaterstück Eingang in die Weltliteratur. Denn hierin beschäftigte sich der Augsburger Brecht mit den Vorgängen an der Börse, jedoch nicht mit der Effekten-, sondern mit der Produktenbörse. Sein Theaterstück spielte in Chicago, in dem immer wieder die Spekulation erwähnt wird. So sagt ein Makler: „Riesiger Kurssturz am Effektenmarkt! Große Verkäufe in Aktien."[15] Brecht wollte mit diesem Stück die Auslieferung der Bevölkerung gegenüber global agierenden Spekulanten aufzeigen, die sich auf Kosten der Mehrheit bereichern.

Saldo der Bankenkrise 1931

In einer Denkschrift der Deutschen Bank aus dem Jahr 1931 über die Bankzusammenbrüche steht: „Innenpolitisch hatte sich die deutsche Wirtschaftspolitik einer unterbrochenen Reihe schwerer Fehler schuldig gemacht (…). Das außerordentliche Anwachsen der radikalen Flügelparteien und der darin zum Ausdruck kommende Grad der Unzufriedenheit breiter Volksmassen mit den politischen und wirtschaftlichen Gesamtverhältnissen Deutschlands wirkte im In- und Ausland alarmierend."[16]

Die durch die Weltwirtschaftskrise ausgelösten, sprunghaft gestiegenen Kreditabzüge vergrößerten die Bankenkrise. Als Folge erließ die deutsche Reichsregierung zahlreiche Notverordnungen, darunter die „Verordnung über Aktienrecht, Bankenaufsicht und über Steueramnestie" vom 19. September 1931. Diese Vorschrift enthielt nach den Erfahrungen mit den Bilanzfälschungen des Nordwolle-Chefs Lahusen genaue Angaben über die Gliederung der Bilanz- sowie Verlust- und Gewinnrechnung. Des Weiteren wurde eine einheitliche staatliche Aufsicht über alle Banken fixiert. Davor herrschte im Bankensektor der Grundsatz der Gewerbefreiheit.

Eine weitere Neuerung war die erste Einlagensicherung im Deutschen Reich. Musste der Staat beispielsweise in einer Rettungsaktion die Einlagen der Kunden der privaten Danat-Bank absichern, wurde nun eine Gewährträgerhaftung eingeführt. Die Reichsverordnung vom 6. Oktober 1931 verfügte, dass die öffentlichen Träger von Volks- und Raffeisenbanken – dies waren zumeist die Gemeinden – die Einlagen der Gläubiger absichern mussten.[17]

Auch wenn die Ereignisse um Nordwolle und die Bankenzusammenbrüche bereits ausreichend Stoff für einen Thriller liefern, spielt der Zusammenbruch der Danat-Bank eine Rolle in der Krimireihe von Volker Kutscher um den Kommissar Gereon Rath. Im dritten Fall „Goldstein" – Romanvorlage für die vierte Staffel der Kriminal-Fernsehserie „Babylon Berlin" – hatte Rath „nicht viel für das seltsame Geschäft mit dem Geld" übrig, auch wenn das Geldabheben mittlerweile „ein Ding der Unmöglichkeit" war. Über den Abwärtsstrudel schrieb Kutscher: „Vor knapp zwei Jahren waren an der New Yorker Börse eine ganze Menge an Aktien in den Keller gegangen. Einige Spekulanten waren aus den Wolkenkratzern gesprungen, von denen New York ja genügend bereithielt. Warum aber auch noch andere in Mitleidenschaft gezogen wurden, (…) ja sogar deutsche Staatsdiener wie er (= Kommissar Rath) selbst, dessen Bezüge gekürzt wurden, das war ihm immer ein Rätsel geblieben."[18]

1934 fand in der Berliner Börse die Sammlung für das Winterhilfswerk statt. Ziel der Aktion war neben der Spendensammlung die Stärkung der Zusammengehörigkeit. Die jüdische Bevölkerung war von diesen Zuwendungen ausgeschlossen.

9. Börsen im Nationalsozialismus: „Kaufen, wenn die Kanonen donnern“[1] oder die Kriegshausse ab 1941

„Die Berliner Börse nahm die ersten Erklärungen der neuen Reichsregierung, insbesondere die strikte Versicherung, dass keinerlei Währungs- und Wirtschaftsexperimente geplant seien mit Befriedigung auf.“[2]

(Vossische Zeitung am 31. Januar 1933, S. 11)

Mit der Machtübernahme durch die Nationalsozialisten am 30. Januar 1933 standen den Börsen zwölf Jahre restriktive Maßnahmen bevor. Bestehende Börsenstrukturen wurden „geschliffen“. Die Entwicklung eines freien Marktes war nicht im Sinne des nationalsozialistischen Staates, der in kurzer Zeit zahlreiche personelle und administrative Veränderungen durchführte. Nach der Bankenkrise 1931 war nicht nur die deutsche Volkswirtschaft verunsichert, sondern auch das Vertrauen der Bevölkerung in den Finanzmarkt war nachhaltig gestört. Doch die Regierung Hitlers brauchte das „Wirtschaftskraftwerk Börse“ als wichtiges Instrument der staatlichen Finanz- und Wirtschaftspolitik, um die anwachsenden Staatsausgaben für die Aufrüstung zu finanzieren.

Während die USA 1933 den sogenannten Wall Street Putsch[3] gegen den neu gewählten US-Präsidenten Franklin D. Roosevelt erlebten, schien der Machtwechsel in Deutschland auf die anderen Wertpapierbörsen in Europa anfänglich nur wenig Eindruck zu machen. Als Antwort auf die neue politische Lage in Deutschland verzeichneten andere Handelsplätze wie Prag oder Amsterdam – die dortige Börse galt damals als Barometer der europäischen Politik – einen durchschnittlichen Kursrückgang von ein bis drei Prozent. Lediglich der Verkauf der deutschen Staatsanleihen an ausländischen Plätzen ging aufgrund der politischen Vorgänge spürbar zurück.[4]

Die Anleger an den deutschen Börsen reagierten abwartend auf den Regierungswechsel, weil niemand wusste, wie der künftige Wirtschaftskurs der Nationalsozialisten aussehen würde. In der deutschen Bevölkerung herrschte eine Abneigung gegen die Börse, weil sie, wie es der Berliner Börsenpräsident Friedrich Reinhart schrieb, „als Tummelplatz wilder Spekulationen, als Brutstätte von Plänen gegen die Freiheit der Wirtschaft, gegen die Sicherheit des Staates“ angesehen wurde.[5] In seinem Buch „Mein Kampf“, das 1925 veröffentlicht wurde, setzte Adolf Hitler den Finanzmarkt und das internationale Börsenkapital immer wieder in Beziehung zu seinem rassenpolitischen Standpunkt („Ziele des Börsenjudentums“).[6]

Der Aktienmarkt war anfänglich angesichts einer „ordnungspolitischen Konzeptionslosigkeit und Kompetenzwirrwarr“[7] sehr volatil. Dieser schwankte zwischen einer „Hitler-Hausse“[8] und einer starken Verunsicherung der Effektenmärkte, nachdem am 1. Februar 1933 der Reichstag aufgelöst wurde und das Reichskabinett über die „wichtigsten wirtschaftlichen und politischen Fragen“ schwieg.[9]

Ungeachtet der durch den politischen Aktionismus ausgelösten Stimmung wurde die Börse gleichgeschaltet und in die nationale Volkswirtschaft integriert. Die Börsen wurden von einer privaten in eine staatliche Institution umgewandelt. Nach Ansicht der NS-Wirtschaftsfunktionäre nahmen die Börsen bei der Finanzierung der Aufrüstung und der Hinführung der Wirtschaft zur Autarkie eine Schlüsselrolle ein. So genehmigte ab Mai 1933 ein Kapitalmarktausschuss bei der Reichsbank sämtliche Emissionen neuer Aktien.[10] Für die dirigistische Neuausrichtung der Wertpapierhandelsplätze wurden die Börsengremien personell „auf Linie gebracht". Zur ersten Machtdemonstration „gegen den schmarotzenden Börsenjuden", wie dies NS-Funktionäre auf Parteiveranstaltungen oder in Pamphleten bereits in der Weimarer Republik lauthals artikulierten, kam es Anfang Februar 1933. SA-Truppen marschierten vor der Berliner Börse in der Burgstraße oder, in der NS-Propaganda, der Hochburg der „jüdischen Hochfinanz" oder dem „Mekka des deutschen Judentums", auf. Jüdischen Händlern wurde der Zutritt versperrt.[11] Wenige Wochen nach der Hetzveranstaltung vor der Berliner Börse wurde am 7. April 1933 das „Gesetz zur Wiederherstellung des Berufsbeamtentums" erlassen. Folglich wurden jüdische Kaufleute und Bankiers aus den Vorständen aller Börsen und vom Parketthandel ausgeschlossen. Sie wurden durch NSDAP-Mitglieder ersetzt. Alleine an der Berliner Leitbörse wurden die 22 Juden im 35-köpfigen Vorstand entlassen.

Es ging Schlag auf Schlag: Die Aktiengesellschaften, die Hitler in seinem Buch „Mein Kampf" als eine „schwere wirtschaftliche Verfallserscheinung"[12] bezeichnete, waren ständigen Angriffen ausgesetzt. Kurz nach dem Machtantritt versuchte die Regierung die Gewinne der Aktiengesellschaften einzudämmen. Denn die Mehrgewinne der Unternehmen standen im Widerspruch zu der antikapitalistischen Propaganda der NSDAP. Das am 29. März 1934 eingeführte Kapitalanlagegesetz sah vor, dass Ausschüttungen der Aktiengesellschaften, die den Regelsatz von sechs Prozent überschreiten würden, in einen Anleihestock einzuzahlen waren. Das dort gesammelte Kapital musste umgehend in öffentliche Papiere angelegt werden.[13]

Die Zentralisierung und Totalkontrolle sämtlicher Wirtschaftsbereiche, einschließlich der Börse, war fortan das Bestreben der NS-Wirtschaftsfunktionäre wie des Reichsbankpräsidenten und Wirtschaftsministers Hjalmar Schacht. Durch eine Verordnung vom 28. September 1934 ging die Börsenaufsicht von den Landesregierungen auf das Wirtschaftsministerium über. Vor Ort wurden Reichskommissare eingesetzt, die Verordnungen einführten und die Börsenmakler kontrollierten. Die Industrie- und Handelskammern, seit Dezember 1933 als Börsenkontrollorgane fungierend, setzten an den Börsenplätzen einen Präsidenten ein, den „Führer der Börse". Des Weiteren wurden die 21 Börsen auf die neun Standorte Hamburg, Leipzig, München, Frankfurt, Düsseldorf, Berlin, Stuttgart, Hannover und Breslau verringert. Durch diese „Provinzbörsenreform" konnten nun die Nationalsozialisten besser die Geschäfte an den Börsen lenken und kontrollieren. Als deutsche „Börsenzentrale" fungierte die Börse in Berlin. Von nun an lenkte nicht mehr die Wirtschaft die Börsengeschicke, sondern die Politik.

Nach der „großen" Börsenreform 1934 waren die Wertpapierhandelsplätze ein Bestandteil der nationalsozialistischen Devisenbeschaffung geworden. Die ständigen Gerüchte über eine Inflation förderte die „Flucht in Sachwerte", vor allem in Aktien. Reichswirtschaftsminister Schacht sagte „solchen Schlaumeiern (...), die glauben, sich durch den Kauf von Sachwerten, Aktien und sonstigen Sachwertanteilen einer vermeintlichen Entwertungsgefahr zu entziehen", den Kampf an.[14]

Verschlangen Wehrmacht und Rüstung im Jahr 1933 noch 230 Millionen Reichsmark, waren es 1934 schon 2,7 Milliarden Reichsmark und zwei Jahre später lag der Militärhaushalt bei 6,2 Milliarden Reichsmark. Mit immer neu aufgelegten Staatsanleihen versuchte der Staat „geräuschlos" Geld über die Börse abzuschöpfen. Dabei griffen die Nationalsozialisten auf die im Ersten Weltkrieg bereits praktizierte Ausgabe von Staatsanleihen zurück – mit dem großen Unterschied: Im Ersten Weltkrieg waren die Börsen ab 1914 größtenteils geschlossen und der Handel erfolgte über die Banken. Im „Dritten Reich" blieben die Wertpapierhandelsplätze durchgängig geöffnet und ermöglichten den Absatz von Staatspapieren mit einem festen Zinssatz.

Neben den Staatsanleihen konnten die Anleger Papiere kriegswirtschaftlich wichtiger Unternehmen zeichnen. Es wurden vorrangig nur noch Neuemissionen von Aktiengesellschaften zugelassen, die aus Sicht der Machthaber als kriegswichtig eingestuft wurden. Spitzenreiter bei der Ausgabe neuer Papiere war die IG Farben (Interessen-Gemeinschaft Farbenindustrie AG). Die Gesamthöhe aller Aktienemissionen für diesen Chemiegiganten, der nach 1946 wegen seiner Verstrickungen in Kriegs- und Menschlichkeitsverbrechen – so produzierte das Unternehmen das in den Vernichtungslagern verwendete Gas „Zyklon B" – zerschlagen wurde, lässt sich nicht mehr genau rekonstruieren.

Mit dem Ziel, das Käuferverhalten zu lenken, erließ das Wirtschaftsministerium am 27. Februar 1937 eine Verfügung, dass die sofortige Einstellung der Kursnotierung aller ausländischen Wertpapiere vorsah. Der Anleger sollte aufgrund der Verknappung des Angebots nur noch zwischen Staatspapieren und Titeln von kriegswichtigen Unternehmen entscheiden.

Mit dem Kriegsausbruch und dem Überfall auf Polen stand die Frage im Raum: Sollen die europäischen Wertpapierbörsen geschlossen werden wie im Ersten Weltkrieg? Im Zweiten Weltkrieg wurde von einer pauschalen Schließung abgesehen – einige Handelsplätze setzten aufgrund des Kriegsverlaufs kurzfristig das Geschäft aus. Die Prager Börse schloss nach dem Münchner Abkommen im Oktober 1938. Warschau setzte den Handel mit dem deutschen Überfall am 1. September 1939 aus. Die wichtigste Börse in Europa, die Londoner Stock Exchange, schloss am gleichen Tag für sechs Tage. Paris setzte von Juli 1940 bis Februar 1941 den Handel aus. Oftmals nahmen die Börsen nach einer Handelsunterbrechung zeitnah wieder ihr Geschäft auf, weil der Staat aufgrund des Geldbedarfs neue Anleihen an den Börsen platzierte.[15] Die Amsterdamer Börse war angesichts vorrückender deutscher Wehrmachtstruppen von Mai bis Oktober 1940 geschlossen. Während der deutschen Besatzungszeit blieb die Börse größtenteils geöffnet und wurde von den Deutschen kontrolliert und eingeschränkt. Ein Tiefpunkt in der Geschichte der Amsterdamer Börse war der Weiterverkauf von Wertpapieren, die die Besatzer niederländischen Juden geraubt hatten.[16] Als eines der wenigen Länder arbeiteten jedoch die Niederlande mit der Scholten Commission diesen Raub und Weiterverkauf jüdischer Wertpapiere auf. Der Abschlussbericht wurde 1999 vorgelegt.[17]

Im Deutschen Reich erreichte nach Kriegsbeginn die antisemitische Propaganda im Kino einen Höhepunkt, bei der immer die angebliche jüdische Verschwörung gegen Deutschland im Mittelpunkt stand. Das Thema Börse wurde im Propagandafilm „Die Rothschilds. Aktien auf Waterloo" behandelt. Im Jahr 1940 – die Kurse erreichten gerade Höchstkurse an den Börsen – feierte dieser Film Premiere in den NS-Kinos. Der Hetzfilm setzte sämtliche der damals gängigen antijüdischen Stereotype filmisch in Szene. Am Beispiel Nathan Mayer Rothschilds wurde der Aufstieg des Hauses Rothschild gezeigt, um der Bevölkerung die „antijüdische Weltverschwörung" vor Augen zu führen. Denn Nathan Mayer Rothschild und seine Familie hätten ihren Reichtum nur dank eines angeblichen Börsencoups rund um die Schlacht von Waterloo 1815, Insiderinformationen und einem intransparenten Netzwerk aus Bestechung auf Kosten des Volkes erlangt. Belegbare Fakten waren für diese Filmpropaganda genauso wenig relevant wie für andere Hetzfilme. Einfache, konstruierte Gerüchte reichten aus, um das Volk für eigene Zwecke zu manipulieren.[18]

Mit Kriegsbeginn erhöhte sich das Investitionsvolumen der Anleger, vorrangig auf dem Aktienmarkt. Der Aktienindex legte zwischen September 1939 bis April 1940 um zwölf Prozent zu. Zu den großen Gewinnern zählten Papiere von kriegswichtigen Konzernen aus der Metall- und Chemieindustrie, die als Wachstumswerte attraktive Dividendenrenditen versprachen.[19] Die Aktien erreichten nach dem Überfall der Wehrmacht im Jahr 1941 auf die Sowjetunion Höchststände. „Jetzt boomt die Zahl der ‚war babies' (Anm. Aktien der Kriegsindustrie)", wie die New York Times über das Spekulationsfieber schrieb, weil „ein Teil des Volkes offenbar immer noch die Philosophie des schnellen Geldes (vertritt)."[20]

Alle staatlichen, regulativen Maßnahmen gegen den Kursanstieg blieben jedoch erfolglos. Auf dem deutschen Kapitalmarkt herrschte „Börsentotalität", weil ab September 1941 Banken Wertpapiergeschäfte untersagt wurden.[21] Doch nicht die Meldungen von den Kriegsschauplätzen schürten die Hausse im „Dritten Reich", sondern die Hoffnung auf Kriegsgewinne in den besetzten Gebieten.[22] Der Bullenmarkt stand im Widerspruch zu der nationalsozialistischen „Welt der regulierten Märkte" (Preis- und Lohnstopp). Erst der 1943 verfügte Stoppkurs, eine allen volkswirtschaftlichen Prozessen zuwiderlaufende Maßnahme, bekam die Hausse in den Griff.[23] Die ursprüngliche Preisbildung an der Börse aus Angebot und Nachfrage wurde mit der „Verordnung über Maßnahmen auf dem Gebiet des Börsenwesens während des Krieges" (30. März 1943) außer Kraft gesetzt. Der Wirtschaftsminister legte die Kurse eigenständig fest, um gegen die Aktienspekulation vorzugehen. Von nun an durfte der Kurs nicht höher als ein Prozent über dem amtlichen Aktienkurs vom 25. Januar 1943 liegen. Lag dieser über der Höchstpreisschranke, zog der Staat diese Effekte ein. Ab diesem Zeitpunkt existierte nur noch eine

„Kursfindung" unterhalb der Stoppkurse.[24] Mit diesen wurde die Marktbildung, die „Primärfunktion" der Börse, beendet. Diese rigide markttechnische Regulierung hätte nur noch eine Börsenschließung übertroffen. Die Neue Zürcher Zeitung schrieb am 13. April 1943, dass der deutsche Wertpapierhandel nun endgültig in „einer staatlichen Zwangsjacke" stecke. Die Zeitung führte weiter aus: „Die Befürchtungen, dass sich neben der Börse ein schwarzer Markt in Wertpapieren bilden könnte, (…) (weil) der Börsenkurs nicht mehr das Resultat von Angebot und Nachfrage darstellt."[25]

Ab diesem Zeitpunkt war die Börse eine reine „Kriegsbörse", an der nur noch Reichsemissionen gehandelt wurden. Doch hier herrschte von Anlegerseite ein ziemliches Desinteresse vor. Die Börsen degenerierten zu „Dienerinnen des Staates", wie das Statistische Reichsamt schrieb.[26] Der Börsenverkehr erlahmte, weil es nach dem Stoppkurs schlichtweg nichts mehr zu handeln gab. Niemand war bereit, angesichts der vorgeschriebenen Kurse den eigenen Effektenbesitz zu veräußern.[27]

Die Börse schläft nie, schon gar nicht im Krieg. Trotz Sirenen, die den nächsten Bombenangriff auf deutsche Städte ankündigten, wurde der lebensgefährliche Handel in teilweise stark zerstörten Börsengebäuden fortgesetzt. In den Kellern wurde genauso gehandelt wie in München unter der Plane des Oktoberfestzeltes der Brauerei Löwenbräu, die als provisorisches Dach vor Schnee und Regen schützte. Als letzte Börse stellte München am 27. April 1945, drei Tage vor der US-Befreiung, ihren Handel ein.[28]

Offen bleibt die Frage, wie viele jüdische Wertpapiere während der NS-Zeit über die Börse verkauft wurden und welche Finanzsumme dem Deutschen Reich zufloss. Denn ab 1939 wurden immer mehr Vermögenswerte der Juden gestohlen, besonders nach der Reichspogromnacht (9. November 1938). So gingen von November 1938 bis März 1939 Wertpapiere im Wert von 147 Milliarden Reichsmark in das Depot der Preußischen Staatsbank über. Die Gesamtsumme aller den Juden geraubten Wertpapiere ist jedoch schwer bezifferbar. Bei der Verwertung des jüdischen Eigentums spielten auch die deutschen Banken als Sammelstelle der Papiere eine unrühmliche Rolle, die unrechtmäßig die erzielten Verkaufserlöse auf der Aktivseite ihrer eigenen Bilanzen auswiesen.

Die wirtschaftlichen Einschränkungen durch die NS-Machthaber blieben nach der deutschen Kapitulation am 8. Mai 1945 in Kraft. Die Kursstopp-Verordnung erlosch erst am 23. August 1948. Die festgelegte Anzahl der Börsenplätze blieb bestehen. Aufgrund der Neuordnung Europas durch das Potsdamer Abkommen verringerte sich die Zahl von neun auf sieben Börsenstandorte: Leipzig wurde aufgelöst, die Börse Breslau nahm auf polnischem Staatsgebiet wieder ihren Handel auf. In der neu gegründeten BRD trat am 19. August 1949 das Wertpapierbereinigungsgesetz in Kraft. Mit ihm wurden die Eigentumsverhältnisse an den Wertpapieren geregelt, die vor dem Krieg emittiert wurden. Mit dem Wertpapiergesetz vom 1. Oktober 1949 erhielten die Inhaber auf Reichsmark lautende Wertpapiere neue auf Deutsche Mark lautende Papiere. Der Kauf ausländischer Wertpapiere – im Jahr 1937 durch die Nationalsozialisten verboten – wurde in der Bundesrepublik Deutschland erst 1956 wieder zugelassen.

John F. Kennedy mit dem Ökonom John Kenneth Galbraith (links), der zum Beraterstab des Präsidenten gehörte.

10. Der Flash Crash 1962 unter John F. Kennedy

„Ein Gewitter, das schwerste seit Ende der zwanziger Jahre – hat sich an den Weltbörsen entladen. Der Blitz fuhr in das Kursgebäude, in dem es freilich schon seit Wochen knisterte."

(Frankfurter Allgemeine Zeitung am 1. Juni 1962) [1]

Der Börsenrückgang unter US-Präsident John F. Kennedy, der zwischen Dezember 1961 und Juni 1962 stattfand, wurde aufgrund seines extremen Kursverfalls innerhalb kurzer Zeit als Flash Crash bezeichnet.

Zu dieser Zeit sorgte ein Untersuchungsbericht der Securities and Exchange Commission (SEC) für Schlagzeilen, der zu großer Verunsicherung auf dem Markt und bei den Anlegern führte. Nach Erkenntnissen der SEC gebe es an der New Yorker Börse einen „kleinen Clan an Maklern", die Märkte manipulieren. „Scharfe Kursschwankungen werden", so hielt es der Untersuchungsbericht fest, „von diesen Händlern nicht gemildert, sondern verstärkt."[2]

Zusätzlich zur Börsenkrise kam es im April 1962 zu einem öffentlich ausgetragenen Streit zwischen dem Präsidenten und der Stahlindustrie, nachdem diese eine Preiserhöhung verkündigte. Dagegen intervenierte Kennedy. Der Markt bewertete dies als einen Eingriff in den freien Markt. Kennedy begründete sein Eingreifen damit, dass „wenige Stahlmagnaten auf Kosten von 185 Millionen Amerikanern aufgrund persönlicher Profitgier" die Preise angehoben hatten.[3] Die US-Aktienmärkte reagierten mit einem der schlimmsten Bärenmärkte seit dem Börsenkrach 1929 auf diesen staatlichen Eingriff: Von seinem Höchststand im Dezember 1961 bei 741 Punkten fiel der Dow Jones innerhalb von sechs Monaten um 29 Prozent auf 525 Punkte Ende Juni 1962.

Ein Berater empfahl dem Präsidenten angesichts der Talfahrt am Aktienmarkt zu schweigen: „Was wir im Moment haben, sind panikartige Verkäufe, und wenn Sie zu einer nationalen Fernsehsendung gehen, können Sie die Panik nur noch verstärken."[4] Der Präsident setzte sich über diesen Ratschlag hinweg und gab am 23. Mai eine Pressekonferenz. Seine Ausführungen zeigten, wie wenig wirtschaftlicher Sachverstand oftmals in den obersten Regierungskreisen vorherrscht: „Die Wirtschaft steigt, die Arbeitslosigkeit ist rückläufig, die Aussichten in diesem Monat sind gut. Ich denke, der Aktienmarkt wird der Wirtschaft folgen."[5] Eine Woche nach der Pressekonferenz erreichte der Börsencrash am 28. Mai 1962 seinen Höhepunkt. Im „Börsenzentrum der Welt" in New York betrugen alleine die Verluste an diesem Tag über 20,8 Milliarden Dollar – der stärkste Tagesverlust seit 1929. Die Verkaufsorders beliefen sich auf 9.350.000 Aktien. Es war das fünftgrößte Volumen in der Geschichte der New Yorker Börse mit dem Schwarzen Dienstag (29. Oktober 1929) als Spitzenreiter. Hier wurden 16.410.030 Aktien verkauft.[6]

Im Oval Office des Weißen Hauses wurde es hektisch. Für den US-Präsidenten und seine Partei, die Demokraten, kam der Absturz der Börsenkurse ungelegen. Schließlich standen im Herbst 1962 Zwischenwahlen für den Kongress an.

Der Ökonom John Kenneth Galbraith gehörte zum Beraterstab Kennedys. Sein Memorandum „The Stock Market" für den Präsidenten, den er aus gemeinsamen Harvard-Studientagen kannte, war ein Versuch, Kennedy die Hintergründe zu erläutern: „Der Grund für diesen Rückgang ist, dass die Menschen keine unbegrenzten Aussichten auf Kapitalgewinne mehr sehen."[7] Für Galbraith war einer der zentralen Auslöser die Stahlkrise, die als „Beweis für die Feindseligkeit der Regierung gegenüber der Wirtschaft" angesehen wurde. Zusammenfassend schrieb Galbraith in seinem Memorandum: „Enttäuschung kann zu Angst führen, und Angst zu Panik. Aber in einer Zeit, in der der Optimismus zusammenbricht, können äußere Ereignisse den Verfall des Vertrauens beschleunigen". Als mögliche staatliche Maßnahmen gegen die Börsenturbulenzen schlug Galbraith eine Steuersenkung („a quickie tax cut") vor, um die Wirtschaft zu stützen.[8]

Das Nachrichtenmagazin LIFE beschrieb in seiner Ausgabe vom 8. Juni 1962 unter der Schlagzeile „Was an der wilden Börse schieflief und was das für die USA bedeutet": „Die Anzeichen, wie das Grollen eines alpinen Packeises zur Zeit des Tauwetters, waren zu hören. Die eisigen Höhen des Aktienbooms begannen plötzlich in einem Tauwetter des Ausverkaufs zu schmelzen. Dann schwoll der Ausverkauf plötzlich zu einer Lawine an."[9]

Auch wenn die Gründe der Baisse unklar blieben, erinnerte der „dramatische Kurssturz" an den Börsenplätzen weltweit die F.A.Z. „an die Baisse aus dem Börsenjahr 1929."[10] Sogar in der DDR mit ihrer sozialistischen Planwirtschaft, in der Wertpapierbörsen verboten waren, schaffte es die Börsenkrise auf die erste Seite des SED-Zentralorgans Neues Deutschland. Tagesaktuell erfuhren die DDR-Bürger auf der Titelseite der kommunistischen Zeitung, dass die „schwersten Kurseinbrüche an der New Yorker Börse (…) eine Kettenreaktion an den Börsen der anderen kapitalistischen Länder zur Folge" hatten und dies „in Westdeutschland eine Verschärfung der Börsenflaute" auslöste.[11]

Knapp eine Woche vor dem größten Kurssturz in der Bundesrepublik Deutschland warnte der deutsche Wirtschaftsminister Ludwig Erhard die

Bundesbürger am 21. März 1962 in einer Rundfunkansprache trotz Vollbeschäftigung und Wirtschaftsboom „Maß zu halten" und das Geld nicht auszugeben. Nach dem Maßhalteappell des Ministers und den sichtbaren Eintrübungen am Konjunkturhimmel schrieb Die Zeit: „Das Gefühl in einer kritisch werdenden Konjunktursituation von einer konzeptionslosen Regierung geführt zu werden, hat zweifellos manches zur Baissestimmung an den deutschen Börsen beigetragen."[12] Der Aktienindex des Statistischen Bundesamtes fiel von Januar bis zum 29. Mai 1962 von 647 Punkten auf 474 Punkte. Beim „Menetekel des Niedergangs" büßten nicht nur die schwächeren Wertpapiere der Montan-Industrie ein, sondern auch „Aktien-Leuchttürme" von Mercedes bis Thyssen.[13] Der Schaden dieses Tiefstandes bezifferte das Magazin Der Spiegel auf sechs Milliarden D-Mark. Auf den Kurstafeln in den Börsen dominierten doppelte Minuszeichen vor den Wertpapieren, die einen Verlust von mehr als zehn Prozent anzeigten.[14] Bundesbankpräsident Karl Blessing hatte die Kurseinbrüche in New York und in der Bundesrepublik Deutschland als „eine Reaktion auf die vorher übersteigerten Kurse" bezeichnet, wobei „genauso wie früher in der Hausse über das Ziel hinausgeschossen wurde", als Banken viele Aktienorder auf Kredit finanzierten.[15]

Nach dem „Kursbeben" im Mai setzte eine kurze Investitionseuphoriephase am deutschen Aktienmarkt ein, die abrupt durch die ab Oktober 1962 eskalierende Kubakrise wieder gestoppt wurde. „Die Börse misst hauptsächlich dem Faktor politischer Beruhigung eine Bedeutung bei", schrieb die F.A.Z. am 24. November 1962.[16] Der Aktienmarkt erholte sich erst wieder nach dem Ende der Kubakrise oder wie die F.A.Z. schrieb: „Wurde Kennedy mit den Russen fertig, wird es auch mit der Konjunktur (Wall-Street-Denke) werden. (…) Die Kuba-Krise, die die Welt nahe an den Abgrund des Atomkriegs trieb, hat das politische Weltbild verändert, löste wirtschaftliche Zuversicht aus."[17] Insgesamt stand nach Ansicht der

Deutschen Bank, der „Aktienmarkt 1962 im Zeichen einer Kursbaisse, wie sie in diesem Ausmaß in der Nachkriegszeit bislang noch nicht zu verzeichnen war."[18]

Schatzkammer und Stützpunkt der U.S. Army: Das Fort Knox, in dem sich eine der größten Geldmengen der Welt befindet.

11. Börsencrash 1973/74 und das Ende des „Gold"-Zeitalters

„Seit sich das schlechte Börsenklima von New York und London wie eine Seuche von Börsenplatz zu Börsenplatz ausbreitet, haben an den Ständen der Makler nur noch Pessimisten das Sagen."[1]

(Die ZEIT am 11. Oktober 1974)

Der US-Aktienmarkt erholte sich nach den Turbulenzen in den 1960er-Jahren sehr zügig. Der Aufschwung sollte bis 1969 anhalten. William McChesney Martin, der Vorsitzende der Federal Reserve Bank (Fed), warnte in einer Rede am 1. Juni 1965 an der Columbia University aber bereits vor der möglichen Wiederholung des „großen Kraches" von 1929. „Und schließlich hat die Erfahrung der zwanziger Jahre die Entschlossenheit aller verantwortlichen Führungskräfte, Geschäftsleute und Staatsmänner gleichermaßen gestärkt, nie wieder eine Wiederholung der Katastrophen der Großen Depression zuzulassen. Doch beim besten Willen scheinen einige Experten entschlossen zu sein, die Lehren aus der Vergangenheit aktuell zu ignorieren."[2] Fast zeitgleich mit der Rückkehr der Apollo-Kapsel vom Mond gab es an der Wall Street 1969 den von McChesney Martin prognostizierten Countdown mit umgekehrten Vorzeichen. Der zweistellige Rückgang des Dow Jones (Juli 1969) sollte nur der Auftakt für eine Phase negativer Kursturbulenzen auf dem US-Aktienmarkt sein.[3]

Zusätzlich gab es Anfang der 1970er-Jahre bezüglich der Inflation ein „Vertrauensgap“ zwischen der Regierung Nixon und der Öffentlichkeit. Aktuell gebe es an der Wall Street „weit mehr Baissiers als Haussiers“ und daher habe Washington der Inflation den Kampf angesagt. Trotz des Anti-Inflationskurses der Nixon-Regierung befand sich die amerikanische Wirtschaft an einem Wendepunkt.[4] Denn 1971 kam es zu einer Revolution bei den Devisen: US-Präsident Richard Nixon hob den Goldstandard auf. Seit dem Bretton-Woods-Abkommen (1944) war der Dollar bis 1971 an die Goldreserven des US-Schatzamtes (United States Bullion Depository) in Fort Knox geknüpft. Durch die Aufkündigung des Goldstandards – bereits zwischen 1871 bis 1914 gab es einen Vorläufer, bei dem nationale Währungen in Gold umtauschbar waren – fiel der Anker des weltweiten Währungssystems weg, der die Stabilität der Weltwirtschaft und Wechselkurse garantierte. Aufgrund dieser Entscheidung Nixons schlossen sich die wichtigsten Industrieländer u. a. Großbritannien, Deutschland und Frankreich im sogenannten Smithsonian Abkommen (Dezember 1971) zusammen. Dies führte zu einer Abwertung des US-Dollars und einer Neuordnung der Währungen. Doch mit dem Zusammenbruch der Währungsordnung kehrten die „alten Gespenster“ und die Erinnerungen an eine Weltwirtschaftskrise zurück.

Die US-Aktienmärkte waren zu Beginn der 1970er-Jahre von einem Bullenmarkt geprägt. Auffallend war der dort auftretende Patriotismus, um den Kapitalmarkt zu mobilisieren. So warb die New York Stock Exchange (NYSE) mit dem Slogan „Take Stock in America“ für den Kauf von US-Anleihen. Des Weiteren gab es im Börsengeschäft 1971 eine Revolution. Am 8. Februar 1971 ging der Handel der NASDAQ, der National Association of Securities Dealers Automated Quotations, an den

Start. An dieser elektronischen Börse wurden rund 2400 Aktien gehandelt. In ihrer Anfangszeit wurden rund 350.000 Geschäfte täglich abgeschlossen.[5]

„Money makes the world go around, it makes the world go round“, sang Liza Minnelli im oscarprämierten Film „Cabaret“[6], der am 13. Februar 1972 in die Kinos kam. Doch schon bald regierte nicht mehr das Geld an der Börse, das für eine Hausse sorgte, sondern ein unerwartetes Kriegsereignis im Jahr 1973, das einen Kurssturz auslöste. Im Oktober 1973 griffen Ägypten und Syrien den Staat Israel an. Im Zuge des Jom-Kippur-Kriegs erhielt Israel umgehend militärische Unterstützung aus dem Westen. Diese Parteinahme goss wiederum Öl ins Feuer im Nahostkonflikt. Nach einer Drosselung der Öllieferung durch die arabischen Exportländer verhängten die OPEC-Mitglieder des Nahen Ostens ein Ölembargo gegen die USA. Der saudische Minister Sheikh Ahmed Zaki Yamani, der zum Zeitpunkt des Embargos Ölminister war, beruhigte rückblickend in einem Interview: „Die Steinzeit ging nicht zu Ende, weil die Steine ausgingen. Das Erdölzeitalter wird nicht zu Ende gehen, weil das Erdöl aufgebraucht ist.“[7]

Das Ölembargo bedeutete in den großen Industriestaaten ein Ende des Wirtschaftsbooms. In den USA führten zudem innenpolitische Baustellen wie eine hohe Inflation und der Watergate-Skandal 1972 ab Anfang 1973 zu einem Rückgang des Aktienmarktes. In den 694 Tagen zwischen dem 11. Januar 1973 und dem 6. Dezember 1974 erlebte die New Yorker Börse einen der schlimmsten Bärenmärkte der US-Börsengeschichte. Von diesem Schock sollte sich der US-Aktienmarkt erst neun Jahre später wieder erholt haben.

In den USA verlor auch die Gruppe der Nifty Fifty. Zu diesen 50 Wachstumsaktien, den Large-Cap-Aktien, zählten an der New Yorker Börse in den 1960er- und 1970er-Jahren die Topunternehmen General

Electric, Coca-Cola oder IBM. Diese „Blue Chip"-Aktien der finanziell stabilen und etablierten Unternehmen versprachen den Anlegern hohe Wachstumsraten und wiesen einen sehr guten KGV-Wert (Kurs-Gewinn-Verhältnis) auf. Die Unternehmen profitierten von einer optimistischen Stimmung auf dem Markt, der jedoch zu einer Spekulationsblase führte. Forbes kommentierte diesen Hype um die Nifty Fifty: „Was hielt die Nifty Fifty hoch? Dasselbe, was die Tulpenzwiebelpreise im Holland der Vergangenheit hochhielt – Volkswahn und Massenwahn."[8]

Musikalisch wurden diese Ereignisse auf dem Parkett in einem britischen Tonstudio vertont. Denn die britische Rockband 10cc tauschte das Kursblatt der Börse gegen das Notenblatt der Musik ein. Im Jahr 1974 veröffentlichte die Band aus Manchester ihren „The Wall Street Shuffle", mit folgenden Textzeilen: „Machen Sie den Wall-Street-Shuffle / Hören Sie das Rascheln des Geldes / (…) / An der Wall Street muss man cool sein / Wenn der Index niedrig ist / (…) / Um den Wall Street Shuffle zu machen / Lassen Sie ihrem Geld freien Lauf / (…)."[9]

Der Kursverlauf des Dow-Jones-Indizes ab 1945 zeigt, wie in vielen Fällen politische Ereignisse den Börsenkurs beeinflussten.

Die Bundesrepublik Deutschland erlebte zwischen 1970 und 1973 ein Wirtschaftswachstum mit einer Arbeitslosenquote von unter einem Prozent. Parallel dazu stieg jedoch die Inflation und mehrere Schocks trafen die deutsche Wirtschaft. Die Bundesregierung unter dem sozialdemokratischen Kanzler Willy Brandt musste zwischen den finanzpolitischen Herausforderungen jonglieren. Nach der Aufkündigung des Bretton-Woods-Währungssystems erfuhr die D-Mark eine starke Aufwertung gegenüber dem US-Dollar. Eine eingeschränkte Wettbewerbsfähigkeit deutscher Exporte auf dem Weltmarkt war die Folge. Das Ölembargo ab Herbst 1973 traf die BRD an einer empfindlichen Stelle, weil Erdöl mit einem Anteil von 55 Prozent als Primärenergielieferant die heimische

Kursverlauf des Dow-Jones-Indizes ab 1945

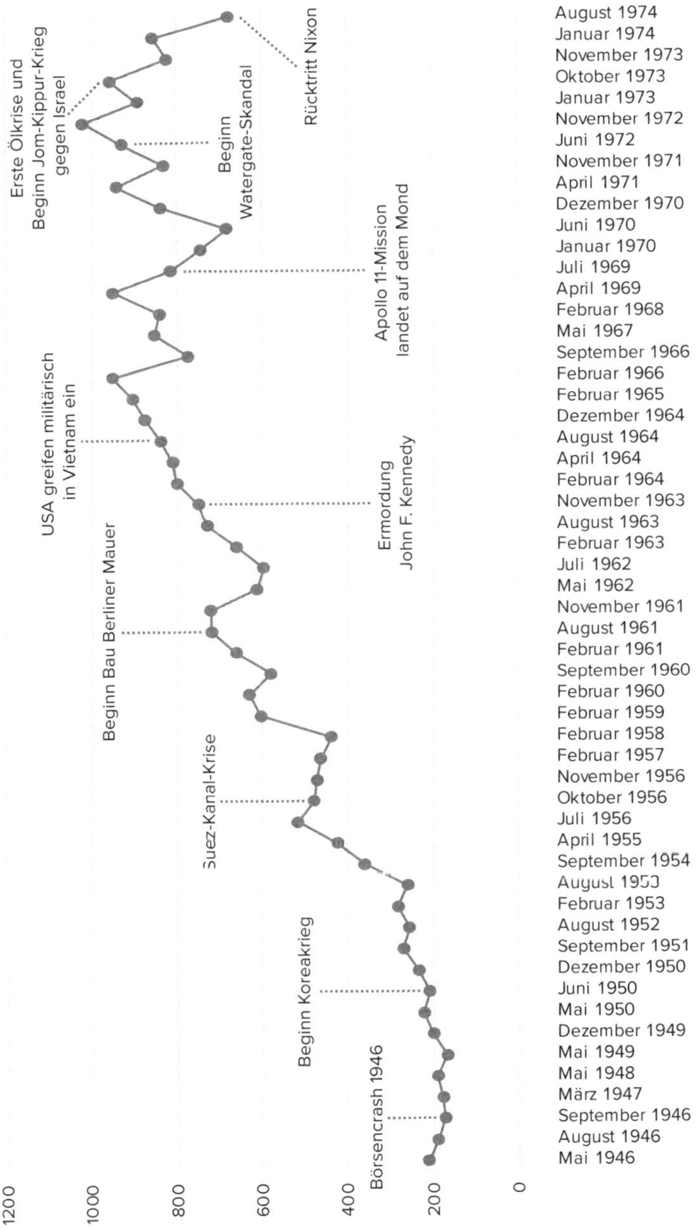

Kohle ablöste. Die deutsche Wirtschaft steckte in der Klemme und die Aktienkurse waren im Sinkflug. In Deutschland versuchten die Bürger an den Tankstellen den Sprit auf Vorrat zu kaufen. Daraufhin verhängte die Bundesregierung im November 1973 Fahrverbote und „autofreie Sonntage“. Bundeskanzler Willy Brandt sagte in einer Fernsehansprache am 25. November: „Zum ersten Mal seit dem Ende des Krieges wird sich (…) unser Land in eine Fußgängerzone verwandeln.“[10]

1973 gerieten die deutschen Wertpapierbörsen immer stärker in den Sog der Abwärtsspirale der Aktienmärkte jenseits des Atlantiks. „Den letzten Anstoß zum Verkauf der Aktien“, wie Die Zeit vermutete, „gab das Stabilitätsprogramm der Bundesregierung. Es (…) belastet recht einseitig die Unternehmensgewinne.“[11]

Als Reaktion auf die zunehmende Inflation und die wirtschaftliche Instabilität verabschiedete die Bundesregierung das erste Stabilitätsprogramm im Februar 1974. Ein Kernpunkt des Stabilitätsprogramms von Wirtschaftsminister Hans Friderichs (FDP) und Finanzminister Helmut Schmidt (SPD) war die Verringerung des Geldumlaufs, um die Inflation zu bekämpfen. Im Mai folgte das zweite Stabilitätsprogramm, das einen Aufschlag auf die Einkommensteuer und eine Investitionssteuer vorsah. Diese Stabilitätsprogramme kommentierten die Medien als das „schärfste Boombekämpfungs-Programm seit Bestehen der Bundesrepublik“.[12]

Die Börsenstimmung an den deutschen Märkten blieb 1974 wegen der Entwicklungen auf dem New Yorker Börsenparkett eingetrübt, weil „die Aktienkurse nicht mehr in Frankfurt, Düsseldorf, Hamburg oder München gemacht werden, (sondern) sich voll im Sog der abwärtsstrebenden Weltbörse“ befinden.[13]

Verzweifelter Broker an der New Yorker Börse: Am 19. Oktober 1987 fiel der Dow-Jones-Index um ca. 23 Prozent.

12. Wall-Street-Zusammenbruch 1987: Der „Schwarze Schwan" unter den Börsenkrisen

„Die Verkaufspanik (...) nannte der Chairman der New York Stock Exchange (NYSE) eine markante ‚Kurskorrektur'."[1]

(Neue Zürcher Zeitung am 20. Oktober 1987)

Wie eng Fiktion und Realität zusammenhängen, zeigt das Jahr 1987. In den amerikanischen Kinos startete der Film „Wall Street" von Regisseur Oliver Stone. In diesem sagte Michael Douglas, der den eiskalten Spekulanten und Finanzhai Gordon Gekko verkörperte, den Satz: „The mother of all evil is speculation." Für Gekko ist Spekulieren wie Glücksspiel und daher ein erfolgloser Weg. Waren gerade die Schattenseiten der Finanzwelt noch im Kinosaal fiktiv zu sehen, tauchten sie real im Börsensaal auf. Der schlimmste Börsencrash seit 1929 sollte die Finanzwelt ab Oktober 1987 in Atem halten.

Nach Bekanntwerden von einem Kursrückgang an der Hongkonger Börse um mehr als fünf Prozent brach am 19. Oktober, dem Schwarzen Montag, der Dow Jones Industrial Average um 22,6 Prozent ein. Mit einem Schlag wurde nicht nur der seit 1982 herrschende Bullenmarkt beendet, sondern auch 500 Milliarden Dollar an Marktkapitalisierung vernichtet. Diese Summe entsprach einem Viertel des gesamten US-Börsenkapitals.[2] Angesichts der an diesem Tag gehandelten 605 Millionen

Aktien sprach die englische Zeitung The Times am 20. Oktober 1987 von „octobre massacre". Vergleichbar mit Kennedy 1962 versuchte auch der seit 1981 amtierende US-Präsident Ronald Reagan die Märkte mit einer Pressekonferenz zu beruhigen – eine Fehleinschätzung, wie sich herausstellte. „Mit der Wirtschaft ist alles in Ordnung", behauptete Reagan. „Vielleicht sehen einige Leute eine Chance, einen Gewinn zu erzielen, ich weiß es nicht. Wie gesagt, ich glaube nicht, dass jemand in Panik geraten sollte, denn alle Wirtschaftsindikatoren sind solide."[3]

Der Finanzmarkt bewertete die Lage offenbar anders als der US-Präsident. Der Dow Jones begann nun komplett in den Keller zu rutschen.[4] Unter der Überschrift „Not for the nervous" schrieb die Financial Times: „Witwen und Waisen treten auf die Seite. Die Botschaft, die sich aus dem unberechenbaren Verhalten der Wall Street in dieser Woche ergibt, ist, dass dieser Markt etwas für Profis ist, und nur für diejenige mit starken Nerven."[5] Ein Wertpapierhändler der Wall Street wurde in der Financial Times am Tag des Börsencrashes mit den Worten zitiert, dass die Gladiatoren im römischen Kolosseum gesagt haben sollen: „Ave Caesar, wir die Todgeweihten grüßen Dich!"[6] „Der globale Finanzmarkt erlebt eine Kernschmelze", urteilte der Vorsitzende der New Yorker Börse John Phelan und ergänzte: „Ich möchte bei so etwas nicht dabei sein."[7] Doch seine Institution stand im Zentrum dieses Börsencrashes, der eine Kettenreaktion auslöste.

Für einige Beobachter kam diese Krise nicht überraschend. Es gab vor dem „Black Monday" Warnungen, die jedoch niemand ernst genommen hatte. So prophezeite die US-Finanzanalystin Elaine Garzarelli, die später den Titel „Kassandra der Wall Street" erhielt, bereits am 12. Oktober in der Fernsehsendung „Money Line" auf Cable New's Network einen zeitnahen Kurseinbruch. Doch erst als dieser Realität wurde, erinnerten sich viele an Garzarellis Warnungen. Der US-Ökonom Galbraith wies bereits zu Jahresbeginn 1987 auf die drohende Gefahr hin. Seine Analyse der Geschehnisse auf dem Börsenmarkt 1987, die von einer führenden US-Zeitung wegen zu negativem Tonfall nicht abgedruckt wurde, erschien letztlich im US-Monatsmagazin The Atlantic. In seinem Beitrag fragte Galbraith, ob der Aktienmarkt seine Geschichte wiederhole oder nicht. Er wies auf die spielbankähnlichen Auswüchse und „eine spekulative Dynamik“ hin, die auf einen „Tag der Abrechnung“ zusteuern: „Dann wird man das älteste Gesetz der Wall Street wiederentdecken: Finanzgenies sind Genies bis zum Tag des Bankrotts.“[8]

Nach dem Zusammenbruch an der Wall Street öffneten die Börsen in Hongkong, Japan oder Singapur ihren Handel mit einer schweren Hypothek. Alle erlebten das gleiche Schicksal: einen enormen Kursrutsch. Der Nikkei-Index (Japan), der Hang-Seng-Index (Hongkong) oder der Straits Times Index (Singapur) fielen innerhalb weniger Wochen von Rekordmarken in den Keller. Oftmals wussten sich die Verantwortlichen nicht mehr zu helfen und unterbrachen den Handel.[9] In Hongkong wurde nach der viertägigen Handelsunterbrechung, nachdem einige Aktien Kursverluste von über 50 Prozent zu verzeichnen hatten, von den Händlern ein gegrilltes Schwein – in der asiatischen Kultur ist das Schwein ein Symbol für Glück und Wohlstand in den Börsensaal gebracht. Mit dieser traditionellen Geste wollten die Händler die Götter beruhigen und gütig stimmen.[10]

Nach fünf Jahren ständig steigender Kurse lösten 1987 viele Faktoren das Börsenbeben an der Wall Street aus. Die militärische Intervention der USA in dem seit 1980 laufenden iranisch-irakischen Golfkrieg verunsicherte die Märkte genauso wie die neoliberale Wirtschaftspolitik von Präsident Reagan, die von den Zeitungen den Titel „Reaganomics“[11] erhielt. Trotz eines hohen US-Handels- und Budgetdefizits senkte die US-Regierung die Steuern für Unternehmen und Bürger. Gleichzeitig versuchte die

Regierung mit einer Anhebung des Leitzinses, die Inflation in den Griff zu kriegen. Bei diesem Aktienmarktcrash fällt auf, dass es nicht das einschneidende, realwirtschaftliche Ereignis gab. Die Märkte reagierten plötzlich und irrational. Viele Analysten sehen in diesem plötzlichen Zusammenbruch ein Beispiel für das Phänomen des „Black Swan". Der Finanzmathematiker Nassim Nicholas Taleb prägte 2001 den Begriff „Black Swan" für solche Ereignisse. Genauso selten wie ein schwarzer Schwan in der Tierwelt zu beobachten ist, ist dieses „historisch, ökonomische Ereignis, das von Beobachtern einerseits nicht vorhergesagt werden kann, andererseits jedoch massive Folgen hat." Taleb ergänzt: „Das Eintreten dieses Ereignisses lag außerhalb von allem, was man sich am Vortag hätte vorstellen können. Es war ein Schwarzer Schwan (…)."[12]

Auch wenn zahlreiche Makler und Investmentbanken Konkurs anmeldeten und großes Misstrauen in die Stabilität des internationalen Finanzsystems herrschte, konnten die Folgen des Börsencrashes – es war die erste Börsenkrise, in dem Computer beim Aktienhandel eine große Rolle spielten – durch das schnelle Handeln des neuen, amerikanischen Notenbank-Chefs, Alan Greenspan, reduziert werden. Das schnelle Umschalten von einer Anti-Inflationspolitik auf einen Anti-Deflationskurs und seine Erklärung am 20. Oktober 1987 beruhigten die Märkte: „Die Federal Reserve hat heute ihre Bereitschaft bekräftigt, als Liquiditätsquelle zur Stützung des Wirtschafts- und Finanzsystems zu dienen."[13] Neben dieser Verpflichtung der Fed, dem Finanzsystem ausreichend Liquidität zur Verfügung zu stellen, waren die Ankündigungen mehrerer großer amerikanischer Unternehmen, eigene Aktien zurückzukaufen, hauptsächlich verantwortlich dafür, dass das Vertrauen der Anleger wiederhergestellt wurde. Eine Fortsetzung der Panik blieb aus.

In den 1980er-Jahren zählte Deutschland zu den führenden Industrienationen mit einem weitverzweigten Bankensystem von internationalem

Rang. Die deutschen Börsen nahmen trotz des wirtschaftlich gut aufgestellten Umfeldes nur einen Mittelfeldrang ein.[14] Seit April 1986 erzielte der deutsche Aktienmarkt angesichts eines wirtschaftlichen Aufschwungs Höchststände.[15] Doch mit dem „Black Monday“ kippte die Stimmung an der Frankfurter Börse von Euphorie in Melancholie. Die F.A.Z. schrieb, dass die Makler „Waschkörbe voller Verkaufsaufträge“ abzuarbeiten hätten. Die Aufträge wurden in Frankfurt per Telefon und Telex erteilt und mit Orderzettel abgewickelt: ein weißer Zettel bedeutete Kauf, ein roter signalisierte Verkauf.[16]

Die gewaltigen Kurseinbrüche im Oktober und November sorgten für die bis dahin größte Vertrauenskrise an den deutschen Aktienmärkten, die bis Anfang 1988 anhielt.[17] Manche deutschen Banken hatten offenbar den Ernst der Lage nicht erkannt. Nach Ansicht von Wolfgang Röller, Vorstandssprecher der Dresdner Bank, hatten vor allem ausländische Börsen „übertrieben“, obwohl eine „Korrektur“ längst überfällig gewesen sei. Kurze Zeit vorher argumentierte die Dresdner Bank gegenüber ihren Kunden noch anders und ließ sie wissen: „Die boomenden ausländischen Börsen lägen richtig. Aber die Deutschen hätten einen großen ‚Nachholbedarf‘“.[18] Kurze Zeit nach dem „Black Monday“ konnte der Zeitungsleser eine Anzeige der Dresdner Bank mit dem Slogan lesen: „Die Krise an den Börsen: Neue Chancen für die praktische Vernunft.“ Trotz der Marketingkampagne schwand an den Aktienmärkten das Vertrauen. Viele Publikumswerte kannten nach ihrer Hausse Mitte April 1986 nur noch den Weg nach unten:

Kurseinbrüche beliebter Publikumswerte nach der Hausse im April 1986

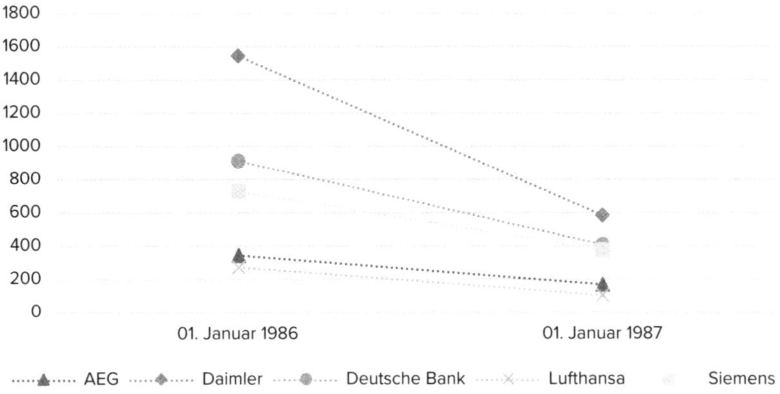

Saldo der Börsenkrise 1987

Die amerikanische Notenbank beruhigte bereits wenige Stunden nach dem Zusammenbruch mit ihrer Ankündigung, für ausreichend Liquidität zu sorgen. Es löste auf den Märkten umgehend eine positive psychologische Wirkung aus. Das entschlossene Eingreifen der Zentralbanken wirkte stabilisierend und hemmte die Turbulenzen. Zudem verhinderte die Bank für Internationalen Zahlungsausgleich (BIZ) in Basel – sie war nach dem Börsencrash im Jahr 1930 gegründet worden – als „Feuerwehr der Notenbanken" eine Liquiditätskrise unter den Zentralbanken.

Reagan setzte nach dem Kurssturz eine Untersuchungskommission ein und übertrug den Vorsitz Nicholas Brady. Die Brady-Kommission sollte den Börsencrash 1987 untersuchen und Reformen vorschlagen. Im Januar 1988 stellte Brady seine Ergebnisse vor. Demnach löste das Zusammenspiel verschiedener Faktoren einen Dominoeffekt aus. Die Kommission sah in den Portfolioversicherungen und vor allem in dem hohen US-Handelsbilanzdefizit eine Hauptursache, die wiederum zu hohen Zinssätzen führte. Des Weiteren war der Einsatz automatischer Handelsprogramme der Motor des Börsenkrachs. „Index- und Optionshandel hatten den Markt tatsächlich in eine Art Spielbank verwandelt.“, wie es im Abschlussbericht hieß.[19] Brady forderte gesetzliche Maßnahmen und eine Zentralisierung der Börsenaufsicht. Die Aufsicht über die Finanzmärkte solle bei der Fed künftig gebündelt werden. Ein Wunsch, der nicht umgesetzt wurde.

Eine Folge des Börsencrashes 1987 war der sogenannte Circuit Breaker, eine automatische Handelsunterbrechung, die in den USA als „Rule 80B“ 1989 in Kraft trat und bis heute bei extremen Marktbewegungen aktiviert wird. In Zeiten extremer Kursbewegungen, bei denen der Dow Jones zweistellige Kursverluste an einem Tag verzeichnet, setzt der Circuit Breaker den Handel aus. Diese Volatilitätsunterbrechung als Schutzmechanismus garantiert die Stabilität des Börsenhandels, weil es den Handel entschleunigt und Panikverkäufe vermeidet. Durch die Unterbrechung gewinnen die Marktteilnehmer Zeit, um die Situation zu analysieren. Mittlerweile wurden die Circuit Breaker auch an anderen Handelsplätzen wie z. B. in Frankfurt eingeführt.

1957 wurde der wiederhergestellte Handelssaal der Frankfurter Börse eröffnet. Mit dabei: Bundeswirtschaftsminister Ludwig Erhard.

13. Der deutsch-deutsche Bären- und Bullenmarkt von 1953 bis 1989: Der politische Aktienmarkt im Zeichen von Kapitalismus und Sozialismus

Mit den Gründungen der DDR und der BRD im Jahr 1949 gab es zwei komplett unterschiedliche deutsch-deutsche Börsenlandkarten. In der DDR bestimmte die kommunistische Partei das Wirtschaftsgeschehen. Nach den Börsenschließungen in Prag, Warschau und Budapest 1948 war in der DDR-Planwirtschaft ein Börsenhandel ebenfalls untersagt. Auch Aktiengesellschaften wurden zwischen 1945 und 1949 aufgelöst. Der Besitz von Wertpapieren war im Sozialismus schlichtweg verboten. Aktien galten als Inbegriff des Kapitalismus. DDR-Bürger mussten ihr Guthaben auf Sparkonten und Spargirokonten anlegen.

Der westdeutsche Aktienmarkt kam nach der Staatsgründung nur langsam in Schwung. Um den Börsenmarkt wieder anzukurbeln, versuchte die Bundesregierung unter Konrad Adenauer die Kapitalströme in den Anfangsjahren der BRD durch steuerliche Begünstigungen zu lenken. Mit dem Gesetz zur Förderung des Kapitalmarktes (Kapitalmarktförderungsgesetz) vom 15. Dezember 1952 sollten private Anleger „geködert" werden, ihr Kapital in bestimmte Wertpapiere anzulegen. So sollte eine steuerfreie Förderung von Emissionen der öffentlichen Hand (z. B. für den sozialen Wohnungsbau) oder für Pfandbriefe und Kommunalobligationen die Anleger gewinnen. Doch auch die Befreiung dieser Emissionen von der Ertragsteuer (Einkommen- und Körperschaftssteuer) belebte den Kapitalmarkt nur teilweise. Trotz der Hochkonjunktur sparten die Bundesbürger ihr Geld und deponierten es auf ihren Bankkonten, anstatt an der Börse anzulegen. Insgesamt waren die 1950er-Jahre von einer starken Zurückhaltung der Privatanleger geprägt.

13.1 Der Volksaufstand in der DDR 1953

„An den westdeutschen Börsen war infolge der Vorgänge in der Ostzone durch größere Zurückhaltung und einige Besorgnis zu verzeichnen, so dass nur wenig Unternehmungslust aufkam."[1]

(Frankfurter Allgemeine Zeitung am 23. Juni 1953)

Am 17. Juni 1953 gingen in Ost-Berlin und in 700 weiteren DDR-Städten Bürger auf die Straße, um für eine Senkung der Arbeitsnormen, die Freilassung von politischen Gefangenen, den Rücktritt der SED-Führung und die Wiedervereinigung zu demonstrieren. Die Demonstranten skandierten „Der Spitzbart muss weg!", womit sie SED-Generalsekretär Walter Ulbricht meinten. Die Antwort der SED-Regierung auf die friedlichen Demonstrationen war der Einsatz sowjetischer Panzer. Insgesamt starben 34 DDR-Bürger bei dem Volksaufstand.

Die Kursentwicklung wurde „an den westdeutschen Börsen durch die Vorgänge in Ost-Berlin abgestoppt, weil (…) die Kundschaft und Kulisse die weitere politische Entwicklung abwarteten."[2] Der Geschäftsbericht der Rheinisch-Westfälischen Bank[3] vermerkte, dass das Börsenparkett unter dem „Einfluss der wechselvollen politischen Ereignisse im In- und Ausland" stand.[4]

Durch das Auslaufen des 1952 erlassenen Kapitalmarktförderungsgesetzes Ende 1954 wurde die Ungleichbehandlung bei Wertpapieremissionen beseitigt.[5] Hiermit erhoffte sich Bundeswirtschaftsminister Ludwig Erhard, „dass eine Renaissance des Aktienmarktes im Bereich einer nahen Verwirklichung lag.“[6] Der Minister sollte erst einmal Recht behalten und hatte auch ein Erfolgsrezept parat, wie das Wirtschaftswachstum weiter angekurbelt werden konnte. In seinem 1957 erschienenen Buch „Wohlstand für alle“ schrieb er: „Die Wirtschaft hat nicht ein Eigenleben im Sinne eines seelenlosen Automatismus, sondern sie wird von Menschen getragen. (…) Man soll daher die Methode psychologischer Einwirkungen nicht geringschätzen. Für den Ablauf der Wirtschaft ist es von entscheidender Bedeutung (…), ob wir à la Hausse oder à la Baisse spekulieren. (…) Ich bin der Überzeugung, dass der von mir praktizierte psychologische Feldzug, der heute in Deutschland gemeinhin als Seelenmassage bezeichnet wird, in Zukunft nicht mehr aus dem wirtschaftspolitischen Instrumentarium wegzudenken ist.“[7]

Von dieser Ministereuphorie ließ sich der deutsche Anleger anfänglich nicht anstecken und stand der Aktie als einer „langfristigen“ Kapitalanlage weiterhin skeptisch gegenüber. Diese weitverbreitete öffentliche Meinung versuchte Erhard mit sogenannten Volksaktien zu korrigieren und die Deutschen zu Kleinaktionären zu machen. Die Idee, die die BRD aus dem Nachbarland Österreich – hier gab es bereits seit 1956 Volksaktien[8] – kopierte, vermarktete Erhard als seinen Einfall. Erhard wolle „mit kleingestückelten Aktien möglichst viele Menschen an den Kapitalmarkt heranführen und ihnen dadurch zu wertfestem, gutem, zinstragendem Eigentum (...) verhelfen“, wie er in einem Spiegel-Interview[9] im Februar 1957 erläuterte. „Eine Überführung bundeseigenen Industrievermögens in Privatbesitz (ist) ein Lieblingsgedanke von mir, um mit Hilfe der Privatisierung von dazu geeigneten Unternehmen der öffentlichen Hand unsere Wirtschafts- und Sozialpolitik zielstrebig auszubauen und fortzuentwickeln." Im März 1959 konnten in Deutschland erstmalig „Volksaktien" erworben werden. Den Anfang machten Papiere der „Preußischen Bergwerks- und Hütten-Aktiengesellschaft" (PreussAG). Rund 220.000 Deutsche kauften mit dem PreussAG-Papier erstmalig eine Aktie. Ein Jahr später trat das Volkswagengesetz in Kraft.[10] Nach PreussAG und Volkswagen wurden weitere Staatsunternehmen wie Vereinigte Tanklager und Transportmittel GmbH (VTG) (1961) und die Vereinigten Elektrizitäts- und Bergwerks AG (VEBA) (1965) teilprivatisiert. Die Volksaktien trugen zur Popularisierung der Aktie in der Bundesrepublik bei. Rund 4,5 Millionen Deutsche wurden somit zu Kleinaktionären.

13.2 Der Mauerbau 1961

„Börsenbeobachter betonten angesichts der Lustlosigkeit, dass die Anleger den Schock, den sie während der Baisse in der Zeit von Juni bis September erlitten hatten, noch nicht überwunden haben."[11]

(Die Zeit am 1. Dezember 1961)

Nach einer kurzen Haussephase von 1958 bis Mitte 1960 entwickelte sich die Situation an der Börse durch den Beginn des Mauerbaus im August 1961 in die andere Richtung. Am Sonntag, den 13. August 1961, schloss die DDR den letzten Übergang zwischen Ost- und Westdeutschland, um die weitere Abwanderung von DDR-Bürgern in den Westen zu verhindern. Soldaten der Nationalen Volksarmee und Volkspolizisten riegelten die Sektorengrenze ab und begannen ihr Land einzumauern. In der Woche nach dem Mauerbau verzeichnete der Index der Aktienkurse des Statistischen Bundesamtes ein Minus von 1,6 Prozent. „Der Aufmarsch westlicher Truppen an der Ostsektorengrenze Berlins weckte nicht nur Kriegssorgen, sondern alarmierte auch ausländische Besitzer deutscher Aktien. Aus Angst verkauften sie schnell ihre Dispositionen und schickten die Börsen auf Talfahrt",[12] analysierte die Süddeutsche Zeitung.

Dieser Sonntag im August zementierte die 28-jährige Teilung der Stadt Berlins. Alleine an der Berliner Mauer starben rund 140 Menschen.[13] Die Ereignisse an dieser innerdeutschen Grenze bestimmten nicht nur die Politik in Bonn, sondern auch die deutschen Wertpapierbörsen. „Zurzeit bestimmt die Unsicherheit des politischen Geschehens das Geschick der Börse. Ein nicht geringer Teil der Anleger hält offensichtlich an seinem Wertpapierbesitz fest", wie die Süddeutsche Zeitung schrieb.[14]

Die Entwicklung zeigt sich auch im Aktienindex des Statistischen Bundesamtes von Ende 1960 bis Anfang 1962[15]:

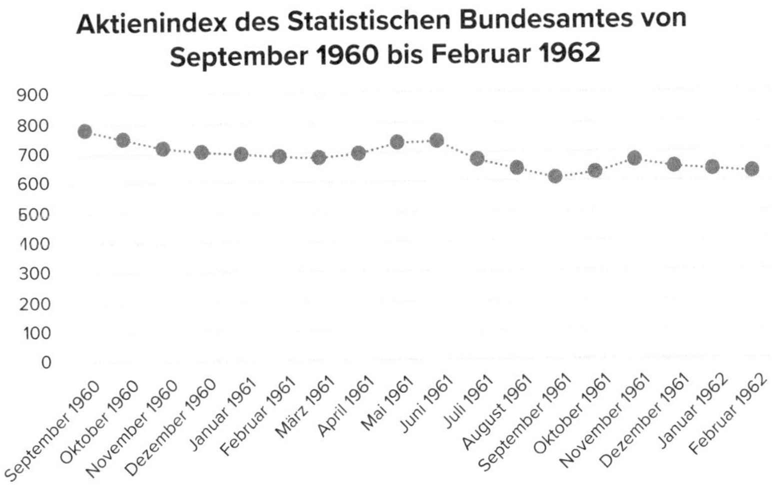

Nach dem Mauerbau setzte eine langhaltende Baissephase an den Börsen ein. Am 6./7. September 1961 erreichte diese ihren Tiefpunkt. „Die Beobachtungen zeigen, dass Börsenreaktionen auf veränderte politische Verhältnisse gewöhnlich nicht von langer Dauer sind. Die Börse hat ein schlechtes Gedächtnis,“[16] schrieb die F.A.Z.-Wirtschaftsredaktion. Der Mauerbau oder der Kennedy-Flash-Crash (1962) waren sicherlich die Hauptauslöser für die bis 1966 dauernde Baisse in der BRD.[17]

Zur Begutachtung der gesamtwirtschaftlichen Lage und zur Beratung der Bundesregierung setzte Ludwig Erhard 1963 den Sachverständigenrat ein. Im ersten Jahresgutachten stand über den Aktienmarkt: „Die Bereitschaft, Dividendenwerte aufzunehmen, hat seit den Kursverlusten von 1961/1962 offenbar recht stark nachgelassen; 1963 legten private Haushalte nur noch 100 Mill. DM auf dem Kapitalmarkt in Aktien neu an. Im Jahr 1962 betrug die Summe noch 830 Mill. DM oder ein Jahr zuvor 2,4 Mrd. DM 1961.“[18] Nach Ansicht ausländischer Finanzexperten hatte der deutsche Börsenmarkt zwei große Bremsklötze, die eine positive Marktentwicklung behinderten: Zum einen wurden die vielen Regionalbörsen als Nachteil genannt und zum anderen die Monopolisierung des Handels in den Händen von deutschen Kreditinstituten.[19] Der Wunsch nach einer Reform des Börsengesetzes wurde ab Mitte der 1960er-Jahre in den Medien immer häufiger gefordert. Doch über ein Jahrzehnt passierte nichts. Erst am 28. April 1975 trat die Börsengesetznovelle in Kraft.[20]

13.3 Wiedervereinigung 1989/90: „Wind of Change" auf dem Börsenparkett

„Die Übersiedlerwelle und die Hoffnungen auf gute Geschäfte im Zusammenhang mit notwendigen tiefgreifenden Reformen in der DDR-Wirtschaft ließen vor allem Bau- und Konsumaktien in die Höhe schnellen. VW profitierte wohl von einer erhofften Trabbi-Dämmerung."[21]

(Süddeutsche Zeitung am 11. November 1989)

Aus Sicht der Bundesbank war es bislang nicht gelungen, das „inländische Anlegerpublikum trotz eines günstigen Börsenklimas" für ein „stärkeres Engagement in den inländischen Aktienmarkt" zu gewinnen. „Der Stellenwert der Aktie muss gesteigert werden", wie es im Geschäftsbericht 1989 der Deutschen Bundesbank stand, „um künftige Kurssprünge zu vermeiden."[22] Dieser Wunsch wurde zudem im Oktober 1989 durch einen „Mini-Crash" erschwert. In Frankfurt verzeichnete der im Juli 1988 eingeführte neue Deutsche Aktienindex (DAX) – der DAX spiegelte die Entwicklung von 14 Gesellschaften wider – mit einem Verlust von 13 Prozent am 16. Oktober seinen ersten Kurssturz. Auslöser für den Rückgang in Frankfurt und an anderen ausländischen Börsen waren Gerüchte in New York, dass eine geplante Übernahme der Fluggesellschaft United Airlines an der Finanzierungsbereitschaft der Banken scheiterte. Vor allem das Privatpublikum geriet in Panik und verkaufte seine Aktien.[23]

Doch der Kurszusammenbruch von 1989 war rasch überwunden: Die Öffnung Osteuropas und die starke D-Mark bescherten den Börsen neuen Auftrieb. „Mit der politischen Wende in Osteuropa kam neue Phantasie in den Markt (und es) werden namhafte Impulse für die westdeutsche Industrie, besonders für die Investitionsgüterbranche, aber auch für den Handel und andere Bereiche erwartet", wie die Neue Zürcher Zeitung prognostizierte.[24]

Am Donnerstagabend, den 9. November 1989, wurde die Maueröffnung bei einer Pressekonferenz durch Günter Schabowski, Sprecher des Politbüros der SED, in Berlin verkündet. Die Wertpapierbörsen hatten bereits Handelsschluss und konnten auf diesen historischen Meilenstein nicht mehr reagieren. Die überraschende Wende in den deutsch-deutschen Beziehungen fand ihren Niederschlag zeitverzögert am nächsten Werktag (Montag) an den deutschen Wertpapierhandelsplätzen. Die Öffnung der DDR und die Reiseerleichterungen für die Bewohner der DDR gaben den deutschen Börsen neuen Schwung. Die Börse witterte bereits ein „DDR-Wirtschaftswunder", das sich im Anstieg des Deutschen Aktienindizes, der in den Wochen zuvor auf seinem Kursniveau verharrte, zeigte. Die F.A.Z. erhoffte sich von der deutsch-deutschen Annäherung, dass sich volkswirtschaftlich neue Felder in Zukunft öffnen könnten. „Die deutschen Börsen haben mit steigenden Kursen reagiert", wie die F.A.Z. registrierte. „In der aktuellen Hausse am Aktienmarkt steckt allerdings sehr viel Zukunftsphantasie."[25] Die Kaufaufträge nahmen an der Frankfurter Börse stark zu. „Die mit dem Strom der Zuwanderer aus der DDR verbundenen Erwartungen auf eine Belebung der Konjunktur spiegelten sich vor allem bei den Aktien der Bau- und Konsumbranche wider. Beide Sektoren verzeichneten jeweils Kurssteigerungen bis zu 13 Prozent", wie die Neue Zürcher Zeitung über die „Deutschland-Hausse" schrieb.[26] Zudem führte der Kaufrausch der DDR-Bürger zu einer lebhaften Nachfrage und beflügelte Kaufhauswerte wie Karstadt, Kaufhof, Horten und Salamander.[27] Die ersten verkündeten Reformansätze in der DDR sorgten für eine Hausse.[28] Zusätzlichen Rückenwind verzeichneten deutsche Aktien durch ausländische Investoren. Hatten Ausländer im Gesamtjahr 1988 nur für netto 3,3 Milliarden D-Mark deutsche Aktien gekauft, stieg

Kursverlauf des DAX in den Jahren 1989/90

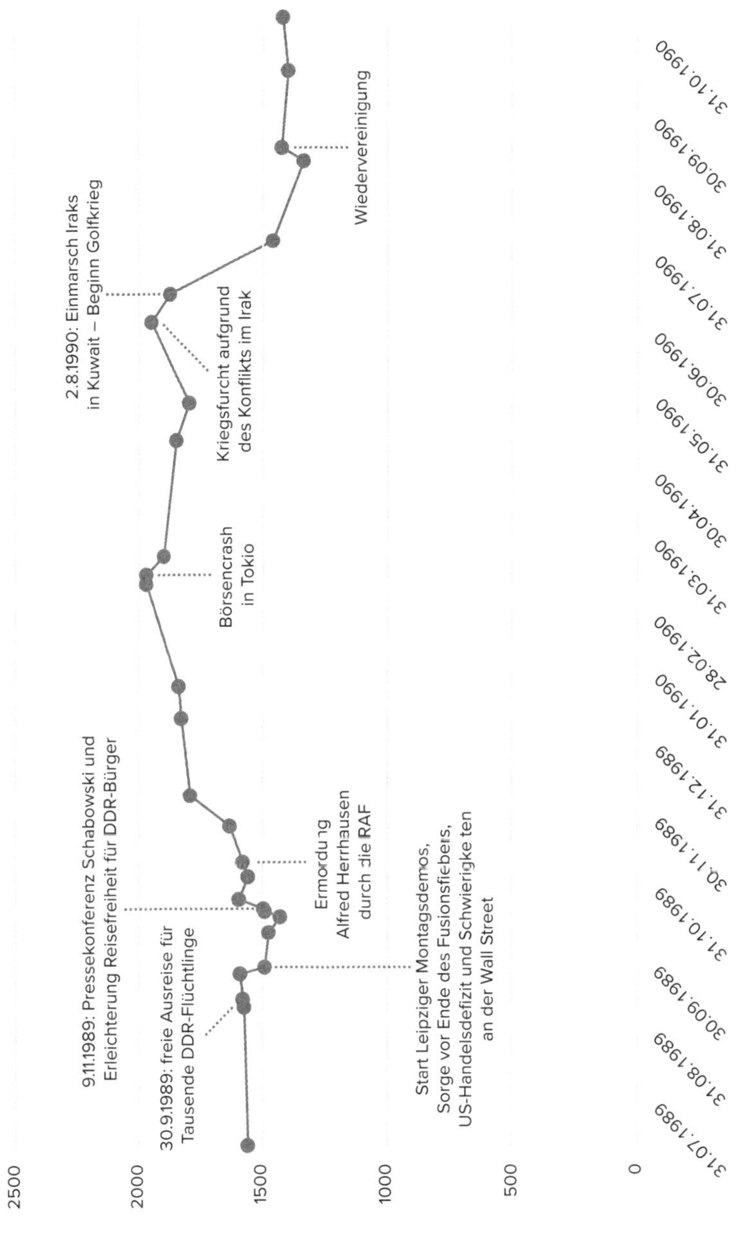

die Investitionssumme in deutsche Aktien bis Dezember 1989 auf 5,8 Milliarden D-Mark.[29] Am 19. Juli 1990 erreichte der DAX seinen Höchststand.[30] Marktbeobachter warnten jedoch vor diesem Bullenmarkt und der übertriebenen „Ostfantasie". Mit Beginn des Golfkriegs im August 1990 setzte in Deutschland die Talfahrt ein. Die Neue Zürcher Zeitung vermeldete, dass die „DDR-Rallye an den Börsen vorerst beendet" ist, weil „die euphorischen Reaktionen in der deutschen Wirtschaft und an den Finanzplätzen (…) langsam einer nüchternen Lageeinschätzung"[31] wichen.

Zwischen 1989 und 1990 waren die „politischen Börsen" stark von historischen Ereignissen geprägt. Die Entwicklung des DAX im Zeitraum zwischen der Pressekonferenz, die zur Öffnung der Mauer führte, über den Golfkrieg bis hin zur Wiedervereinigung zeigt, welchen Einfluss die politischen Neuerungen hatten.[32]

Der Überfall Iraks auf Kuwait ließ die internationalen Börsen wackeln. Die Angst vor einer möglichen Ausweitung des Konflikts irritierte die Märkte.[33] Auch der DAX verlor bis September durchschnittlich knapp 30 Prozent seines Kurswertes.[34] Letztlich beeinflusste der Irakkonflikt das Börsenjahr 1990 stärker als die positiven Wirtschaftsaussichten in Deutschland und die Wiedervereinigung am 3. Oktober 1990 nach 45 Jahren Teilung.[35] Die Euphorie an der Frankfurter Börse fiel nach der Wiedervereinigung eher verhalten aus. An der Wiener Börse herrschte hingegen auf dem Donau-Parkett am Schottenring „Walzerstimmung" mit steigenden Aktienkursen.[36]

Der erste Börsentag im vereinten Deutschland wurde mit Kursverlusten abgeschlossen.[37] Die „Schreckgespenster Golfkrieg und Rezession" schmälerten die Risikobereitschaft der Marktteilnehmer. Unter der Überschrift „Oktoberfest, Bärennest oder Nerventest" wurde die Flucht in die

Liquidität oder in Rentenpapiere mit kurzer Laufzeit – von Spekulanten abfällig Bärennester genannt – festgestellt.[38]

Nach der Wiedervereinigung wurden die deutschen Aktienbörsen als „Schaukelbörsen“ bezeichnet, weil die Kurse zwischen Höchst- und Tiefstständen wechselten. Die Zuversicht auf dem Börsenmarkt gewann erst nach der ersten freien Wahl zur Volkskammer 1990 in der ehemaligen DDR und dem Inkrafttreten der Währungs-, Wirtschafts- und Sozialunion die Oberhand.[39] Doch auch über das Folgejahr schrieb die F.A.Z.: „In Deutschlands Börsensälen geht es derzeit zu wie bei einer italienischen Heldenoper: Leid und Freude liegen dicht beieinander.“[40]

Die Asienkrise ab 1997: Die Börsenmärkte in den „Tigerstaaten" erleben einen historischen Kurssturz.

14. Die Kursstürze der „Nineties“ in Asien

14.1 Die Japanische Börsenblase von 1990

„Die Börse in Tokio hat am Montag (…) den zweitstärksten Kursrutsch ihrer Geschichte erlebt.“[1]

(Frankfurter Allgemeine Zeitung am 3. April 1990)

Nach Ansicht des französischen Wirtschaftswissenschaftlers Thomas Piketty war die japanische Börsenkrise „die spektakulärste Blase in der Zeit von 1970 bis 2010“.[2] In den 1980er-Jahren war Japan das „Land der aufgehenden Sonne“. Diese Zeit prägte ein starkes Wirtschaftswachstum, das durch staatlich forcierte Zusammenschlüsse von Banken und Firmen zu Konglomeraten gefördert wurde. Über die Börse wurden Privatisierungen wie von der Fluggesellschaft JAL oder dem Telekomgiganten NTT (Nippon Telegraph & Telephone Corporation) durchgeführt. Durch staatlich geförderte Überkreuzbeteiligungen entstanden Hunderte Kartelle und der Staat ließ die Notenpresse für den Yen laufen. Japan wurde zur größten Industrienation Asiens und wurde als „Japan AG“ weltweit bewundert.[3] Die ersten Schattenseiten des Wirtschaftswachstums tauchten 1988 mit dem Recruit-Skandal auf, als zahlreiche Politiker der Regierungspartei LDP in einen Korruptionsskandal rund um den Medien- und

Immobilienkonzern „Recruit-Cosmos“ verwickelt waren. Mehrere Politiker traten zurück, weil sie durch illegale Aktiengeschäfte mit Recruit-Aktien Riesengewinne erzielten.[4]

Unabhängig davon war der Finanz- und Immobilienmarkt durch Spekulation aufgebläht. Zwischen 1984 und 1989 vervierfachte sich der japanische Leitindex Nikkei 225. Das Jahr 1989 endete mit einem Rekordhoch. Doch das Folgejahr ließ ab Februar 1990 die Kurse an der Tokioter Börse einbrechen. Wie volatil der Markt war, zeigen die Zeitungsüberschriften im August und September, die zwischen „Tokios Aktienmarkt ohne Halt“ und „Jahrestief an der Tokioter Börse“ hin und her schwankten.[5] Dieser Rückgang zeigte sich auch am Handelsvolumen. Betrug dieses im Jahr 1989 noch durchschnittlich 900 Millionen Titel an Japans Leitbörse täglich, waren es im August 1990 nur noch 250 Millionen Papiere. Der Kursrutsch des Nikkei erfolgte langsam und in kleinen Schritten.[6] Angesichts des Vertrauensverlustes auf dem japanischen Finanzmarkt titelte die New York Times: „Tokio Blase platzt mit aller Macht“.[7] Insgesamt waren „die Dimensionen der Papierwertvernichtung gewaltig“, wie die Süddeutsche Zeitung schrieb.[8]

Die Sorge war groß, dass das japanische Börsenbeben bald auch die Weltwirtschaft in Nervosität versetzen könnte. Zudem waren die Erinnerungen an die Auswirkungen des Wall-Street-Crashes 1987 – hier stürzte der Nikkei im Oktober 1987 auf 3836 Punkte ab – auf die Tokioter Börse noch präsent. Es war auch ein Beleg dafür, dass alle Börsen miteinander mittlerweile kontinentübergreifend eng verbunden waren.[9] Doch Europas Börsen ignorierten „Tokios Launen.“[10]

Der plötzliche Zusammenbruch des japanischen Aktienmarktes hatte wahrscheinlich viele Auslöser: Mit der Machtübernahme des neuen Notenbankgouverneurs Yasushi Mieno im Dezember 1989[11] erhöhte die Bank of Japan die Leitzinsen, um dem spekulativen Treiben auf den

Märkten einen Riegel vorzuschieben. Hierauf reagierte der Börsenmarkt umgehend. Die japanische Zentralbank bewertete dies in einer Stellungnahme als eine „positive Korrektur“ der vorangegangenen überspitzten Kursentwicklung.[12] Im Rückblick bewertete Mieno den Versuch, Nippons Seifenblase kontrolliert platzen zu lassen, als missglückt. „Eine ‚Bubble‘ anzupieksen ist leicht, aber die Talfahrt zu bändigen ist das Problem.“[13] Der Nikkei-225-Index[14] erlebte innerhalb eines Jahres eine turbulente Berg- und Talfahrt.

Kursverlauf des Nikkei-225-Indizes

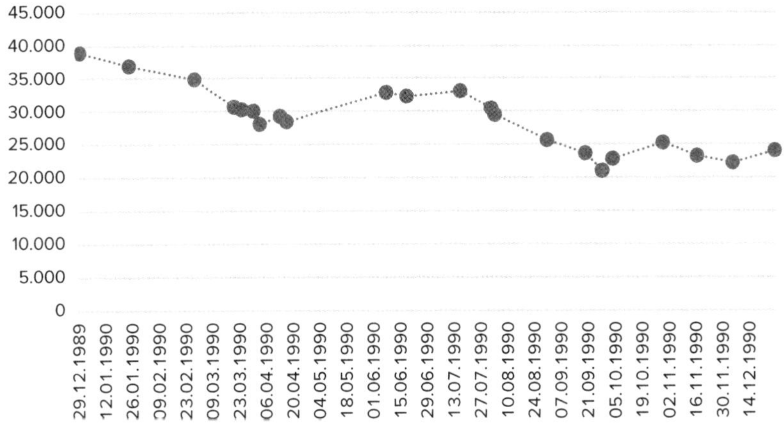

Nachdem sich der Markt wieder stabilisiert hatte, marschierte Irak Anfang August 1990 in Kuwait ein. Japan, das sehr stark vom Öl aus der Golfregion abhing, erhielt den nächsten ökonomischen Niederschlag.[15]

Saldo der japanischen Börsenblase

Vom Wirtschaftswunderland zum Wirtschaftspatienten – der Börsencrash war das Ende einer jahrelangen Wirtschaftsblase, die vor allem durch stark ansteigende Immobilien- und Aktienpreise und einer „Politik des billigen Geldes“ gekennzeichnet war. Der Marktwert aller an der Tokioter Börse notierten Firmen verlor 232 Billionen Yen oder 1,4 Billionen Euro. Die Banken saßen auf faulen Krediten. Mehrere Großbanken wie LTCB, Wertpapierhandelsfirmen wie Yamaichi oder Hypothekenfinanzierer gingen pleite. Über das Kaiserreich im Fernen Osten zogen die dunklen Wolken Depression und Deflation auf. Die Folge war für Japan eine jahrelang andauernde Rezession, die sogenannte Lost Decade (Ushinawareta Jūnen). Erst der japanische Premierminister Shinzō Abe konnte mit seinem Wirtschaftsprogramm „Abenomics“ die Wirtschaft ab 2013 wieder ankurbeln.

14.2 Der „Salami-Crash“ 1997 in den Tigerstaaten Asiens

„Innerhalb nur weniger Wochen wurde eine zuversichtliche, in Teilen der Marktteilnehmer überaus euphorische Stimmung von starker Verunsicherung bis hin zu Panik und fast manischer Depressionsangst abgelöst.“[16]

(Börsen-Zeitung am 31. Dezember 1998)

Neben Neuigkeiten auf dem Aktienmarkt, wie der Einführung des elektronischen Handels XETRA oder analog zum amerikanischen NASDAQ dem neuen Segment „Neuer Markt“[17] in Frankfurt – eine Plattform für anfänglich 17 Technologieunternehmen –, dominierten vor allem die Nachrichten aus Asien das Börsenjahr 1997.

Als im Frühjahr 1997 Liquiditätsprobleme thailändischer Finanzvermittler auftauchten, begann eine Finanz-, Währungs- und Wirtschaftskrise vor allem in den „Tigerstaaten“ Malaysia, Indonesien, Südkorea und Philippinen. Durch die Deregulierung ihrer Finanzmärkte und die Kopplung der Landeswährung an den Dollar hatten sie sich stark im Ausland verschuldet.[18] Doch mit dem Abzug ausländischen Kapitals und der Freigabe des Wechselkurses Baht durch die thailändische Nationalbank wurden die Länder Ost- und Südostasiens nach Jahren schnellen Wirtschaftswachstums zum „zahnlosen Tiger".[19]

Die Schieflage bei den Devisen löste eine Panikreaktion aus. Staatliche Institutionen waren mit der Situation überfordert. Der Internationale Währungsfonds (IWF) stellte den betroffenen Ländern Kredite zur Verfügung, koppelte die Neuvergabe der Kredite aber an die Umsetzung liberaler Wirtschaftsreformen. Zinserhöhungen waren die Folge, die die Länder in eine tiefe Rezession rutschen ließen. Der IWF verschlimmerte so die ganze Situation. Daher nennen die Asiaten diese Turbulenzen nicht „Asienkrise", sondern „IWF-Krise".

Aus anhaltender Sorge um die asiatischen Volkswirtschaften stürzte der Dow Jones am 27. Oktober 1997 am „Black monday" um 554 Punkte ab. Erstmalig kam hier der nach dem Börsencrash 1987 eingeführte Circuit Breaker, die „Rule 80B", zum Einsatz. Automatisch wurden die Kursnotierungen unterbrochen, um wieder Ruhe am Parkett zu schaffen.[20]

Kurze Zeit später standen die Weltbörsen wieder komplett unter anderen Kurszeichen. So verzeichnete der DAX in den ersten sieben Monaten des Jahres 1998 einen ungebremsten Anstieg. Doch dann traten neue starke Kurskorrekturen ein, die die negativen Nachrichten von asiatischen Finanzmärkten auslösten.[21] Am 8. Oktober erreichte der DAX sein Jahrestief von 3822 Punkten. Dieses Auf- und Ab an den Börsen wurde auch als „Salami-Crash"[22] bezeichnet, weil der stetige Kursrückgang langwierig und scheibchenweise auftrat.

Saldo der Asienkrise 1997

Thailand, das Land, in dem die Krise 1997 ausbrach, Indonesien – hier vergaben die nationalen Banken die meisten faulen Kredite –, Malaysia und Südkorea, die erst am Ende der Krise betroffen waren, befanden sich kurze Zeit später wieder auf dem Weg des Wachstumskurses.[23] Die Länder hatten durch einen politischen Reformprozess ein stabiles Fundament geschaffen. Um künftig nicht mehr vom IWF abhängig zu sein, wurde ein eigener asiatischer Währungsfonds mit dem Namen ASEAN+3 aus der Taufe gehoben. An diesem Fonds beteiligten sich zehn ASEAN (Association of Southeast Asian Nations)-Mitgliedstaaten, wie z. B. China, Japan oder Südkorea.

In Deutschland blieben Aktien weiterhin nicht die bevorzugten Finanzierungs- und Anlageprodukte. Die Deutsche Bank bewertete die „Über- und Untertreibungen bei Aktienkursen“ kritisch und forderte die Regierung auf, mehr Anstrengungen hinsichtlich einer „stabilitätsorientierten Geldpolitik“ zu unternehmen. Denn nur diese „bietet den besten Schutz gegen Übertreibungen und den Aufbau spekulativer Blasen an den Finanzmärkten.“[24]

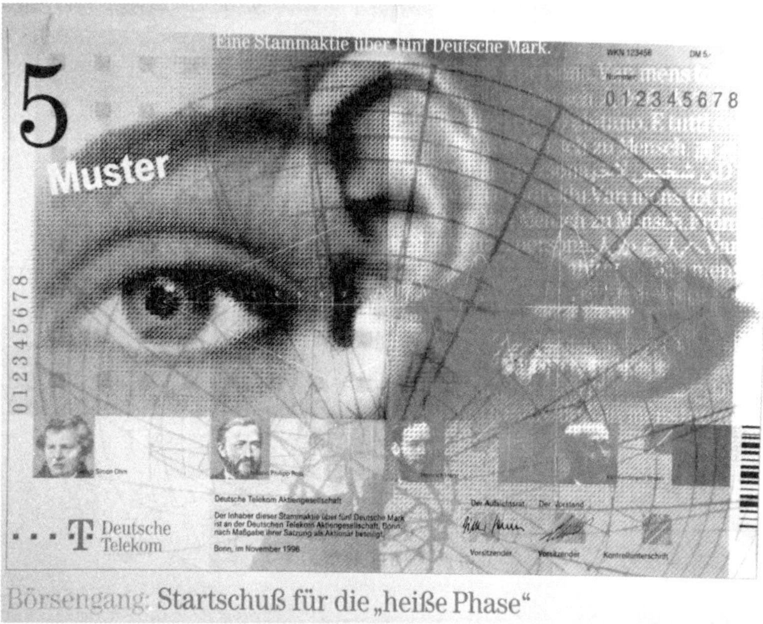

Technologieaktien standen vor der Jahrtausendwende hoch im Kurs: In Deutschland geht die Deutsche Telekom, begleitet von einer bundesweiten Werbekampagne, im November 1996 an die Börse.

15. Die Internetblase 2000: Das Beispiel für „irrationalen Überschwang“ auf den Aktienmärkten

„Das Jahr, in dem sich dot.com in dot.bomb verwandelte. (…) Die Manie um Technologieaktien im Jahr 2000 hatte alle Zutaten für eine Achterbahnfahrt vom Boom zum Crash – glamourös klingende Produkte, über die Investoren wenig wussten, Gier, eine Wirtschaft, die auf Hochtouren lief, einige schneidige junge Unternehmer, eine kleine Armee von Cheerleadern in Maklerhäusern und in den Medien, die die Botschaft verbreiteten, dass die Regeln der Wirtschaft neu geschrieben worden seien.“[1]

(The Guardian am 30. Dezember 2000)

Im Jahr 2001 veröffentlichte der deutsche Liedermacher Konstantin Wecker seinen Song „Wenn die Börsianer tanzen“ auf seiner LP „Vaterland“. Im Text beschrieb er mit kritischen Worten die Akteure der Finanzwelt: „Wenn die Börsianer tanzen / Heben sie verzückt das Bein. / Lassen dann in den Bilanzen / Auch mal Fünfe grade sein. / (…) / Manchmal springen sie aus Fenstern / Wenn der Dow Jones kräftig fällt. / Dann gehörn sie den Gespenstern / Der Betrognen dieser Welt.“ Als Wecker dieses Lied veröffentlichte, herrschte eine große Euphorie an den Aktienmärkten. Seit den 1990er-Jahren erlebte vor allem die Technologie- und Computerbranche – 1985 wurde der NASDAQ-100-Index für US-Technologiewerte eingeführt – einen Höhenflug. Mit dem Internetbrowser WorldWideWeb erschien 1990 der erste Internetbrowser, drei Jahre später wurde mit dem Mosaic Web Browser das wichtigste Fundament der Webbrowser gelegt, weil er Texte und Grafiken in einem Fenster darstellen konnte. Neben diesen Meilensteinen des Internets wurden in den 1990er-Jahren Unternehmen wie Google, eBay, Yahoo und Amazon gegründet.

Zu dieser Zeit fragte der Fed-Präsident Alan Greenspan in einer Rede, was passiere, wenn Investoren mit „irrationalem Überschwang die Werte von Vermögenswerten in die Höhe getrieben haben, die dann unerwartet Schrumpfungen ausgesetzt sind."[2]

In dieser „New Era Economy", wie Greenspan das ab 1997 eingetretene neue Zeitalter der Wirtschaft bezeichnete,[3] investierten in den USA die Bürger weiter riesige Summen in Dotcom-Firmen, die häufig nur Insidern bekannt waren. Die Aktienkurse stiegen in abenteuerliche Höhen. Genauso wie Greenspan warnte das Wall Street Journal, als die Zeitung im Jahr 1998 die Frage stellte: „Are Stocks Overvalued?"[4] Im März 1999 durchbrach der Dow Jones erstmalig die 10.000-Punkte-Marke. Kleine Internetfirmen waren plötzlich um ein Vielfaches mehr wert als Industriekonzerne mit mehreren Tausend Mitarbeitern. Unternehmen ohne Gewinne erreichten plötzlich Milliardenbewertungen.[5] Diese Situation am Börsenmarkt bewertete auch der Wirtschaftsprofessor und spätere Fed-Präsident, Ben Bernanke, kritisch: „Solange die Aktienblasen sich aufbauen, ist es schwierig oder unmöglich, eine bestimmte Episode eindeutig als Blase zu identifizieren. (…) Erst nach dem Platzen der Blase, lässt es sich leicht damit umgehen, da man nun weiß, dass es eine Blase war."[6]

Wie sich sogar IT-Experten in ihrer Einschätzung komplett täuschen können, zeigt der Gastbeitrag des amerikanischen KI-Forschers Ben Goertzel für die F.A.Z.[7] Auch er schien in der Hochphase der Kurssteigerungen nichts von einem möglichen Zusammenbruch wissen zu wollen, vielmehr ließ er die Leser glauben, dass das Internet als neues Kommunikationsmodell Wohlstand schaffen werde: „Natürlich spielt Spekulation dabei eine wesentliche Rolle – wie überall auf den Finanzmärkten. Es gibt gute Gründe dafür, daß Internetaktien so hoch bewertet werden. Die tiefste Wurzel der hohen Bewertungen ist psychologischer Natur. (…) Wird die Internetblase platzen? Ich denke nicht." Der US-Ökonom Shiller brachte die Euphorie auf den Punkt: „Die Menschen wollten Teil der Dotcom-Euphorie sein und verbanden mit der neuen Technologie viele Chancen – Dotcom löst einen Millenniumboom aus."[8]

Das Börsenfieber war ansteckend. Eine verstärkte Berichterstattung in den Medien, Steuererleichterungen und das Auftreten eines neuen „Spielers auf den Finanzmärkten", den Hedgefonds, heizten den Anstieg an. Bei dem neuen Finanzprodukt wurde mit komplexen Finanzalgorithmen auf die Zukunft gewettet.

Den Firmen gelang es, ihre Innovationen als die Chance für die Zukunft zu verkaufen. Doch unter diesen IT-Newcomern gab es zahlreiche „IT-Trittbrettfahrer", die nur über eine Internetadresse verfügten und kein schlüssiges Geschäftsmodell aufwiesen.

Die Euphorie über die Fortschritte und Chancen der „New Economy" führten zu enormen Kurssteigerungen an den Börsen der Industrieländer. Im ersten Quartal des Jahres 2000 setzte allmählich ein Vertrauensverlust der Anleger ein. Der Technologie-Index NASDAQ in den USA brach nach einer Aktienhausse ab April ein. Im Jahr 2000 verzeichnete dieser einen Verlust von 39,3 Prozent. Für den Absturz gab es keinen Auslöser, auch wenn Anfang Dezember 2000 mehr als 133 Unternehmen

(z. B. Microsoft, J.P. Morgan, Time Warner) im S&P 500 Index Gewinnwarnungen veröffentlichten.[9] Angesichts dieser ersten Verlustmeldungen von Technologieunternehmen und zu hoher Gewinnerwartungen verzeichnete der NASDAQ einen Zusammenbruch.

Auch in Deutschland erlebten Technologieaktien um die Jahrhundertwende einen richtigen Hype. Im November 1996 ging die Deutsche Telekom an die Börse mit dem Schauspieler Manfred Krug als prominentem Werbebotschafter.[10] Am ersten Handelstag erzielte die T-Aktie bereits einen Kursgewinn von 16 Prozent. An der Deutschen Börse wurde 1997 das neue Handelssegment „Neuer Markt" für kleine, schnell wachsende Unternehmen aus der Technologiebranche eingeführt, deren Aktien enorme Kurssteigerungen erlebten. Vor dieser Entwicklung warnte im August 2000 die Deutsche Bundesbank: „Bei den jungen, innovativen Unternehmen aus dem Technologiesektor hängen die Gewinnpotenziale von weiter in der Zukunft liegenden Marktentwicklungen ab. Eine fundamentale Bewertung solcher Aktien ist folglich mit beträchtlichen Unsicherheiten verbunden, und ihre Kurse reagieren in der Regel wesentlich stärker auf neu eintreffende Informationen oder auch auf bloße Marktgerüchte."[11] Die positive Börsenstimmung trübte sich an den deutschen Handelsplätzen nach dem Einbruch des NASDAQ im ersten Quartal 2000 in kürzester Zeit ein.[12] In diese Zeit fiel auch die Tranche der dritten T-Aktie, die im Juni 2000 emittiert wurde. Sie notierte weit unter dem Ausgabekurs des ersten Börsengangs aus dem Jahr 1996.

Saldo der Dotcom-Blase

„Das Netz trägt Trauer" – so titelte die F.A.Z. am 20. März 2001. Das Segment „Neuer Markt" für junge Technologieunternehmen an der Frankfurter Börse wurde am 3. Juni 2003 nach dem Platzen der Blase eingestellt. Damit endete die Ära der „New Economy". Auf dem Southwest Interactive Festival im Jahr 2001 sagte die Publizistin Heather Gold: „Dot-coms are dead. Long live the Internet.“[13] Die Aussage trifft auf zahlreiche Unternehmen zu, die kurz vor der Dotcom-Blase entstanden sind. Unternehmen, wie der 1994 gegründete Online-Versandhändler Amazon, wurden trotz des Crashes stärker und prägen heute die Weltwirtschaft.

Die wichtigste Lehre aus dem Zusammenbruch war die schnelle Reaktion der Fed, dem Markt genügend Liquidität zur Verfügung zu stellen, um den Zusammenbruch der Banken zu vermeiden. Ben Bernanke, der Greenspan bei der Fed nachfolgte, bestätigte dieses Krisenpaket, weil die „Fed ihre Verantwortung für die Gewährleistung der Finanzstabilität in der Wirtschaft sehr ernst“ nehme.[14]

Eine weitere Erkenntnis ist, dass Investoren kritisch bleiben sollten – egal, welche Hoffnungen sie in ein neues Produkt setzen. Denn nicht der kurzfristige Hype auf dem Aktienmarkt ist entscheidend für den Erfolg, sondern ein langfristiges Geschäftsmodell. Zudem sollten Anleger nicht auf Kredit spekulieren.

Über die Krise im Speziellen und über die Zukunft des Internets im Allgemeinen, zog die F.A.Z. ein kritisches und reflektierendes Fazit: „Zweifellos wird das Internet den Zusammenbruch der Neuen Märkte gut überstehen – und zwar als technische Infrastruktur. (…) Zu der Hoffnung, der Markt möge sich nach den irrealen Höhenflügen auf mehr Wirklichkeitsbezug besinnen, besteht jedoch kein Anlass.“[15]

Nach den Terroranschlägen am 11. September 2001 blieb die Börse in New York für sechs Tage geschlossen. Rund um die Wiedereröffnung am 17. September 2001 waren viele Polizeikräfte im Einsatz, die sich gegen die giftige Staubwolke nach dem Einsturz der Zwillingstürme mit Atemmasken schützten.

16. Terroranschläge 2001: Die Reaktion des weltweiten Finanzzentrums

„A symbol was destroyed, not America's financial system"[1]

(New York Times am 13. September 2001)

Die Terroranschläge am Dienstag, den 11. September 2001, waren ein Angriff auf das „Herzstück des weltweiten Finanzsystems". Nur wenige Häuserblocks vom World Trade Center entfernt liegt die Wall Street. Zu diesem Zeitpunkt befand sich die USA bereits seit März 2001 nach dem Zusammenbruch der Spekulation um internetbasierte Unternehmen in einer Rezession. Schlechte Wirtschaftsnachrichten waren an der Tagesordnung und lasteten schwer auf der Börsenstimmung.

Am 11. September 2001 sollte – wie an jedem Tag – um 9.30 Uhr der Handel beginnen. Doch um 8.46 Uhr (14.46 Uhr MEZ) flog das erste entführte Flugzeug in den Nordturm des World Trade Centers, zwanzig Minuten später das zweite Flugzeug in den Südturm. Spätestens ab diesem Zeitpunkt war klar, dass es sich um einen Anschlag handelte. Die Wall Street wurde umgehend geschlossen – für sechs Tage. Es war die längste Unterbrechung des Handels seit 1933, dem Höhepunkt der Weltwirtschaftskrise.

„Wenn das Motiv darin bestand, die Geschäfte im Herzen des kapitalistischen Finanzhandelssystems zum Erliegen zu bringen, war der

Angriff ein Erfolg. (…) Die Notwendigkeit, Geld zu verdienen, zu erraten, was die Federal Reserve tun wird und wie die Märkte reagieren werden, (…) verblasste in ihrer Bedeutung. Wen interessierte das schon?“,[2] schrieb die New York Times wenige Stunden nach dem Terroranschlag.

Das Wirtschaftsmagazin The Economist schrieb: „Kein Wirtschaftsmodell kann die Auswirkungen vorhersagen. Die Erfahrungen mit früheren Naturkatastrophen wie Erdbeben zeigen, dass diese oft weniger Auswirkungen haben als ursprünglich vorhergesagt. Aber dies ist keine Naturkatastrophe, und es besteht zusätzliche Unsicherheit hinsichtlich möglicher Vergeltungsmaßnahmen der USA und der Entwicklung nach der Wiedereröffnung der Märkte.“[3]

Der Terroranschlag auf die USA versetzte die globalen Finanzmärkte in Aufruhr. Der Dollar verlor unmittelbar nach dem Anschlag gegenüber dem Euro. Der ausgesetzte Handel an der Wall Street sorgte weltweit für Nervosität an den Aktienmärkten mit Panikverkäufen. Der Nikkei fiel auf ein 17-Jahres-Tief.[4] Die „Börse reagiert mit Panik“ lautete die F.A.Z.-Schlagzeile auf der Onlineseite am 11. September. Der deutsche Leitindex notierte am Vortag noch bei 4670 Punkten, der Schlusskurs lag am 11. September bei 4272 Punkten. In Deutschland kam die Diskussion auf, ob vergleichbar mit der Börsenschließung in New York auch hierzulande längere Handelsaussetzungen möglich wären. Die Voraussetzungen waren im deutschen Börsengesetz aus dem Jahr 1998 verankert, das eine Unterbrechung erlaubt hätte, um eine störungsfreie Abwicklung der Börsengeschäfte zu ermöglichen. Die Bundesanstalt für Finanzdienstleistungsaufsicht (BaFin), die für die Überwachung des Wertpapiergeschäfts verantwortlich ist, könnte den Handel jederzeit aussetzen, um die Stabilität der Finanzmärkte zu garantieren. „Wir haben die Entscheidung getroffen, dass der Handel normal weiter geht“, hieß es in einer Mitteilung der Deutschen Börse. Lediglich die amerikanischen Werte wurden ausgesetzt.[5]

Nachdem am 11. September noch blanke Panik das Börsengeschehen dominierte, kehrte bereits ein Tag später eine Art Normalität an die Finanzmärkte zurück,[6] spätestens mit der Wiedereröffnung der Wall Street am Montag (17. September) nach sechs Tagen Stillstand. Alleine in der ersten Handelswoche gingen durch die Kursverluste rund 1,4 Billionen Dollar an Marktwert verloren. Über die Wiedereröffnung der Wall Street schrieb die F.A.Z.: „Die verständliche Nervosität und Volatilität in den nächsten Tagen sind jedoch kein Grund zur Panik, sondern offerieren eher eine Chance zum Investieren, (...)."[7]

Die nach den Terroranschlägen vorherrschende große Verunsicherung in der Wirtschaft beruhigte das Federal Reserve System. Sehr schnell reagierte die Fed gemeinsam mit anderen Zentralbanken in einer abgestimmten Aktion auf den Angriff.[8] Fed-Präsident Alan Greenspan besänftigte die Märkte, weil er umgehend klarstellte, dass die Fed praktisch unbegrenzt Geld bereitstellte. Mit der Zusicherung, wie schon bei der Dotcom-Blase, dem Markt Liquidität zu gewähren, schaffte es die US-Zentralbank, die Finanzmärkte zu stabilisieren. Im nächsten Schritt begann die Fed, den Leitzins zu senken und die USA trat in eine Phase der „Politik des billigen Geldes" ein.

Im Jahr 2001 mussten die amerikanischen Aktienmärkte eine Doppelbelastung meistern. Zuerst die geplatzte Dotcom-Blase, dann die Terroranschläge. Der Markt befand sich im Dauerabwärtstrend. Weltweit verzeichneten die Indizes zweistellige Verluste bis Jahresende 2001: NASDAQ (–78 Prozent), DAX (–73 Prozent), S&P 500 (–49 Prozent), Dow Jones (–38 Prozent) und EUROSTOXX (–20,25 Prozent).[9]

Saldo von 9/11

Die Terroranschläge lösten eine rapide Zunahme der US-Schuldenlast aus. Die Staatsfinanzen wurden in den Folgejahren durch den am 20.

September 2001 verkündeten „Krieg gegen den Terror“ stark belastet – zuerst wurden die Taliban in Afghanistan (2001) angegriffen, dann folgte der Irakkrieg (2003). Es waren Kriege auf Pump.

Am 20. März 2003 flogen die USA ihre ersten Luftangriffe auf Irak. Der Zweifel an den Finanzmärkten und die Angst bei den Anlegern war anfänglich sehr groß. Nach der ersten Kriegswoche sackte der deutsche Leitindex am 31. März 2003 auf 2992 Punkte ab. Der EUROSTOXX, in dem die 50 wichtigsten europäischen Aktiengesellschaften wie HSBC, Deutsche Bank, Unilever, Novartis, Nestlé, Danone oder Allianz gelistet sind, verzeichnete am 12. März (1847 Punkten) seinen Tiefststand und notierte am Monatsende (25. März 2003) bei 2124 Punkten.

Am Anfang spekulierten viele Anleger auf eine rasche Lösung des Irakkonflikts – eine Reflex-Rallye wie beim Golfkrieg 1991 setzte ein. Nach der Ankündigung, dass die UN ihre Inspekteure aus dem Irak abziehen werde, kam es laut der F.A.Z. zu „Kursgewinnen an allen Aktienmärkten“,[10] die „Ausdruck der Hoffnung (seien), dass es ein kurzer Krieg werde.“[11] Als die amerikanischen Truppen beim Vormarsch jedoch auf Widerstand stießen, zeigten sich die europäischen Börsen besorgt, dass ein längerer Krieg sich auf das Wirtschaftswachstum auswirken könnte.[12]

Im Vergleich zum ersten Golfkrieg war der Einfluss auf die Weltwirtschaft und damit auf die Kapitalmärkte geringer, als bei Kriegsausbruch zu befürchten war.[13] Schwerwiegender war das enorme „twin deficit“ (Haushalts- und Handelsdefizit) in den USA, weil US-Präsident George W. Bush Schulden für die Kriege in Afghanistan und Irak anhäufte und gleichzeitig die Einkommensteuer reduzierte.

Sinnbild der Finanzkrise 2008: die Insolvenz der Investmentbank Lehman Brothers.

17. Finanzmarktkrise 2008/09: Aktienkurse auf Sand gebaut

„Dies ist eine Paniksituation. (…) Die Konkursabwicklung von Lehman ist nach Ansicht von Investoren ein Beweis dafür, dass die Lage schlimmer ist, als alle außer den Pessimisten erwartet hatten."[1]

(Wall Street Journal am 18. September 2008)

Die von der Fed nach den Anschlägen von 2001 und der Dotcom-Blase gesenkten Leitzinsen lösten in den USA einen Hypothekenboom aus.[2] In den vier sogenannten Bubble-Staaten Arizona, Kalifornien, Florida und Nevada erfuhr das Geschäft mit Immobilien zwischen 2000 und 2008 eine extrem hohe Preissteigerungsrate bei Eigenheimen und Grundstücken. Es setzte ein Wettlauf ein: Die einen wollten eine schöne Immobilie, die Kreditinstitute wollten nur reich werden. Mit niedrigen Zinsen wurden die Kunden gelockt. Doch dann begann ein Dominostein nach dem anderen zu kippen und der spekulativ aufgeblähte Immobilienmarkt platzte. Dieses in den „Sand-States", wie die vier hauptsächlich betroffenen US-Bundesstaaten aufgrund ihrer Wüsten und Sandstrände auch genannt wurden, erworbene Eigentum zerrann wie Sand zwischen den Fingern der Investoren.

Die Krise mit den hochspekulativen US-Immobilienkrediten erfasste bald die weltweiten Finanzmärkte. Ab der zweiten Jahreshälfte 2007 verkündeten immer mehr Banken in Deutschland, Frankreich, Großbritannien oder der Schweiz enorme Verluste: UBS (Schweiz/Mai 2007) verzeichnete Verluste mit ihrem Hedgefonds Dillon Read Capital Management (DRCM). Die WestLB (Deutschland/August 2007) gab eine Gewinnwarnung für das Geschäftsjahr 2007 heraus, weil Wertpapiere im Volumen von 1,25 Milliarden Dollar im US-Subprime-Markt in ihrer Bilanz waren. BNP Paribas (Frankreich/August 2007) legte drei Hedgefonds auf Eis, die alle im US-Immobilienmarkt investiert hatten.

Am 14. März 2008 wurde die US-Investmentbank Bear Stearns durch die Fed und J.P. Morgan gerettet. An diesem Tag starb nach Ansicht der Financial Times „der Traum vom globalen freien Marktkapitalismus", weil die „Federal Reserve als (deren) Hauptprotagonistin, diese Ära" mit ihrer staatlichen Kapitalspritze beendete.[3] Mitte 2008 wurden die US-Banken Fannie Mae und Freddie Mac staatlich gerettet. Anlässlich dieser Rettungsaktion erklärte im Juli 2008 der US-Finanzminister Henry Paulson: „Wenn Sie eine Bazooka in der Tasche haben und die Leute das wissen, müssen Sie sie wahrscheinlich nicht benutzen."[4] Seine Idee eines staatlichen Fonds war die Hoffnung, dass sich eine Marktpanik verhindern ließe, wenn die Öffentlichkeit wisse, dass die Regierung im Notfall ein mächtiges Finanzpaket auf den Weg bringe. Doch sein Wunsch, damit das Finanzsystem zu stabilisieren, erfüllte sich nicht. Während viele Anleger in Panik gerieten, investierte Warren Buffett getreu seines Mottos „Sei ängstlich, wenn andere gierig sind, und gierig wenn andere ängstlich sind" fünf Milliarden Dollar in Goldman Sachs. Mit seinem Einstieg in die Investmentbank beruhigte Buffet die verunsicherten Investoren.

Die Situation auf dem Finanzmarkt änderte sich komplett mit dem 15. September 2008. An diesem Tag meldete die Investmentbank Lehman Brothers Insolvenz an – und löste damit den Schwarzen Montag an der Wall Street aus. Es war der größte Bankrott in der US-Finanzgeschichte.

Das Vertrauen in das gesamte Finanzsystem wurde zudem erschüttert, weil sich die US-Regierung gegen eine staatliche Rettungsaktion entschied. Zu Beginn der Krise reagierte die Fed mit der Aussage: „Es werde keine staatliche Rettungsaktion geben." Die Sorge war bei der US-Zentralbank, den Republikanern und dem Finanzministerium zu groß, dass dann bald die nächsten Banken auf staatliche Hilfen hofften, wie Merrill Lynch. Zur ersten Überbrückung sprangen zehn große Geschäftsbanken ein, die 79 Milliarden Dollar zur Verfügung stellten, um Kreditliquidität auf dem Finanzmarkt zu erhalten.[5] Der US-Notenbankchef Ben Bernanke war sich sicher: „Die von uns angekündigten Schritte und die bedeutenden Zusagen des Privatsektors sollen die potenziellen Risiken und Störungen der Märkte abmildern."[6]

Die Finanzkrise, die vor 13 Monaten begann, trat mit der Lehman-Pleite in eine neue Phase. Die Passivität der Fed und das Nein der US-Regierung zu zahlreichen Rettungsbemühungen verschärften die Situation. In den ersten Tagen nach der Lehman-Insolvenz wurden 1,2 Billionen Dollar an Börsenwert vernichtet. Von Januar bis Oktober 2008 fielen die wichtigsten Börsenindizes um 30 bis 50 Prozent.[7] Neben den Kursstürzen wuchs die Sorge, welches Finanzunternehmen die nächste Insolvenz anmelden würde. Anleger investierten verstärkt in den „sicheren Hafen" der Staatsanleihen.[8] Der S&P 500 verlor zwischen Oktober 2007 bis März 2009 etwa 57 Prozent seines Wertes, der Dow Jones 54 Prozent.

Erst zeitverzögert reagierte die Fed mit einem Notfallplan. Den Zentralbanken Europas und Asiens sollten Hunderte Milliarden Dollar zur Verfügung gestellt werden.[9] Die amerikanische Zentralbank nahm die Rolle des Krisenbewältigers ein. Der Historiker Harold James beschrieb deren geldpolitische Maßnahmen als einen „Drahtseilakt" zwischen Liquidität im Gesamtsystem und Inflationsgefahr und kam zu folgendem Schluss: „Die Lösungen, die die Zentralbanken und insbesondere die Fed unter Bernanke formulierten, haben einen allgemeinen Kollaps bzw. eine Neuauflage der Weltwirtschaftskrise, die im Oktober 1929 begann, erfolgreich verhindert."[10]

Trotz dieser Stabilisierung und Gewährleistung im Finanzsystem wuchs die Sorge vor einer globalen Finanzkrise. So war sie bei der UN-Vollversammlung am 23. September 2008 das wichtigste Gesprächsthema auf der Tagesordnung. US-Präsident George W. Bush war der Ansicht, dass die Turbulenzen auf dem Finanzmarkt ausschließlich eine amerikanische Herausforderung darstellten. Diese werde die amerikanische Regierung alleine meistern. „An der Wall Street herrscht ein Defizit an Durchblick, es herrscht ein moralisches Defizit. (…) Die Politiker in Washington (…) trifft eine Mitschuld", schrieb Helmut Schmidt in der Zeitung Die Zeit im September 2008. „Bei ihnen geht es weniger um ein moralisches Defizit, als um ein Defizit an Einsicht und Tatkraft. Viel hat mit der Arroganz der Regierung zu tun. Sie ist mitgeschwommen in der profitbesoffenen Euphorie, die sich von der Wall Street (…) ausgebreitet hat."[11]

Der brasilianische Präsident Lula da Silva kritisierte das Spekulationschaos scharf: Die UN-Generaldebatte finde zu einem Zeitpunkt statt, der ein entschlossenes Handeln der Regierungen erfordere. „Die Wirtschaft sei eine zu ernste Angelegenheit, als dass man sie den Spekulanten überlassen dürfe. (…) Der globale Charakter der Finanzkrise bedeute, dass die Lösungen global sein müssten, und die Vereinten Nationen als größte multilaterale Organisation der Welt müssten zu einer energischen Reaktion aufrufen."[12] Amerikas Finanzkrise löse, so die Präsidentin der Philippinen, Gloria Macapagal-Arroyo, einen „weltweiten schrecklichen Tsunami" („a terrible tsunami around the globe") aus.[13] Die ständigen Belehrungen der USA in Richtung Südamerika erfuhren in der Rede der argentinischen Präsidentin, Cristina Fernández de Kirchner, eine Retourkutsche.

Zur globalen Finanzlage sagte sie, dass man heute nicht mehr von dem Caipirinha-Effekt, dem Tequila-Effekt oder dem Reis-Effekt sprechen könne, wie die USA immer abschätzig über die südamerikanischen Krisen sprachen. Seit dem Washingtoner Konsensus[14] bekam Südamerika aus den USA zu hören, dass der (freie) Markt die Probleme der Welt lösen werde. Passend zu den US-Beschreibungen empfehle sie, aktuell von einem „Jazz-Effekt" zu sprechen. Denn die Krise in den USA werde auf den Rest der Welt übergehen, weil die USA aufgrund der Schuldenpolitik von Bush ein unvorstellbares „twin deficit" aufweise.[15]

Die USA versuchten die Lehman-Krise auf amerikanische Weise zu lösen. Am 3. Oktober 2008 wurde das von Finanzminister Henry Paulson initiierte Troubled Asset Relief Program (TARP/Hilfsprogramm für Banken mit notleidenden Vermögenswerten) vom Kongress genehmigt. Mit dem 700 Milliarden Dollar schweren Rettungsfonds erhielt Paulson seine geforderte „finanzielle Bazooka" und konnte in Schieflage geratene Banken mit einer Kapitalspritze unterstützen. So waren direkte staatliche Beteiligungen an Banken genauso möglich wie die Bereitstellung von Liquidität mit dem TARP. Die Stimmung auf den Märkten drehte sich.

Eine große Diskussion brach in den USA aus, ob Banken wie die Citigroup oder Bank of America verstaatlicht werden sollten. Denn ab 2009 hatten nicht mehr ausschließlich Investmentbanken, sondern auch zahlreiche der 6978 Geschäftsbanken große Finanzprobleme. Faule Kredite führten zu Milliardenverlusten. Anstatt das US-Bankensystem komplett umzustrukturieren, gab es Ideen, diese Risikopapiere bei einem Staatsinstitut auszulagern.[16] Alan Greenspan, der zum Zeitpunkt der Lehman-Pleite nicht mehr den Fed-Vorsitz innehatte, sagte über die Verstaatlichung von Kreditinstituten in einem Financial-Times-Interview: „Es kann notwendig sein, einige Banken vorübergehend zu verstaatlichen, um eine schnelle und geordnete Umstrukturierung zu ermöglichen. (...)

und um das Finanzsystem zu reparieren und den Kreditfluss wiederherzustellen. Ich verstehe, dass man so etwas einmal in hundert Jahren macht."[17] Ebenfalls im Jahr 2009 äußerte sich der US-Senator und Republikaner Lindsey Graham über die Verstaatlichung von Banken: „Es spielt keine Rolle, wie Sie es nennen, aber wir können diese Zombie-Banken nicht weiter finanzieren (ohne die öffentliche Kontrolle zu erlangen)."[18]

Europa nach Lehman-Pleite: Ein Kontinent der Bad Banks

Der US-Präsident John F. Kennedy sagte am 21. April 1961 bei einer Pressekonferenz: „In der Politik haben Erfolge 100 Väter. Während Niederlagen Waisen zurücklassen."[19] Dies trifft auf die Folgen der Lehman-Pleite für die Europäer in besonderer Weise zu – es war die erste Krise seit Einführung des Euro (2002) als offizielle Währung.[20]

Die Gefahr einer Kettenreaktion erkannten die Entscheidungsträger in Europa recht früh, aber nationale Interessen der Politiker blockierten eine zeitnahe gemeinsame Lösung. Im September 2008, dem Monat der Lehman-Insolvenz, war sich der Eurofinanzminister Jean-Claude Juncker in einem Interview mit dem Deutschlandfunk zwar sicher, dass die Ereignisse „im Herzen der Weltwirtschaft, in den USA", auch Europa erreichen werden, aber es brauche kein europäisches Sicherheitsnetz: „Ich sehe allerdings nicht, dass Europa in demselben Maße von dieser Finanzkrise erfasst würde, wie dies augenscheinlich der Fall in den USA ist. (…) Es gibt keinen erkennbaren Grund, wieso wir in Europa jetzt europaweite Konjunkturprogramme auflegen sollten, (…) weil unser Finanzsystem stabiler aufgestellt ist, weil wir diese Risikogeschäfte auf unseren Finanzplätzen nicht in dem Maße vollzogen haben, wie dies in den USA der Fall war."[21] Viel realistischer und lösungsorientierter reagierte die französische Finanzministerin Christine Lagarde, die in einem Interview mit dem Handelsblatt am 2. Oktober 2008 für die Idee eines gemeinsamen europäischen Rettungsfonds mit einem Volumen von 300 Milliarden Euro nach US-Vorbild warb.[22] Die Bundesregierung lehnte ab, weil es in Europa nicht einmal eine gemeinsame Haushaltspolitik gab.

An einem europäischen Schutzschirm für die Finanzbranche hatte die Bundesregierung kein Interesse. In der Finanz- und Schuldenkrise soll Bundeskanzlerin Angela Merkel dem damaligen französischen Präsidenten Nicolas Sarkozy im Jahr 2008 gesagt haben: „Chacun sa merde".[23] Zumindest erzählte Sarkozy diese Anekdote später. Es gibt auch die Version, dass Merkel mit Goethes Worten aus seinem Gedicht „Zahme Xenien" über die Bürgerpflicht geantwortet hat: „Ein jeder kehre vor seiner Tür und rein ist jedes Stadtquartier!" Auf jeden Fall belastete die Finanzkrise die deutsch-französischen Beziehungen schwer. Erschwerend für eine gemeinsame Lösung der Finanzmarktherausforderungen waren die Nationalinteressen der EU-Staaten und die fragmentierte Börsenlandschaft in Europa mit 42 Börsen. Die drei großen europäischen Börsen waren die Londoner Stock Exchange, die Deutsche Börse in Frankfurt und Euronext mit Hauptsitz in Amsterdam – auf diese drei verteilten sich rund 70 Prozent des Aktienhandels in Europa. Mit den drei größten Banken auf Basis ihrer Bilanzsumme – Royal Bank of Scotland, Deutsche Bank und BNP Paribas – nahm das europäische Bankensystem im internationalen Vergleich eine Spitzenstellung ein. Doch am Ende mussten viele Banken in Europa auf die Intensivstation. Anfänglich gab es ausschließlich nationale Bankrettungspläne wie die Verstaatlichungen (8. Oktober 2008) der Banken Lloyds und Royal Bank of Scotland in England.

In Deutschland forderten Anfang Oktober die Banken ebenfalls staatliche Hilfen, um die Folgen der Finanzkrise zu bewältigen. Die große Koalition aus CDU/CSU und SPD lehnte umfassende Staatsgarantien für Banken nach dem kurz vorher beschlossenen US-Vorbild TARP ab: „Der

Bund kann und will keinen Blankoscheck für alle Banken ausstellen, egal ob sie sich verantwortungsvoll verhalten oder nicht,“[24] erklärte Bundeskanzlerin Merkel den Standpunkt der Bundesregierung. Doch auch die deutschen Banken hatten milliardenschwere Risikoposten in ihren Depots. Die BaFin bezifferte im April 2009 in einem geheimen Bericht die Kreditrisiken der deutschen Banken auf 816 Milliarden Euro. Dabei handelte es sich vorrangig um Wertpapiere, die in den Büchern standen, die toxisch oder unverkäuflich waren. Alleine die Landesbanken verfügten über Risikopositionen von 355 Milliarden Euro. So standen beispielsweise bei der HSH Nordbank (rund 100 Milliarden Euro), der Landesbank Baden-Württemberg (92 Milliarden) oder der Westdeutschen Landesbank (84 Milliarden) eine große Portion nicht handelbarer Papiere in den Bilanzen. Privatbanken wie die Commerzbank oder die Deutsche Bank verfügten über kritische Vermögenswerte wie z. B. risikobehaftete US-Immobilienkredite in Höhe von 139 Milliarden Euro. Die BaFin betonte, dass die Aufstellung jedoch keinerlei Rückschlüsse auf eventuelle Risiken, Verluste oder gar die Bonität der aufgeführten Kreditinstitute zuließe.[25]

Aufgrund einer Hiobsbotschaft nach der anderen aus der Bankbranche änderte sich die bis dahin passive Haltung der Bundesregierung. Sie beschloss am 17. Oktober 2008 eine Rettungsaktion, um die Märkte zu beruhigen und die Banken zu stützen. Es wurde der Sonderfonds Finanzmarktstabilisierung (SoFFin) verabschiedet. Die Commerzbank und die Hypo Real Estate wurden daraufhin verstaatlicht.

Wie die Meinung der Politik über wirtschaftswissenschaftliche Hinweise aus der Praxis aussehen kann, zeigt ein Interview mit Bundesfinanzminister Peer Steinbrück. Er klagte, dass es „keine Blaupause als politische Handlungsanweisung“ gebe. „Und – ich sage es ganz offen“, so der SPD-Politiker und Volkswirt im Interview weiter, „die Wirtschaftswissenschaftler haben keine verlässlichen Empfehlungen für uns. Sie sind nicht minder vielstimmig und vor allem angelegt auf öffentliche Selbstdarstellung wie die Politik auch. (…) Mir ist klar: Der Staat ist jetzt in der Pflicht."[26] Im Bundestag sagte Peer Steinbrück, der von 2005 bis 2008 Finanzminister war, in seiner Regierungserklärung im September 2008 – zehn Tage nach der Lehman-Insolvenz – über die Lage der Finanzmärkte: „Diese ernste globale Finanzmarktkrise wird tiefe Spuren hinterlassen. Sie wird das Weltfinanzsystem tiefgreifend umwälzen. Niemand sollte sich täuschen: Die Welt wird nicht wieder so werden wie vor dieser Krise." Neben einer US-Hypothekenmarktkrise war ein nach seiner Ansicht im Finanzmarktsystem vorherrschendes „Laissez-faire-Prinzip, das ein von staatlichen Regulierungen möglichst vollständig befreites Spiel der Marktkräfte" förderte, für die Krise verantwortlich.[27]

Neun Monate später wurde im Zuge der Finanzkrise am 23. Juli 2009 das „Gesetz zur Fortentwicklung der Finanzmarktstabilisierung" verabschiedet, um die Errichtung von Bad Banks zu ermöglichen und die Bilanz der Finanzinstitute von Problemaktiva zu entlasten. Die „zentrale Herausforderung für die Bundesregierung ist es, den Finanzsektor in die Lage zu versetzen, seine Finanzierungsfunktion für die Realwirtschaft wahrzunehmen", begründete das Bundesfinanzministerium das Gesetz. Mit dem „Bad Bank"-Gesetz – die Kosten für die Bankenrettung mussten vor allem die Steuerzahler tragen – wurde „ein Weg eingeschlagen, der den deutschen Finanzmarkt weiter stabilisieren" soll.[28] Letztlich konnten Banken faule Wertpapiere oder gleich komplette Geschäftsbereiche bei diesen Bad Banks „parken". In diesen Zweckgesellschaften wurden beispielsweise zweitklassige US-Häuserkredite oder Anleihen von Krisenstaaten deponiert. Die Hoffnung war, dass durch eine bereinigte Bilanz das Vertrauen zurückkehren würde, die Banken wieder Kredite vergeben und damit das Wirtschaftswachstum ankurbeln würden.

Nach der Teilverstaatlichung des Bankensektors machte sich der Deutsche Bank Chef, Josef Ackermann, über das Rettungspaket der Bundesregierung lustig. Er wurde mit den Worten zitiert, dass er sich schämen würde, wenn er Berlin um Finanzhilfe bitten würde. Ackermann habe „eine Art Zweiklassengesellschaft im deutschen Bankgewerbe konstruiert", wie es Finanzminister Peer Steinbrück später ausdrückte. „Diejenigen, die Hilfe vom Staat benötigen und diejenigen die ohne Unterstützung auskommen."[29] Zu diesem Zeitpunkt stand die ganze Weltwirtschaft „kurzfristig vor einer Kernschmelze"[30], wie es Steinbrück ausdrückte.

Der SPD-Parteivorsitzende Franz Müntefering hielt von der Errichtung der Bad Banks wenig. „Das wären staatlich verwaltete und finanzierte Giftmüllkippen für alles, was Banker angerichtet haben und jetzt loswerden wollen", warnte er in der Frankfurter Allgemeinen Sonntagszeitung. Dahinter stünde das Motto: „Gewinne für uns, die Gesellschaft kauft den Schrott."[31]

Die Bad Banks hatten in Deutschland ein historisches Vorbild. Bereits nach der Bankenkrise 1931 sollten neu gegründete Institute[32] schlechte Kredite von angeschlagenen Instituten übernehmen. Zu dieser Art der Bankenrettung kam es jedoch durch die Machtübernahme der NSDAP nicht mehr. Auch Harvard-Finanzhistoriker Niall Ferguson stand der staatlichen Übernahme kritisch gegenüber: „Zurzeit sind viele große Institute praktisch bankrott. Sie sind Zombie-Banken: halb tot, aber auch halb lebendig dank der Finanzspritzen des Staates. Wir müssen ernsthaft darüber nachdenken, wie lange wir uns eine solche Politik noch leisten können", erklärte der Geschichtsprofessor. Eine Bad Bank allein werde das Vertrauen kaum zurückbringen, zeigte er sich überzeugt. „Wir brauchen keine Bad Bank. Der Erfolg des Finanzsystems misst sich an seiner Innovationskraft. Wir brauchen neue Banken. Und wir müssen nach

Möglichkeiten suchen, unser Geldsystem weiterzuentwickeln", sagte er in einem Interview.[33]

Saldo der Finanzmarktkrise 2008/09

Harold James bilanzierte über die Ereignisse auf den Finanzmärkten: „Versagt hat die Bankenaufsicht, aber nicht etwa weil sie nicht groß oder komplex gewesen wäre, sondern weil sie die Anhäufung der Risiken nicht sehen oder beurteilen konnte."[34] Die Gefahr, dass sich aus der schwersten Bankenkrise seit 1931 eine Weltkrise entwickle, sei nach Ansicht James' sehr groß gewesen.

US-Notenbankchef Bernanke forderte als Folge der Krise von 2008 in einer Rede am 10. März 2009 eine Verschärfung der Finanzaufsicht, um künftige Zusammenbrüche von Finanzinstituten abzuwenden. Nur ein schnelles Eingreifen des Staates, so Bernanke, verhindere, dass die Weltwirtschaft in einen Abwärtsstrudel gerate: „In einer Krise müssen staatliche Behörden starke und schnelle Initiativen ergreifen, um den Zusammenbruch eines großen, stark vernetzten Finanzunternehmens zu verhindern. (...) Der Glaube der Marktteilnehmer, dass ein bestimmtes Unternehmen zu groß ist, um zu scheitern, ist ein Irrglauben und zieht unerwünschte Nachwirkungen nach sich."[35] Auch der ehemalige Bundeskanzler und Volkswirt, Helmut Schmidt, erklärte, dass der „Weltfinanzmarkt und die Weltwirtschaft weltweit geltende Aufsichtsregeln und Sicherheitsstandards brauchen."[36]

Nach der Lehman-Pleite beteuerten die Investmentbanken zwar, dass sie „ihre internen Zockerbuden – offiziell ‚Eigenhandel' genannt – geschlossen hätten". Doch selbst die deutsche Bankenaufsicht BaFin fand für diese Aussage trotz mehrmonatiger Recherche keine Belege.[37]

Eine Erkenntnis aus der Finanzkrise 2008 war, dass das Bankensystem als Kern des Finanzsystems widerstandsfähiger gemacht werden müsse.

Die Folge war die Gründung eines Finanzstabilitätsrats (Financial Stability Board) bei der Bank für Internationalen Zahlungsausgleich (BIZ) in Basel. Dieses neu installierte, zentrale Gremium sollte die Aufsicht und Regulierung der globalen Finanzmärkte koordinieren, um dort weltweit für Stabilität zu sorgen. Mitglieder sind unter anderem Vertreter der Zentralbanken aus den G-20-Staaten, der Europäischen Kommission und der EZB.

Die zweite Feststellung war, dass der Staat mithilfe der Zentralbanken bei Liquiditätsengpässen als Kreditgeber schnell einspringen muss. Im Unterschied zur Bankenkrise 1931 erkannten 2008 die Zentralbanken in Europa, Nordamerika und Asien schnell die Gefahr, die der Zusammenbruch der Investmentbank Lehman Brothers auslösen könnte. Die Notenbankchefs waren sich ihrer Rolle als „Kreditgeber der letzten Instanz" sehr schnell bewusst, unterstützten zahlungsunfähige Schuldner in einer Kreditklemme und beruhigten so die Finanzsysteme.[38] Dieser Trumpf der unverzüglichen Unterstützung der öffentlichen Hand für einen Industriesektor oder eine Bank verhinderte „den Zusammenbruch des Kreditwesens."[39] Alleine zwischen Oktober 2008 und Mai 2009 betrugen die staatlichen Maßnahmen über 900 Milliarden Euro. In Deutschland betrugen die Kapitalspritzen 40 Milliarden Euro und die USA stellten 580 Milliarden Euro zur Verfügung. Der britische Wirtschaftshistoriker Adam Tooze zog folgendes Urteil: „Es widersprach den fundamentalsten Vorstellungen von Gerechtigkeit und vernünftigem staatlichen Handeln, Billionen von Dollar zulasten des Steuerzahlers zu mobilisieren, um einige Banken vor den Folgen ihrer eigenen Torheit und Gier zu bewahren."[40] Jedes Rettungspaket machte es notwendig, die Verluste abzuschreiben und dann die Bank aus Steuermitteln zu rekapitalisieren.

Des Weiteren kam es, die dritte Lehre aus der Finanzkrise, zu einer umfassenden Überarbeitung der Mindestanforderungen bei der Einlagensicherung. Mit der neuen Richtlinie wurde die Deckungssumme auf 100.000 Euro bis 2010 angehoben. Mit der Richtlinie 2014/49/EU trat die neue, institutsübergreifende Einlagensicherung am 2. Juli 2014 in Kraft. Aufgrund dieser hat jeder Bankkunde im Entschädigungsfall seitdem einen gesetzlichen Anspruch. Die Richtlinie ist durch das Einlagensicherungsgesetz (EinSiG) als nationales Recht verankert und löste die bis dahin in der Eigenkapitalvorschrift Basel 1 fixierte Regelung ab.[41]

Die Finanzkrise führte zu einer globalen Rezession. „Kein Land blieb von diesem wirtschaftlichen Unwetter verschont", wie der Internationale Währungsfonds (IWF) in seinem Jahresbericht 2009 formulierte. Bei der Analyse des Wirtschaftsabschwungs kam der IWF zu folgender Erkenntnis: „Die Saat der weltweiten Krise wurde in den Jahren hohen Wachstums und niedriger Zinsen gesät, welche Optimismus und Risikobereitschaft im Übermaß gedeihen ließen und Versagen in vielen Bereichen herbeiführten: in Marktdisziplin, Finanzregulierung, makroökonomischer Politik und globaler Aufsicht."[42] Der Tiefpunkt der Finanzmarkt- und Wirtschaftskrise war im ersten Quartal 2009 erreicht. Das Bruttoinlandsprodukt sämtlicher Industrieländer brach ein.[43] Der IWF schätzte im Mai 2009, dass weltweit die Banken rund 2,3 Billionen Dollar abschreiben mussten. Für Deutschland schätzte der IWF die Verluste auf 326 Milliarden Dollar.[44] Die Lehman-Brother-Krise ist eine Bestätigung der Theorie von Karl Marx in seinem Werk „Das Kapital": Die Banken privatisieren ihre Gewinne, Verluste werden hingegen in Krisenzeiten sozialisiert. Denn anstatt Bankmanager strafrechtlich für ihre Fehler zu belangen, erhielten sie noch großzügige Boni.[45] Die Financial Times rechnete aus, dass nur 47 Banker zu Haftstrafen für ihre Fehler verurteilt wurden.[46] Die angeschlagene Citigroup – der Verlust im Jahr 2009 lag bei 1,6 Milliarden Dollar – schüttete im gleichen Jahr Boni in Höhe von fünf Milliarden Dollar an ihre Manager aus.[47]

Die G-20-Staaten wollten bei ihrem Gipfel im April 2009 in London einen „neuen New Deal“ – benannt nach dem Vorbild von Roosevelts New Deal aus dem Jahr 1933 – schließen. Für US-Präsident Barack Obama seien die Vergleiche mit dem Bretton-Woods-Gipfel, auf dem 1944 ein neues Währungssystem beschlossen wurde, verfehlt: „Es gab viele Vergleiche mit Bretton Woods. Wenn Roosevelt und Churchill nur mit einem Brandy in einem Raum sitzen, sind die Verhandlungen einfacher. Aber das ist nicht die komplexe Welt, in der wir leben.“[48] Die USA entschieden sich unter dem neuen US-Präsidenten Barack Obama – er übernahm die Regierung im Januar 2009 – gegen Bad Banks. Es müsse vielmehr „eindeutige Verkehrsregeln“ geben. Diese müssten international erfolgen, weil Krisen nicht an Grenzen stoppen und Krisenbewältigung eine globale Herausforderung darstelle.[49] Die Obama-Regierung versuchte die Banken mit dem 787 Milliarden Dollar schweren Konjunkturpaket American Recovery and Reinvestment Act im Februar 2009 zu unterstützen. Als weitere Reaktion auf die Finanzkrise trat im Juli 2010 das US-Bundesgesetz Dodd-Frank Wall Street Reform in Kraft. Die Wall-Street-Reform sollte das US-Finanzsystem reformieren. Ziel des Gesetzes war, künftige Krisen zu verhindern, indem die Rechenschaftspflicht, die Transparenz und der Verbraucherschutz in der Finanzbranche verbessert werden. Ein weiterer wesentlicher Bestandteil waren ein Verbot des Eigenhandels für Banken mit Finanzprodukten ohne Kundenauftrag und ein jährlicher Stresstest der Finanzinstitute durch die Fed. Sie sollte prüfen, ob die Institute über genügend Kapital verfügen, um einen ökonomischen Schock zu überstehen. Hierfür wurde die Behörde Financial Stability Oversight Council gegründet, die die Banken stärker regulieren sollte.[50] Das Ziel war laut Obama, die Bürger vor der „unüberlegten Rücksichts- und Verantwortungslosigkeit der Wall Street“ zu schützen.[51] 2018 nahm der US-Senat auf Druck von Präsident Trump einen Teil der Wall-

Street-Reform wieder zurück. Demnach sollten kleine und mittelgroße Banken nicht mehr von Aufsichtsbehörden kontrolliert werden.[52]

Ben Bernanke verglich die Finanzmarktkrise 2008/09 mit einem historischen Ereignis: „Ich dachte an (…) den verheerendsten Finanzzusammenbruch der 1930er Jahre, den Zusammenbruch der Creditanstalt, der größten Bank Österreichs, im Mai 1931“, schrieb Bernanke in seinen Memoiren. „Ihre Pleite riss andere Banken in den Ruin und trug möglicherweise dazu bei, die beginnende wirtschaftliche Erholung in den USA und Europa zu gefährden. Ein Grund für das Scheitern war eine zuvor erzwungene Fusion mit einer anderen, schwächeren österreichischen Bank, deren Verluste die größere Bank in den Ruin getrieben hatte.“[53]

„Whatever it takes" – mit diesen drei Wörtern beruhigte Mario Draghi im Jahr 2012 als Präsident der Europäischen Zentralbank (EZB) die Finanzmärkte auf dem Höhepunkt der Eurokrise. Er versprach, den Euro mit allen Mitteln zu retten.

18. Die (un)endliche Geschichte der Euro-Finanzkrise ab 2010: Von Griechenland bis „Whatever it takes"

„Scheitert der Euro, scheitert Europa. Die gegenwärtige Krise des Euros ist die größte Bewährungsprobe, die Europa seit der Unterzeichnung der Römischen Verträge im Jahre 1957 zu bestehen hat."[1]

(Rede von Bundeskanzlerin Angela Merkel im Bundestag am 19. Mai 2010)

Knapp ein Jahrzehnt nach Einführung des Euro als Bargeld in der Europäischen Union erlebte die Währung ihre erste Bewährungsprobe. Kaum war die Lehman-Brothers-Pleite überwunden, folgte in Europa eine Staatsschuldenkrise, vor allem in Griechenland, Irland, Spanien, Portugal und Italien. Nach der Einführung der staatenlosen Währung, dem Euro, durch den Maastrichter Vertrag (1992) stand die sechs Jahre später gegründete Europäische Zentralbank nach der eben gemeisterten Finanzkrise 2008 vor der größten Herausforderung ihrer Geschichte.[2] Mit der Einführung des Euro wurden zwar finanzpolitische Regeln (Stabilitäts- und Wachstumspaket – SWP) fixiert, deren Einhaltung weder durch die Mitgliedstaaten noch durch die EZB kontrolliert wurde.[3] Die Rolle der EZB änderte sich allerdings mit der vielschichtigen Euro-Finanzkrise der Europäischen Währungsunion, die sich aus einer Staatsschulden-, Banken- und Wirtschaftskrise in mehreren europäischen Ländern zusammensetzte.

Mit den EU-Milliardenhilfen in Höhe von 20 Milliarden Euro an Ungarn im Oktober 2008 hatte die Europäische Union bereits vor der Eurokrise die Chance vertan, Lehren aus der eigenen Finanzgeschichte ziehen zu können. Schon damals kamen Diskussionen über die Unterstützung von Mitgliedsländern auf. Unter den Regierungen der ungarischen Ministerpräsidenten Viktor Orbán und Ferenc Gyurcsány war das Land ab 1998 nahe am Staatsbankrott, weil der ungarische Forint und der Börsenmarkt in die Verlustzone gerieten.[4] Grundlage für die Regelungen hinsichtlich der finanziellen Unterstützung für Ungarn war der Maastrichter Vertrag aus dem Jahr 1992. Im Artikel 103 EGV steht, dass die Union „nicht für die Verbindlichkeiten der Zentralregierungen haftet (…) und nicht für Verbindlichkeiten der Mitgliedstaaten“ eintrete.

Der Begriff „Krise“ leitet sich vom griechischen Begriff „krisis“ ab, der Wendepunkt bedeutet. Ein solcher Wendepunkt ereignete sich im Oktober 2009, als die neue griechische Regierung ein viel höheres Staatsdefizit einräumte als ursprünglich kommuniziert. Unter Verschleierung der tatsächlichen Haushaltssituation baute das Land eine hohe Staatsverschuldung auf. Als immer mehr Unregelmäßigkeiten in der griechischen Statistik auftauchten, stellte die EU am 3. Februar 2010 Griechenlands Haushalt unter Aufsicht.

Die Europäische Statistikbehörde Eurostat leitete wegen der wiederholten Statistikfälschungen in Griechenland eine unabhängige Untersuchung ein. Denn die dortige Landespolitik nahm offenbar seit Jahren großen Einfluss auf die kommunizierten Zahlen getreu dem Motto „Ich glaube keiner Statistik, die ich nicht selbst gefälscht habe.“[5] Nach dieser Eurostat-Entscheidung schlug die bereits existierende Unsicherheit an den Aktienmärkten in Panik um. Ab diesem Zeitpunkt erfasste ein

Abwärtstrend die Börsen in Frankfurt, London und New York, weil immer neue Meldungen über das griechische Staatsdefizit bekannt wurden.

2009 gab es neben Griechenland weitere „Patienten" in der Eurozone, wie Irland, Spanien und Portugal. Nach einer Analyse der Bank für Internationalen Zahlungsausgleich (BIZ) standen diese Länder mit 2,2 Billionen Dollar bei Geberländern in der Kreide.[6] Diese Zahlen waren Auslöser der Eurokrise.

Die Europäische Union stand vor einem Dilemma, weil sich die Mitgliedsländer ausschließlich um ihre nationalen Staatsfinanzen kümmerten. In den Länderparlamenten wurden unterschiedliche Szenarien und Lösungen diskutiert. Diese reichten vom Auseinanderbrechen der Eurozone über den Austritt eines einzelnen Staates, in diesem Fall Griechenland (z. B. durch einen Grexit) oder die Aufteilung in einen stabilen „Nord-Euro" und einem abgewerteten „Süd-Euro".

Seit 2009 regierte in Deutschland die CDU mit der FDP. Finanzminister Wolfgang Schäuble klammerte sich ausschließlich an die Einhaltung der Schuldenbremse, die seit Juni 2009 im Grundgesetz zur Staatsverschuldungsbegrenzung verankert wurde, anstatt sich einer umfassenden Bewältigung der Krise und ihrer Ursachen im Euroraum zu widmen.

Fast parallel mit der Zuspitzung der Haushaltskrise in Griechenland wurde im Dezember 2009 der Vertrag von Lissabon verabschiedet. Artikel 125 des Vertrags über die Arbeitsweise der Europäischen Union (AEUV), auch bekannt als die No-Bail-Out-Klausel, regelt die Haftung für Schulden innerhalb der Europäischen Union. Inhaltlich änderte sich in Bezug auf das Verbot der Schuldenübernahme zum alten § 103 (EGV) nichts. Die Nichtbeistands-Klausel besagt, dass weder die Union noch ein Mitgliedstaat für die Schulden eines anderen EU-Landes haften muss.

Dies sollte verhindern, dass ein Land aufgrund der Erwartung einer Rettungsaktion unverantwortliche Haushaltspolitik betreibe.

Das Kiel Institut für Weltwirtschaft analysierte die Probleme Griechenlands, das seit Einführung des Euro nie die Maastrichtkriterien eingehalten hatte: „Gegen ein Bailout spricht im Fall Griechenlands, dass der drohende Staatsbankrott die Konsequenz einer langjährigen staatlichen Misswirtschaft ist." Nichtsdestotrotz kamen die beiden Autoren zu folgendem Ergebnis: „Ohne die Nothilfe der Eurogruppe wäre eine Staatsinsolvenz Griechenlands unausweichlich gewesen. Hier rächt es sich, dass wirkungsvolle Mechanismen zur Durchsetzung der Stabilitätskriterien fehlen und eine frühzeitige Intervention der Eurogruppe unterblieb. (...) Griechenland ist der Lackmustest für den Willen der Eurogruppe, Haushaltsdisziplin und Strukturreformen in einem Mitgliedstaat konsequent durchzusetzen."[7]

Auch wenn das deutsche Finanzministerium Anfang 2010 einen Europäischen Währungsfonds (EWF) ins Spiel brachte, war US-Finanzminister Timothy Geithner über die passive Haltung der deutschen Bundesregierung entsetzt: „Die Idee war, dass Deutschland nach einem Austritt Griechenlands eher bereit wäre, der Eurozone die benötigte finanzielle Unterstützung zu gewähren, weil die deutsche Bevölkerung die Hilfe für Europa nicht mehr als Rettungsaktion ausschließlich für die Griechen ansehen würde. Das Argument war, dass es einfacher wäre, ein stärkeres Europa mit einer glaubwürdigeren Brandmauer aufzubauen, wenn man Griechenland brennen ließe."[8]

Als Reaktion auf die Staatsschuldenkrise wurde am 10. Mai 2010 ein temporäres Abwehrsystem gegen die Eurokrise beschlossen, der sogenannte Euro-Rettungsschirm in Milliardenhöhe. Bundeskanzlerin Angela Merkel sagte zu diesem Finanzmittelpaket in einer Regierungserklärung: „Die Grundlage für dieses Gesetz ist eine Ultima Ratio, also eine

Notsituation. (…) Die zu beschließenden Hilfen für Griechenland sind alternativlos, um die Finanzstabilität des Euro-Gebietes zu sichern. Wir schützen also unsere Währung, wenn wir handeln."[9] Zusätzlich zu diesem Stabilisierungspaket begann die EZB durch das Securities Market Programme (SMP) großflächig Staatsanleihen in Höhe von 218 Milliarden Euro von Krisenstaaten zu kaufen, um angeschlagene Euro-Staaten zu stützen. In der US-Regierung wurde diese europäische Entscheidung begrüßt. In seinen Memoiren schrieb der damalige US-Finanzminister Timothy Geithner: „Die Ankündigung des neuen Anleihekaufprogramms überzeugte die Märkte davon, dass es den Europäern mit dem Erhalt der Eurozone ernst war. Die bloße Existenz des Programms zerstreute die Zweifel an der europäischen Brandmauer."[10]

Mit dem Euro-Rettungsschirm keimte an den Finanzmärkten wieder Hoffnung auf, die Krise zu bewältigen. Trotz dieser Euphorie mahnte der luxemburgische Ministerpräsident Jean-Claude Juncker die Eurostaaten, mehr auf Haushaltsdisziplin zu achten. Der EFSF-Rettungsschirm sei keine Einladung, den Stabilitätspakt zu ignorieren.[11] Ab diesem Zeitpunkt gab es weitere milliardenschwere Rettungsversuche im Stakkato-Takt. Die Währungsunion stand am Abgrund. Die Euro-Finanzkrise war die erste Krise, bei der Europa ein Beben auch auf den US-Finanzmärkten auslöste – bisher waren Kursstürze in den USA immer die Auslöser für Turbulenzen in Europa gewesen. An den europäischen und amerikanischen Börsen setzte eine Achterbahnfahrt der Kurse ein.

US-Präsident Obama forderte im Jahr 2011 die Europäer mehrfach auf, schneller zu handeln, und nicht auf Zeit zu spielen. Die EU-Länder sollten angesichts der ernsten Lage „zeitnah Schritte zur Rettung des Finanzsystems unternehmen". Es brauche mehr Bemühungen, um die europäische Schuldenkrise aufgrund der wirtschaftlichen Wichtigkeit Europas einzudämmen.[12] Obama ermahnte die europäischen Staats- und

Regierungschefs, ihr „financial house" in Ordnung zu bringen, und drängte auf eine europäische Lösung der Schuldenkrise.[13] Kurze Zeit später baten auch Irland (November 2010) und Portugal (April 2011) die EU um Hilfe.

Derweil verunsicherten öffentlich ausgetragene Diskussionen der EU-Mitgliedsländer, bei denen nationalstaatliche Interessen über der Lösung des eigentlichen Problems standen, die Börsenmärkte. Die Aktienmärkte waren nicht nur aufgrund der wachsenden Schuldenprobleme der Eurozone, sondern auch angesichts der Herabstufung der Kreditwürdigkeit der USA – die US-Staatsanleihen wurden durch die Ratingagentur Standard & Poor's hinsichtlich der Bonität der USA von AAA auf AA herabgestuft – stark verunsichert. Dieser Schock ließ die Kurse in den Keller rutschen. In den Monaten August und September fiel der DAX von 5500 Punkten (19. August) auf 4966 Punkte (September).[14]

Der im März 2012 geschlossene Europäische Fiskalpakt sollte die Staatsschuldenkrise bekämpfen. Diese Vereinbarung, die im Januar 2013 in Kraft trat, sollte eine unkontrollierte Schuldenpolitik in Zukunft verhindern. Damit Staaten künftig finanzpolitische Auflagen und Vorgaben nicht mehr umgehen können, erhielt die Europäische Kommission mehr Kontrollrechte. Im Härtefall hätte sie den jeweiligen Staat vor dem Europäischen Gerichtshof verklagen können. Doch nicht neue, juristische Paragrafen sollten für die Beruhigung der Märkte sorgen, sondern Worte des Wirtschaftswissenschaftlers und ehemaligen Gouverneurs der Banca d'Italia Mario Draghi. Denn auf dem Höhepunkt der europäischen Finanz- und Schuldenkrise versicherte der Italiener als Präsident der Europäischen Zentralbank (EZB) am 26. Juli 2012, dass diese alles in ihrer Macht Stehende unternehmen werde, um den Euro zu retten: „Wenn von der Instabilität des Euro gesprochen wird, dann unterschätzen Nichteuropäer sehr oft das politische Kapital, das in Euro investiert wird.

Innerhalb unseres Mandats ist die EZB bereit alles zu tun, um den Euro zu erhalten. Whatever it takes." Mit dieser proklamierten „Was immer nötig ist"-Politik stärkte die Zentralbank das Vertrauen in den Euroraum auf internationalen Finanzmärkten.[15] Die Zeitung Corriere della Sera schrieb am 27. Juli auf der Titel- und Wirtschaftsseite: „Draghi versichert, dass die EZB den Euro retten wird. Aufschwung an den Märkten" und „Draghi geht in die Offensive zur Verteidigung des Euro. Die Börse springt um 5,6 Prozent nach oben."[16]

Draghis Ankündigung von Kapitalinvestitionen durch die europäischen Regierungen stoppte die Eurokrise und war ihr Wendepunkt.

Die Reaktion auf die Rede von Draghi zeigte sich auch an den Finanzmärkten. Denn sowohl der DAX als auch der EUROSTOXX 50 konnten zulegen.

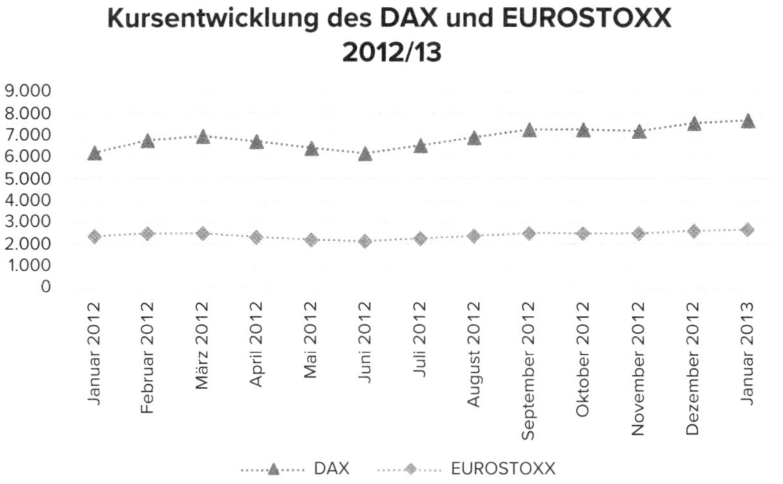

Ab 2015 setzten intensive Verhandlungen mit den Eurostaaten ein, inwieweit Griechenland weitere Hilfspakete erhalten sollte. Zu Jahresbeginn hatte die Partei Syriza die vorgezogenen Parlamentswahlen in Griechenland gewonnen. Der neue Premier Alexis Tsipras versuchte gemeinsam mit Finanzminister Yanis Varoufakis einen Weg aus der Krise zu finden. Hierüber entwickelte sich zwischen Varoufakis und dem deutschen Finanzminister Wolfgang Schäuble schnell ein Machtkampf in Worten und Tweets. Die Regierungspartei CDU pochte auf die Sparsamkeit der Griechen und verfolgte die „Politik des erhobenen Zeigefingers". Im Sommer 2015 sagte Schäubles Parteikollege Thomas Strobl den Satz: „Der Grieche hat lange genug genervt." Sein Parteikollege und Bundesvorstandsmitglied, Herbert Reul, sagte: „Es gibt in Europa noch andere Staaten, denen es wahrscheinlich noch schlechter geht, und die auch nicht jeden Tag rummaulen."[17] Die Europäische Union befürchtete den Austritt Griechenlands aus der Eurozone und knüpfte weitere Finanzhilfen an neue Sparmaßnahmen und Reformen, die Griechenland zu erfüllen hatte. Es waren die Wochen, in denen Griechenland fast den Euro verlor. Im Juni 2015 mussten die Banken und die Börsen in Griechenland schließen. Die griechische Bevölkerung durfte an den Bankschaltern lediglich 60 Euro abheben. Die Athener Börse (ATHEX) blieb vier Wochen geschlossen.[18] Kurze Zeit später, im Juli 2015, wurde nach Mai 2010 und Februar 2012 das dritte ESM-Hilfspaket der Eurozone für Griechenland in Höhe von 86 Milliarden Euro verabschiedet.

Weitere Turbulenzen an den Börsen verursachte die Entscheidung der Briten am 23. Juni 2016, die EU zu verlassen. Mit dem Brexit war auch plötzlich die City of London als bisherige Drehscheibe des Finanzkapitals und der Eurozone infrage gestellt. Der DAX stürzte 2016 um zehn Prozent ab – es sollte der größte Kursrutsch seit 2008 sein.[19]

In der Entwicklung des Deutschen Aktienindizes über drei Jahrzehnte wird deutlich, wie historische und wirtschaftliche Ereignisse den DAX beeinflussten:

Kursentwicklung des DAX über drei Jahrzehnte, von 1996 bis 2016

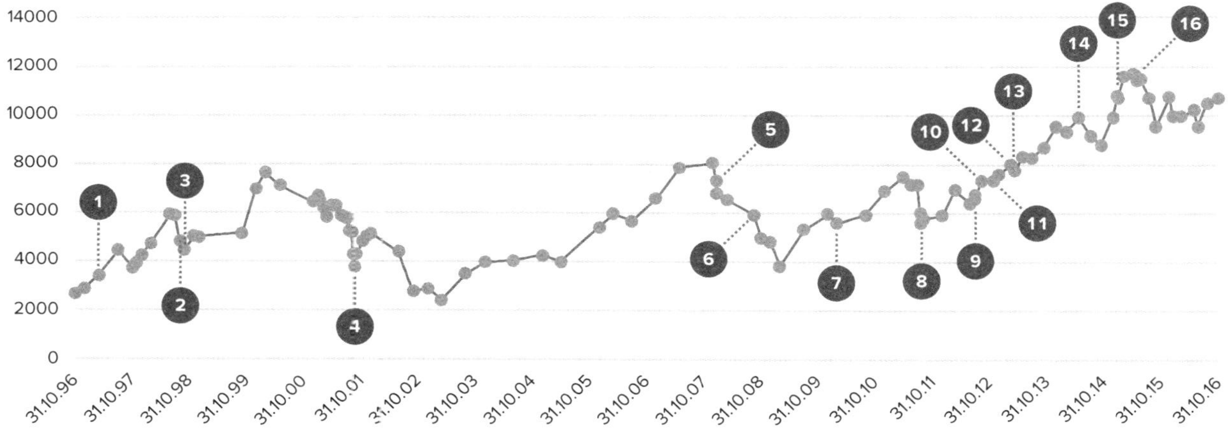

1 1997/98: Beginn der Asienkrise
2 17.8.1998: Freigabe des Rubelkurses
3 Zahlungsunfähigkeit Russlands stürzt DAX in Baisse
4 Anschlag 9/11
5 Beginn Krise bei Lehman Brothers (Rezessionsangst in Europa)
6 Lehman meldet Insolvenz an
7 Eurokrise
8 Größter Tagesverlust beim DAX Gerüchte über Kreditwürdigkeit Frankreichs, Herabstufung der USA in der Bonität
9 Rede Draghis „Whatever it takes“
10 Beschluss für Euro-Rettungsschirm ESM
11 Auszahlung der neuen Milliardenkredite
12 Zypernkrise spitzt sich zu, EU-Rettungspaket beschlossen
13 Beschluss für europäische Bankenaufsicht durch zentrale Bankenunion
14 Europawahl
15 25.1.2015: Sieg der Oppositionspartei Syriza bei Parlamentswahl in Griechenland
16 Schließung griechischer Banken und Börsen

Saldo der Euro-Finanzkrise

Das EZB-Versprechen „Was immer nötig ist“, um den Euro zu schützen, sind vier Wörter, die die Finanzkrise lösten. Mario Draghis „Whatever it takes“ bewirkte mehr als die 600 Milliarden Euro schweren Rettungspakete, um Länder wie Griechenland, Zypern, Irland, Spanien oder Portugal vor der Pleite zu bewahren. Draghis starke Bekenntnis zu Europa und der Eurozone beruhigte die Finanzmärkte und verhinderte eine Eskalation der Schuldenkrise. Die größte Summe, rund 359 Milliarden Euro, wurde Griechenland in drei Rettungspaketen zur Verfügung gestellt.[20] Bis jetzt steht die Rückzahlung der Gelder überwiegend noch aus, und sie wird teilweise Jahrzehnte dauern.

Das Problem, dass die Eurozone zwar über eine gemeinsame Währung verfügt, aber nicht über eine gemeinsame Steuer- und Wirtschaftspolitik, trat offen zutage. Bis zu diesem Zeitpunkt konnten sich Banken aus Ländern mit hohem Wachstum wie Irland oder Spanien Geld bei z. B. deutschen Banken leihen. Dies führte zu einer Abhängigkeit im europäischen Bankensektor.

Als positives Resultat bewirkte die Staatsschuldenkrise die bis dahin seit längerem diskutierte Bankenunion. 2014 war die Umsetzung endlich so weit. Dabei übernimmt die EZB eine zentrale Rolle in der Aufsicht über die Banken. Das Ziel der Bankenunion – aktuell unterstehen ihr laut EZB rund 110 Banken (Stand Dezember 2025) des Euro-Raums – ist, dass Geldinstitute bei künftigen Krisen nicht mehr mit Steuergeldern gerettet werden müssen. Sie umfasst eine gemeinsame Bankenaufsicht (Einheitlicher Aufsichtsmechanismus – SSM) und einen Abwicklungsmechanismus (Einheitlicher Abwicklungsmechanismus – SRM) für notleidende Banken.

Letzten Endes war die Euro-Finanzkrise jedoch auch ein Motor für ein anwachsendes Demokratiedefizit in den Mitgliedsländern. Viele EU-

Bürger sahen sich ihrer politischen Autonomie beraubt, weil plötzlich eine Troika aus Vertretern der Europäischen Zentralbank (EZB), des Internationalen Währungsfonds (IWF) und der Europäischen Kommission das finanz- und wirtschaftspolitische Sagen hatten. Sie hoben oder senkten den Daumen über neue Finanzhilfen für die krisengeschüttelten Euroländer. Aufgrund des Krisenmanagements der nationalen Regierungen und der EU errangen nationalistische und euroskeptische Rechtsaußenparteien wie der Front National (seit 2018: Rassemblement National, Frankreich) oder UK Independence Party (Großbritannien) bei der ersten EU-Wahl nach der Eurokrise (Mai 2014) einen starken Stimmenzugewinn. Das Ergebnis zeigt, dass viele Wähler in Krisenzeiten für populistische und einfache Parolen empfänglicher sind als für objektiv abgewogene, Fakten basierte und wissenschaftlich fundierte Lösungsansätze. Und die Geschichte zeigt: Die Lösung komplexer Sachverhalte braucht Zeit und ist nicht einfach schnell mit einem emotionalen, polarisierenden Tweet oder zugespitzten Parolen zu bewältigen.

Exkurs Wall-Street-Rekord 2010: Der schnellste Börsenzusammenbruch in 36 Minuten

„Das alte System der Börsenhändler, das Käufer und Verkäufer zusammenbrachte, wurde durch Maschinen ersetzt, die Transaktionen automatisch abwickeln, wodurch der Fluss von Kauf- und Verkaufsaufträgen beschleunigt wird, aber manchmal auch die Art von unerklärlicher Volatilität begünstigt wird, die die Märkte erschütterte.“[1]

(New York Times am 7. Mai 2010)

Es war wahrscheinlich der schnellste Börsenzusammenbruch der Geschichte. Genau 36 Minuten reichten am 6. Mai 2010 aus, um die Börsenmärkte in Panik zu versetzen. Ohne Vorankündigung stürzten der Dow Jones, der NASDAQ und der S&P 500 ab. Binnen weniger Minuten wurden 700 Milliarden Dollar vernichtet. Es war der größte Crash seit 1987. Der Kollaps begann um 14.32 Uhr Ortszeit und endete um 15.08 Uhr.[2] Anfänglich wurde spekuliert, ob ein „fat-finger-error“ Auslöser für den Kurssturz war. So nennt man einen Tippfehler eines Mitarbeiters auf der Computertastatur, der millionenschwere Verluste auslöst. Doch es wurden keine Hinweise auf einen „dicken Finger“, der einen falschen Knopf gedrückt hat, gefunden.[3] Nach einer Analyse der Securities and Exchange Commission (SEC) geriet schnell der computergestützte und automatisierte Handel ins Visier. Es kam zwischen den Hochfrequenzhändlern, die mithilfe von Computern nach mikroskopisch kleinen Preisunterschieden bei Aktien an verschiedenen Börsen und anderen Handelsplätzen suchen, zu einem sogenannten „Hot Potato"-Handel untereinander. Der Algorithmus reagierte auf das gestiegene Volumen, indem er die Kontrakte schneller abverkaufte und die Preise weiter nach unten drückte.[4] Doch anfänglich fehlte der Drahtzieher. Fünf Jahre später verhaftete die US-Staatsanwaltschaft einen britischen „Flash-Crash-Trader". Er soll mit der Cyberangriffstechnik Spoofing den Markt im Mai 2010 mittels einer eigenen Software manipuliert haben. Spoofing ist eine „Lockvogeltaktik", bei der ein Trader mehrere Aufträge erteilt und die Preise in eine gewisse Richtung lenkt. Der Trader storniert schnell wieder die Aufträge und täuscht die Händler über Angebot und Nachfrage. Der Mann gestand die Marktmanipulation und wurde zu einer Haftstrafe verurteilt.[5]

Über den Hochfrequenzhandel, der im Jahr 2010 rund 60 Prozent des täglichen Handelsvolumens ausmachte, sagte James Angel, Professor für Finanzwesen an der McDonough School of Business der Georgetown University: „Wir haben einen Markt, der in Millisekunden reagiert, aber die Menschen, die ihn überwachen, reagieren in Minuten, und leider kann in der Zwischenzeit ein Schaden in Milliardenhöhe entstehen."[6]

Einige „Hochgeschwindigkeitshändler" hatten Algorithmen programmiert, die Tausende Wertpapierhandelsaufträge pro Sekunde für einzelne Aktien generieren und an die Börse senden. Das Einzige, was für Renditen und Milliarden entscheidend ist, ist die Geschwindigkeit.

Die Aufsichtsbehörde SEC schlug vor, ein strengeres, marktweit koordiniertes System von aktienspezifischen Circuit Breakers einzuführen, um künftig einen derartigen Einbruch zu verhindern. Diese gab es zwar seit dem Börsenkrach im Jahr 1987 schon für einzelne Aktienindizes wie den Dow Jones, der dann den Handel unterbrach. Dies galt jedoch nicht bei Aktienrückgängen eines Unternehmens.[7] Bis zum Flash-Crash 2010 ging an der NYSE in solchen Fällen der Handel bei Marktturbulenzen in menschliche Hände über, wenn elektronische Käufe oder Verkäufe ein bestimmtes Limit überschritten.[8] Doch auch ein Jahr nach dem Flash-Crash hatten die obersten Aufseher der Finanzmärkte nichts unternommen, wie die New York Times schrieb, um die Gefahren des algorithmischen Hochgeschwindigkeits-Computerhandels einzudämmen.[9]

Leerer Börsensaal in Frankfurt: Die Coronapandemie hatte auch auf die Börse große Auswirkungen.

19. Die Coronakrise 2020: Lockdown und Quarantäne für den Aktienmarkt

„Erst 12.000, dann 11.000, 10.000 – die Tausender-Marken im DAX purzelten in den vergangenen Tagen so schnell wie noch nie. (…) Es ist ein Börsencrash, wie ihn der DAX seit seiner Einführung 1988 noch nie erlebt hat."[1]

(Frankfurter Allgemeine Sonntagszeitung am 15. März 2020)

Am 4. Januar 2020 berichtete die Weltgesundheitsorganisation (WHO) über eine Häufung von Lungenentzündungsfällen unbekannter Ursache im chinesischen Wuhan. Ab März 2020 erlebten die Aktienkurse in Europa einen Absturz, weil vor allem über die wirtschaftlichen Kosten, die das Coronavirus auslösen würde, Unklarheit herrschte. Am 9. März 2020 fiel der S&P-Index 500 um sieben Prozent, der DAX fiel um 7,9 Prozent und der Londoner FTSE büßte 7,7 Prozent ein. Alleine der FTSE-Rückgang bedeutete einen Verlust von fast 125 Milliarden Pfund. An der Wall Street wurde der Handel ausgesetzt, um einen weiteren Preisabsturz zu verhindern.[2] Drei Tage später wiederholte sich die Panik auf den globalen Börsenmärkten. Am 12. März 2020 gab die WHO ihre offizielle Pandemieerklärung ab. Sämtliche Börsen weltweit brachen ein. Es waren die größten Verluste seit 1987. Zwischen dem 19. Februar, dem Höchststand (fast 13.800 Punkte), und dem 20. März verlor der DAX in 28 Tagen

39 Prozent seines Wertes – ein Rekord in der 30-jährigen Geschichte des DAX. Bei der Finanzkrise 2008 war erst nach 102 Tagen ein vergleichbarer Verlust (37 Prozent) festzustellen.[3] Alle DAX-Werte verzeichneten in diesem Zeitraum zweistellige Verluste: Deutsche Bank (–46,4 Prozent), Continental (–42,1 Prozent), MTU Aero Engines (–40,5 Prozent), Daimler (–39,8 Prozent), Adidas (–39,1 Prozent), Munich Re (–37,5 Prozent) oder Fresenius (–36,9 Prozent).

Am 12. März wurde an vielen Börsen wie in New York und Frankfurt am Main die automatische Volatilitätsunterbrechung, der Circuit Breaker, ausgelöst, um eine Kettenreaktion zu unterbrechen[4] und den Börsenhandel in turbulenten Marktsituationen stabil zu halten. Nichtsdestotrotz kannten die Indizes DAX und EUROSTOXX50 nur eine Richtung, die Talfahrt.

Die Weltwirtschaft kam mit dem Coronavirus und den Lockdowns zum Erliegen. Es trat der Notfall ein. Die Zentralbanken erhöhten die Staatsverschuldung, um die finanzielle Notlage einzudämmen und die Panik zu beruhigen. Im Gegensatz zur Finanzkrise 2008 funktionierten während der Coronapandemie die globalen Finanzmärkte.[5]

Der Aktienhandel lief weiter. Doch die Coronakrise brachte die Börsenhändler an ihre Grenzen. Die Frankfurter Allgemeine Zeitung berichtete: „Nicht nur müssen die Börsenhändler sich im Homeoffice oder in fremden Büros gegen die schwersten Kursstürze seit Jahrzehnten stemmen. Wegen der Schulschließungen in vielen Ländern wollen auch ihre Kinder mit Essen versorgt und die Hunde Gassi geführt werden. Nach Meinung von Experten ist es sogar möglich, dass die ungewohnten Arbeitsbedingungen der Wertpapierhändler nicht ganz unschuldig sind an den derzeitigen Börsenturbulenzen. (…) Die Nerven liegen (…) an den weltweiten Börsen blank.“[6] Der virtuelle Handel und die Isolation im Homeoffice waren für die Händler eine große Herausforderung, weil sie

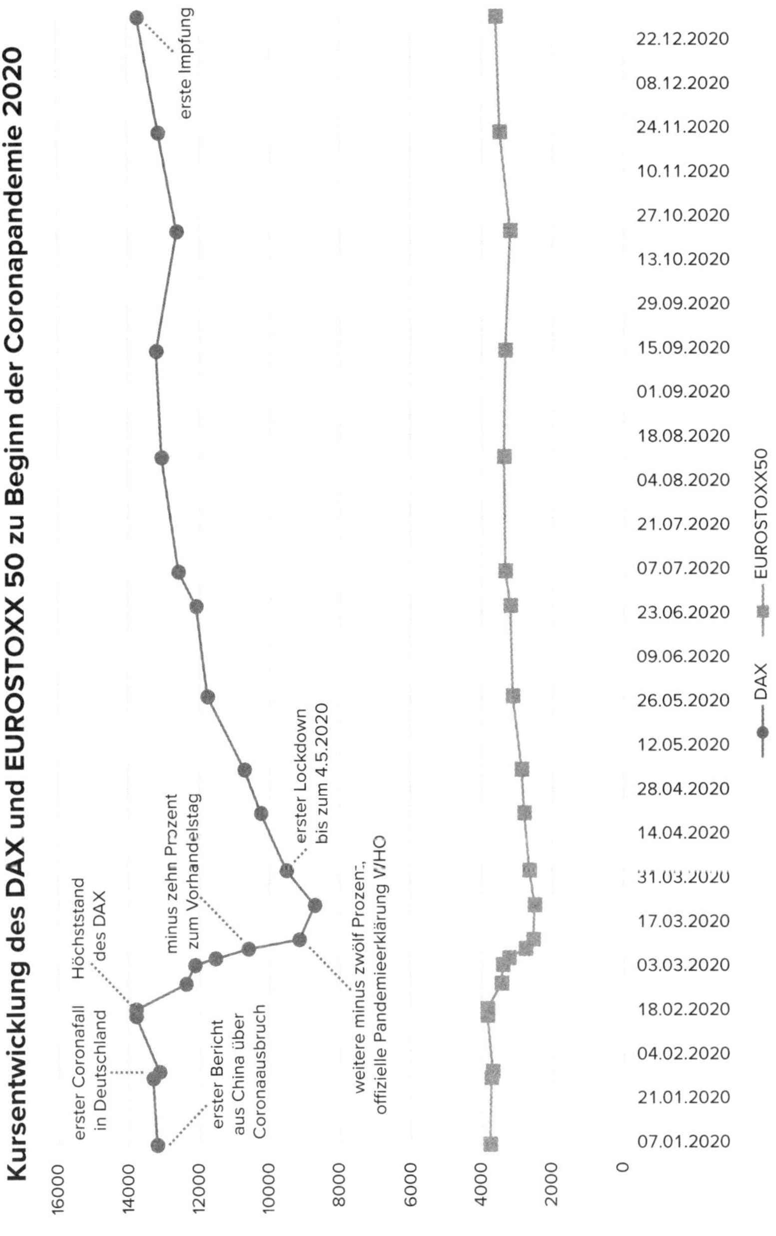
Kursentwicklung des DAX und EUROSTOXX 50 zu Beginn der Coronapandemie 2020
16000
14000
12000
10000
8000
6000
4000
2000
0
erster Coronafall in Deutschland
Höchststand des DAX
minus zehn Prozent zum Vorhandelstag
erster Bericht aus China über Coronaausbruch
erster Lockdown bis zum 4.5.2020
weitere minus zwölf Prozent, offizielle Pandemieerklärung WHO
erste Impfung
07.01.2020
21.01.2020
04.02.2020
18.02.2020
03.03.2020
17.03.2020
31.03.2020
14.04.2020
28.04.2020
12.05.2020
26.05.2020
09.06.2020
23.06.2020
07.07.2020
21.07.2020
04.08.2020
18.08.2020
01.09.2020
15.09.2020
29.09.2020
13.10.2020
27.10.2020
10.11.2020
24.11.2020
08.12.2020
22.12.2020
DAX
EUROSTOXX50

an den Maklerschranken auf dem Parkett auf die Körpersprache der Kollegen angewiesen waren. Gestik und Mimik spielen im Börsengeschäft eine wichtige Rolle beim Kauf oder Verkauf.

Die Anleger zogen sich zunehmend aus Aktien zurück und investierten in sichere Anlagen wie Staatspapiere. So stiegen beispielsweise die Renditen auf Staatsanleihen (z. B. Italiens) stark an. Zudem wuchs die Sorge, dass sich die Lage weiter verschlechtern könnte. Negative Nachrichten veranlassten die Anleger zum schnellen Verkauf, zum „shake out". Wie schon bei früheren Turbulenzen zeigen Untersuchungen, dass auch bei der Coronakrise Medien einen wichtigen Einfluss auf die positiven oder negativen Kursentwicklungen hatten. Bei einer Untersuchung von über 203.000 Artikel auf den Plattformen MarketWatch.com, Reuters.com und NYtimes.com im Zeitraum von Januar bis Juni 2020 fanden Forscher des Leibniz Instituts heraus, dass Börsenberichte die Erwartungen der Marktteilnehmer hinsichtlich der Entwicklung der Pandemie, der Realwirtschaft und des Aktienmarktes beeinflussten und direkte Auswirkungen auf das Anlegerverhalten hatten.[7]

Saldo der Coronakrise 2020

Das Weltfinanzsystem stand am Abgrund. Mit Ausnahme der ab 1918 ausgebrochenen Spanischen Grippe gab es mit weltweiten Pandemien kaum Erfahrungen. Es fehlten Kenntnisse darüber, wie ein Virus die Wirtschaft treffen könnte. Denn die bisherigen Epidemien wie Sars oder Ebola blieben zumeist auf einzelne Regionen beschränkt.

Die wichtigsten Lehren aus Corona waren: Die Erfindung des seit 1987 eingesetzten Circuit Breaker hat sich bewährt. Des Weiteren entschieden sich die Regierungen schnell für nationale Coronahilfspakete, um die Volkswirtschaften mit Liquidität zu versorgen. Alleine in Deutschland wurden Wirtschaftshilfen in Höhe von 130 Milliarden Euro ausgezahlt.[8] Die EZB entschied sich mit einer Leitzinssenkung und einem Pandemie-Notfallaufkaufprogramm (Pandemic Emergency Purchase Programme) in Höhe von 1850 Milliarden Euro für umfassende Stützungsmaßnahmen.[9] Die geldpolitische Hilfe nahm Dimensionen an, mit denen absolutes Neuland betreten wurde. Die Geschwindigkeit und der Umfang der fiskalpolitischen Maßnahmen waren unkonventionell, aber sie erreichten ihr Ziel: die Beruhigung der Märkte. Der Wirtschaftshistoriker Harold James mahnte bereits 2021, die begrenzten Finanzmittel sinnvoll einzusetzen: „Zunächst schien bei der Covid-19-Pandemie jegliches Ausmaß staatlicher Ausgaben angemessen. (…) Bedenken über traditionelle makroökonomische Grenzen, Wirtschaftszyklen und Produktionslücken wurden beiseite gewischt. (…) Die wirtschaftliche Antwort auf Covid-19 ähnelte der Mobilisierung für einen Krieg und führte zu dem Eindruck, alles, was zum Sieg nötig ist, sei gemeinsames Handeln – koste es, was es wolle.“[10]

Hält die Börsenmärkte in Atem: Donald Trump am 2. April 2025 bei der Verkündung neuer Zölle.

20. Trumps Zollpolitik: Ein „Blutbad“ für die Weltbörsen

„Der amerikanische Präsident Donald Trump überzieht die Welt mit erratischen Zöllen, verschiebt sie nach Gutdünken und setzt Fristen (…). Es ist wie eine Seifenoper: Jeden Tag mindestens 20 Minuten Wahnsinn – und doch reichen diese, um die Börsen jedes Mal aufs Neue in Aufruhr zu versetzen.“[1]

(Frankfurter Allgemeine Zeitung am 2. August 2025)

Bei seiner Amtseinführung am 20. Januar 2025 wiederholte Trump einen Satz, den er schon häufiger von sich gegeben hatte: „Das schönste Wort im Wörterbuch ist ‚Zolltarif‘ (...), denn Zolltarife werden uns reich machen, indem sie unsere nationale Wirtschaft wieder stärken.“[2] Am 4. Dezember 2018 schrieb Trump auf X anlässlich des G-20 Treffens in Argentinien: „Ich bin ein Mann der Zölle. Wenn Menschen oder Länder kommen, um den großen Reichtum unserer Nation zu plündern, möchte ich, dass sie für dieses Privileg bezahlen.“[3] Dabei beruft sich Donald Trump immer wieder, auch in seiner Antrittsrede im Januar 2025, auf William McKinley, den 25. US-Präsidenten. Trump verehrt ihn, den „tariff king“, wie er seinen Vorgänger nennt, für seine zwischen 1897 und 1901 eingeführte Schutzzollpolitik. Bei Trumps Lobeshymnen bleibt jedoch unerwähnt, dass sich McKinley am Ende seiner Präsidentschaft komplett von den Zöllen distanziert hatte, weil diese der US-Wirtschaft schadeten.

Bei vielen Gelegenheiten spielte Trump die Zollrisiken trotz der Warnsignale an den Märkten herunter. Im US-Kongress sagte er am 4. März 2025: „Es wird ein wenig Unruhe geben, aber das ist für uns kein Problem."[4]

Einen Monat später, am 2. April 2025, dem sogenannten Liberation Day präsentierte Trump im Rosengarten des Weißen Hauses eine Zolltafel mit den künftigen Einfuhrzöllen in die USA. Die Strafzölle lösten einen Absturz an den Anleihe- und Aktienmärkten aus, da US-Zölle volkswirtschaftlich schwer auf dem Wachstum lasten würden und vor allem die exportorientierte Industrie hart trifft. Zölle bremsen in einer globalisierten, eng vernetzten Welt den grenzüberschreitenden Handel, denn die Wertschöpfungsketten gehen über nationale Grenzen hinaus. Verbraucher waren verunsichert, zumal die neuen US-Zölle in den Medien gleich mit Worten wie „Handelskrieg", „Inflation" oder „Börsencrash" kommentiert wurden. Die italienische Zeitung Corriere della Sera titelte „Chaos bei den Zöllen – die Börsen stürzen ab."[5] So verzeichneten die führenden Aktienmärkte Asiens, der Hang Seng (Hong Kong) und der japanische Leitindex Nikkei 225, ein Minus von 13,2 bzw. acht Prozent. In Europa rutschte der EUROSTOXX um 4,5 Prozent und der DAX um fünf Prozent in die Tiefe. Auch die Wall Street verlor die Nerven. Der US-Index S&P 500 ging mit einem Wertverlust von 2,4 Billionen Dollar aus dem Handel. Auf die fallenden Kurse reagierte Trump mit einer „Trumpcession", indem er in einer Stunde rund 80 Posts absetzte. Insgesamt, so Schätzungen, vernichtete Trumps Zollankündigung rund sechs Billionen Dollar.

„Das Zeitalter des Protektionismus" sei, wie die Süddeutsche Zeitung analysierte, zurückgekehrt und sie ergänzte, dass die seit 1947 existierenden „Regeln der Welthandelsorganisation ihn (=Trump) nicht kümmern."[6] Das zentrale Argument des US-Präsidenten war ein angebliches Handelsdefizit mit anderen Ländern, weil die USA mehr importieren als exportieren.[7]

Die Reaktionen der Wirtschaft und der Medien auf Trumps Zolltafel fielen negativ aus. Der Hedgefonds Manager Bill Ackman schrieb auf X am 6. April 2025: „Indem wir unseren Freunden und Feinden gleichermaßen massive und unverhältnismäßige Zölle auferlegen (…), beginnen wir einen wirtschaftlichen Atomkrieg gegen jedes Land der Welt."[8] Durch diesen werde, nach Ansicht des Wall Street Journal, das Vertrauen in den US-Wirtschaftsstandort für künftige Kapitalinvestitionen zerstört: „Die Märkte und die amerikanischen Unternehmen erleiden einen großen psychologischen Schaden."[9] Trumps Zollpolitik löse einen „trade war", einen Handelskrieg, aus.[10] „In Zeiten großer Ungewissheit schieben die Verbraucher wichtige Entscheidungen wie den Kauf eines Hauses auf und Unternehmen zögern mit ihren Investitionen, bis sie ein besseres Gefühl für die Zukunft haben", sagte John C. Williams, der Präsident der Fed New York.[11] Manche Medien nannten die Auswirkungen der Zollpolitik auf die Börsen bereits ein historisches „Blutbad" („carnage").[12] Das Magazin The Economist beschrieb die Situation als ein „globales Blutbad an den Börsenmärkten."[13] Auf dem Cover einer weiteren Ausgabe unter der Überschrift „Ruination Day – how to limit the global damage" wurde Trump mit einer Säge dargestellt, wie er die USA aus der Weltkarte heraustrennt.[14] Das US-Magazin Foreign Affairs kritisierte die Zollpolitik Trumps in Anspielung auf die Kanonenbootpolitik im 19. Jahrhundert[15] als „Gunboat Economics".

Auch innerhalb der Regierung gab es offenbar zwei Lager. So bezeichnete der Tech-Milliardär Elon Musk, zu diesem Zeitpunkt noch enger Vertrauter des Präsidenten, Trumps Handelsberater und Architekten des

Zoll-Rundumschlags, Peter Navarro, als „dümmer als ein Sack Ziegelsteine".[16]

Für Trump sind die Zölle einmal mehr ein populistisches Mittel, um seine Ziele ohne Rücksicht auf Verluste, ob für die USA selbst oder andere Länder, zu erreichen. Doch immer, wenn an den Börsen zu viel Kapital verbrannt wird, sieht sich das Weiße Haus gezwungen, schnell zu handeln. Die Frankfurter Allgemeine Zeitung schrieb: „Der Börsianer ist an sich ein scheues Tier: Er lugt nur ungern aus dem Wald hervor, mag keine lauten Geräusche und ist immer auf der Hut. Wenn dann ein jagender Holzfäller mit Kettensäge durch den Wald geht, wie das Donald Trump aktuell auf der Weltbühne macht, ist eigentlich Vorsicht angesagt. (…) Es herrscht das Gesetz des Dschungels."[17]

In der Woche nach der angekündigten Zollentscheidung der US-Regierung war Unsicherheit auf dem globalen Aktienmarkt spürbar. Die Weltbörsen standen im Zeichen einer ungebrochenen Talfahrt. Alleine an der Mailänder Börse gingen laut der Wirtschaftszeitung Il Sole 24ore am 7. April aufgrund des einbrechenden italienischen Leitindexes FTSE MIB rund „37,76 Milliarden Euro in Rauch auf". Auch die anderen europäischen Börsen bewegten sich im negativen Bereich: Paris (–6,1 Prozent), Frankfurt (–6,8 Prozent), London (–5,25 Prozent), Zürich (–7 Prozent).[18] Zuerst verkauften die Anleger in großem Stil Aktien, dann trennten sie sich von den US-Staatsanleihen. Die Wall Street sendete ein klares Signal an die US-Regierung, was sie von den Zöllen hielt. Der Kursverfall der US-Staatsanleihen veranlasste Trump am 9. April, die Zölle für 90 Tage kurzfristig auszusetzen. Der britische Kolumnist Robert Armstrong gab dieser bereits öfter von der US-Regierung praktizierten Taktik den Namen: „Trumps always chickens out" (Taco). Sein Taco-Narrativ soll aussagen, dass der US-Präsident erst droht und letztlich zurückzieht, wenn es hart auf hart kommt. In diesem Fall waren es der Druck der

Börse und die Kurseinbrüche bei den US-Staatsanleihen.[19] Vier Stunden, bevor Trump die Aussetzung der Zölle verkündete, schrieb er auf seinem Social-Media-Kanal „Truth Social“, dass es eine großartige Zeit sei, Aktien zu kaufen („This is a great time to buy“). Seit diesem Post steht der Vorwurf des Insiderhandels von Trump im Raum.

Nach der Aussetzung der Zölle feierte Trump das Kursplus. Seine Kehrtwende kommentierte er so: Aufgrund der stark schwankenden Börsenmärkte, einschließlich des Ausverkaufs am Anleihemarkt, seien die Anleger „ein bisschen aufgeregt, ein bisschen ängstlich“ gewesen und es sei „den Leuten ein wenig mulmig“[20] geworden.

Seit der Verkündigung der Zollpläne setzte die US-Regierung ihre Taktik aus Eskalation und Deeskalation fort. Wichtiger Bestandteil von Trumps Zollpolitik war die Aufrechterhaltung einer Drohkulisse gegen Länder, die nicht vor Trump „einknickten“. So richtete sich der Zorn des US-Präsidenten Anfang Juli beispielsweise gegen die BRICS-Staaten (Brasilien, Russland, Indien, China, Südafrika), weil diese losgelöst vom US-Druck neue Wirtschaftsbündnisse verhandelten. Für diese „antiamerikanische Politik“ wolle Trump diese Staaten mit Zusatzzöllen belegen.

Im Juli verkündete die Europäische Union einen Zolldeal mit den USA. Vor Trumps Amtsantritt erhoben die USA Zölle von durchschnittlich drei Prozent auf EU-Produkte. Der am 27. Juli besiegelte Deal sieht unter anderem 15 Prozent Zölle auf alle EU-Exporte in die USA und 600 Milliarden Dollar Investitionen in den USA vor.[21] Der ehemalige französische Premierminister François Bayrou schrieb am 28. Juli über die „soumission“ (Unterwerfung) der EU mit seinen 27 Ländern und 450 Millionen Menschen, dem zweitgrößten Binnenmarkt der Welt, vor Trump auf der Plattform X: „Es ist ein trauriger Tag, an dem sich ein Bündnis freier Völker, die sich zusammengeschlossen haben, um für ihre

Werte einzustehen und ihre Interessen zu verteidigen, zur Unterwerfung entschließt."[22] Doch an den Börsen löste der geschlossene US-EU-Zolldeal kein Kursfeuerwerk aus, auch wenn ein Handelskrieg zwischen den USA und EU abgewendet wurde. Der deutsche Aktienindex büßte sogar ein.[23]

Im August 2025 schnellte der Dow Jones plötzlich auf die 45.000-Punkte-Marke, auch der S&P 500 konnte zulegen. Die US-Monatszeitschrift The Atlantic rätselte über die Ursachen des Aufschwungs. Unter der Überschrift „Weiß die Börse etwas, was wir nicht wissen?" versuchte sich das Magazin an einer Analyse: „Kann irgendetwas den Aktienmarkt stoppen? (…) Trotz der unberechenbaren Wirtschaftspolitik von Präsident Donald Trump, zu der auch die höchsten Zölle seit dem 19. Jahrhundert gehören, ist der Markt im Jahr 2025 bereits um etwa 8 Prozent gestiegen."[24] Die Universität Yale berechnete für November 2025 nach den abgeschlossenen Zolldeals mit einer Vielzahl von Ländern, dass die Verbraucher einen durchschnittlichen effektiven Zollsatz von 16,8 Prozent zu zahlen hätten, den höchsten seit 1935 (17,2 Prozent).[25]

Neben der Zoll-Unsicherheit leidet die US-Wirtschaft unter einer immer größer werdenden Staatsverschuldung. Diese verstärkt sich angesichts des neuen, vom Kongress verabschiedeten Steuergesetzes „One Big Beautiful Bill", das ein Steuerpaket in Höhe von 3,4 Billionen Dollar vorsieht. Des Weiteren zettelte Trump noch ein Schmierentheater um die US-Notenbank Fed an, das nicht nur einen Vertrauensverlust in den US-Dollar, sondern auch Turbulenzen an den Börsen verursachte. Trump kündigte an, den Chef der Federal Reserve, Jerome Powell, zu entlassen. Powell hatte sich dem Wunsch des Präsidenten beständig widersetzt, die Leitzinsen zu senken. Ziel von Trump ist, mehr Schulden aufnehmen zu können, indem die Notenbank mehr Geld druckt. Mit dieser Attacke griff

Trump die in den USA im Treasury-Fed-Accord (März 1951) festgelegte Unabhängigkeit der Zentralbank von der Politik an. Ihre Unabhängigkeit ist das Fundament für Preisstabilität. Jeder Verdacht, dass die Federal Reserve ihre Geldpolitik nach den Wünschen des Weißen Hauses hinsichtlich niedrigerer Zinsen ausrichtet, bedeutet einen Vertrauensverlust an den Finanzmärkten.[26]

Seit jeher ist der Nutzen aus einer Leitzinssenkung umstritten. „So sehr allgemeine Zinssenkungen hilfreich sein mögen, so bleiben sie doch nur Aspirin gegen lebensgefährdende Krankheiten. Es ist nicht Aufgabe der Steuerzahler durch finanzielle Opfer marode Regierungen zu retten“, wie Helmut Schmidt auf dem Höhepunkt der Finanzkrise 2008[27] schrieb. Denn je höher die Leitzinsen sind, desto teurer wird es für die Trump-Regierung, die enormen Schuldenberge der USA zu refinanzieren. Auch besteht die Gefahr einer massiven Entwertung des US-Dollars durch eine hohe Inflationsrate sowie einer Zuspitzung der Arbeitsmarktsituation. Nichtsdestotrotz wurde der Notenbankgipfel im September 2025 mit großer Spannung verfolgt, weil der Leitzins, den die Fed festlegt, sich nicht nur auf die Wirtschaft der USA auswirkt, sondern auf die ganze Welt.[28] Nach einer Phase der Abwägung senkte die Zentralbank am 17. September den Leitzins um 25 Basispunkte auf vier Prozent bis 4,25 Prozent. Die Zinssenkung verlieh dem Aktienmarkt zwar kurzfristig einen Auftrieb, doch langanhaltend steigende Kurse waren Fehlanzeige.[29] Powell sagte in einer Rede nach der Zinsentscheidung am 23. September 2025: „Die Märkte hören uns zu, folgen uns und schätzen ein, wohin sich die Zinsen ihrer Meinung nach entwickeln werden. Doch die Aktienkurse sind zum Beispiel aktuell ziemlich hoch bewertet.“ Aus diesem Grund werde die Fed auch in Zukunft bei der Geldpolitik moderat verfahren. Nach Powells Ansicht treibe eine zu große Zinssenkung die Inflation in die Höhe,[30] die bereits im September 2025 laut des PCE-Indizes (personal consumption expenditure) auf einem hohen Niveau von 2,7 Prozent lag.

Das Börsenjahr 2025 wies im ersten Jahr der zweiten Präsidentschaft von Trump keinen klaren Trend auf – der orientierungslose Aktienmarkt schwankte aufgrund der vielen Fragezeichen, die die US-Regierung täglich neu produzierte, zwischen Rekordhochs und Kompletteinbrüchen.

Vorläufiger Saldo von Trumps Zollpolitik

Die angekündigte Zollpolitik ist ein Alarmsignal für die globale Finanzarchitektur. Denn bei der globalen Börsenkapitalisierung in Höhe von 125,3 Billionen US-Dollar nehmen zwei Drittel amerikanische Aktiengesellschaften ein.[31]

Eine alte Börsenweisheit lautet: Politische Börsen haben kurze Beine. Demnach beeinflussen politische Ereignisse zwar kurzfristig die Aktienkurse, aber am Ende sind die Entfaltung der Wirtschaft und damit die Gewinnentwicklung der Unternehmen wesentlich wichtiger. Es bleibt abzuwarten, welche Fortsetzung Trumps Zollpolitik erfährt. Trotz weiterer globaler Faktoren hat diese einen großen Einfluss auf den internationalen Börsenhandel.

Die Gefahr einer protektionistischen Eskalationsspirale ist groß, wenn andere Länder auf Trumps Zollpolitik mit Gegenzöllen antworten. Unmittelbar trafen die Zollpolitik und die damit verursachten Kursschwankungen vor allem das amerikanische Rentenmodell 401 (k). Rentner erhalten in den USA nur sehr geringe Bezüge aus dem Rentensystem Social Security. Seit 1978 existiert der Pensionsplan 401 (k). Über 70 Millionen Amerikaner sind auf die Altersvorsorge angewiesen. Während ihres Berufslebens investieren sie einen Teil ihres Lohns steuerbegünstigt in nicht breit gestreute Aktienfonds, die oftmals nur Aktien einer bestimmten Branche und keine Staatsanleihen enthalten. Die Höhe des

Alterseinkommens hängt unmittelbar von der Entwicklung der Finanzmärkte ab. Fallen die Kurse, wie im Fall nach Trumps Zollhammer, sinkt sofort der Wert des 401k-Portfolios.[32]

Wirtschaftshistoriker Harold James ist sich sicher, dass Trump, der die „Welt einer Schocktherapie unterzogen" hat, mit seiner Crashpolitik letztlich scheitern wird. Nach seiner Meinung hätten jedoch die zahlreichen, gegenwärtigen geopolitischen Risiken (Nahost-Krise, Ukraine-Krieg etc.), einen größeren Einfluss auf die Finanzmärkte: Denn „wer über Knappheiten (Anm: z. B. Seltener Erden) verfügt, nutzt sie als Waffe, um die Macht durchzusetzen." Aktuell befinden „wir uns in einer Welt ohne Regeln."[33]

Angesichts der zunehmenden Markturbulenzen fordert die Europäische Zentralbank eine Neuregulierung des Finanzsystems. Als risikoreiche Schwachstelle benennt die EZB die sogenannten Schattenbanken. Hier brauche es einen Stresstest, um deren Resilienz gegenüber Marktschocks zu erhöhen. Die Nichtbanken, zu denen unter anderem Hedgefonds oder Geldmarktfonds zählen, bieten zwar Finanzgeschäfte wie herkömmliche Banken an. Doch im Gegensatz zu klassischen Banken brauchen die „Non-Bank Financial Institutions" keine Banklizenz und werden weniger kontrolliert und reguliert. Die Herausforderung besteht darin, dass die Aktivitäten von Schattenbanken – sie machen mittlerweile knapp die Hälfte des globalen Finanzsystems aus – oftmals komplex und wenig transparent sind.[34] Bei Markturbulenzen (wie bei Börsencrashs, Rezessionen oder scharfen Zinsanstiegen) geraten Schattenbanken schneller in Liquiditätsnöte als klassische Banken. Sie haben zudem keinen Zugang zu den Kreditgeschäften der Notenbanken und können sich im Fall einer Krise auch keine Geldmittel beschaffen, um fällige Zahlungsverpflichtungen zu erfüllen.[35]

Kursentwicklung des Dow-Jones-Indizes und des DAX von Juli 2025 bis März 2026

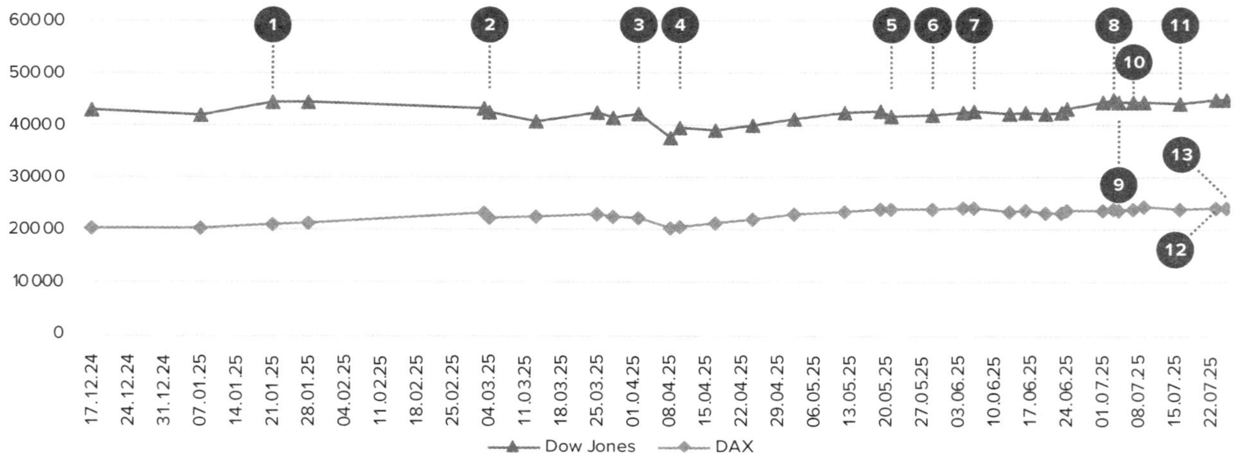

1 20.1.: Vereidigung Trump

2 4.3.: größter Tagesverlust des DAX seit drei Jahren

3 2.4.: „Liberation Day“, Verkündung hoher Zölle für viele Länder

4 9.4.: Aussetzung Zölle für 90 Tage

5 DAX feierte Vor-Zoll-Rekord, Grund: nachlassende geopolitische Spannung zwischen China und den USA

6 28.5.: Großteil der Zölle von Trump für ungültig erklärt

7 5.6.: EZB senkte Leitzinsen erneut; achte Zinssenkung in Folge seit Sommer 2024

8 Zustimmung des Kongresses zur „Big Beautiful Bill“

9 9.7.: Frist für die Aussetzung der Zölle

10 Ankündigung über 25%-ige Zölle für Südkorea und Japan

11 Berichte über angebliche Entlassung von US-Notenbankchef Powell

12 Zolldeal mit Japan

13 andauernde Zollverhandlungen zwischen der EU und den USA

Kursentwicklung des Dow-Jones-Indizes und des DAX von Juli 2025 bis März 2026

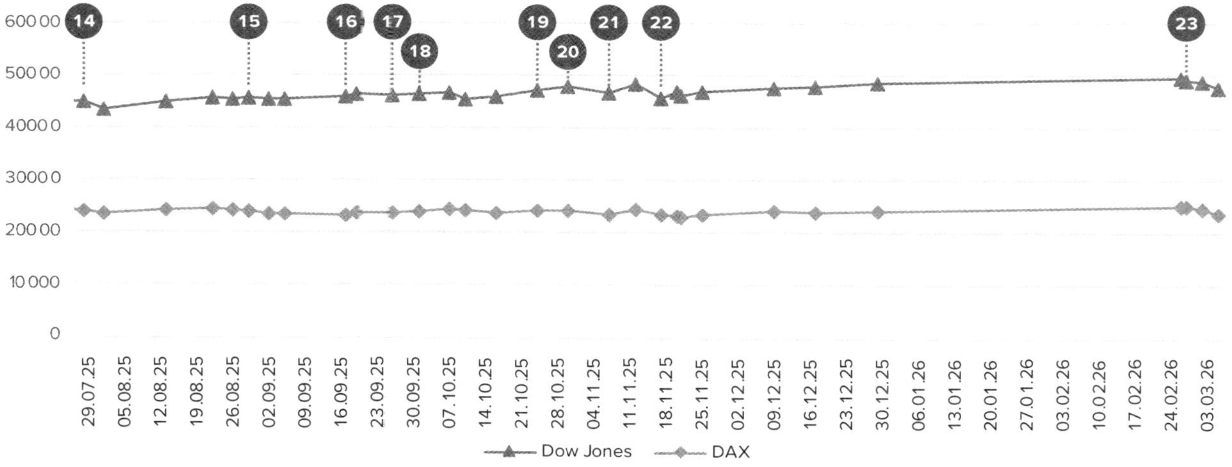

14 27.7.: Zolldeal zwischen der EU und den USA

15 Bestätigung Entscheidung des Gerichts, dass der Präsident nicht das Notstandsgesetz von 1977 anwenden darf

16 Entscheidung der Fed, Leitzins zu senken

17 Veröffentlichung Inflationsindikator: nflation stieg leicht an

18 Shutdown in den USA nach Streit über Haushalt

19 Verkündung der Teuerungsrate in den USA, Inflation liegt bei drei Prozent

20 KI-Euphorie löst Rallye an den US-Märkten aus, Börsenwert von Nvidia ist Treiber

21 Sorge angesichts der KI-Rallye und des langen Lockdowns

22 Längster Shutdown (43 Tage) der Geschichte ist beendet

23 Beginn der Militärschläge gegen Iran

Blick auf die New Yorker Börse vom Standpunkt der Statue George Washingtons, dem ersten amerikanischen Präsidenten.

Fazit: Börsen sind die Achillesferse der Finanzmärkte

„I don't like Mondays" – der Musikklassiker von Bob Geldof aus dem Jahr 1979 trifft auch auf den Börsenmarkt zu. Sehr viele Kurszusammenbrüche mit enormen Verlusten traten an diesem Wochentag ein. Die lange Reihe der Schwarzen Montage reicht von 1987 über den Börsencrash an der Tokioter Börse (2. April 1990) und den Tag der Lehman-Insolvenz (15. September 2008) bis hin zur Nervosität an der Wall Street am Montag (7. April 2025) nach Trumps Zollankündigung.

Unabhängig vom Wochentag werden auch in Zukunft die Börsenkrisen zahlreiche Fortsetzungen finden. Fehler der Vergangenheit werden sich wiederholen. Denn die größte Schwachstelle und das entscheidende Fundament für Turbulenzen auf dem Börsenparkett sind die Investoren – auch, wenn ihre Sinne nach einer Baisse für das Risiko an Finanzmärkten geschärft sein sollten und Preiskorrekturen eine erzieherische Wirkung haben sollten. Doch die „Faszination des Spiels, das menschliche Interesse am Glücksspiel" und eine „Selbstüberschätzung hinsichtlich der eigenen intuitiven Urteile spielen eine entscheidende Rolle bei Blasen", so US-Ökonom Shiller.[1] Für ihn spielt bei den Spekulationsblasen die Börsenpsychologie eine große Rolle. Shiller sagte in einem Interview: „Entgegen dem allgemeinen Glauben sind Aktien nicht immer die beste langfristige Anlage. Sie sind ja nicht nur ein Bär, sondern ein regelrechter Grizzly."[2]

Der britische Finanzjournalist und Herausgeber der Zeitschrift The Economist, Walter Bagehot, hatte bereits 1873 in seinem Buch „Lombard Street" im Zuge von Spekulationsblasen beobachtet, dass die „Menschen am leichtgläubigsten sind, wenn sie am glücklichsten sind." In dieser Phase kann die Spekulationseuphorie die Fakten ausblenden. Dann investieren und spekulieren sie „in Blasenunternehmen mit wertlosen Aktien, genau wie sie es zur Zeit der South-Sea-Manie taten (...) Ganz am Anfang der Widrigkeiten stehen die Spielmarken in der Glücksspielmanie, die Unternehmensaktien der Aktiengesellschaften."[3]

Für die Widerstandsfähigkeit der Aktienmärkte ist es wichtig, dass immer wieder Lehren und Verbesserungen aus Krisen für mehr Stabilität des Finanzsystems gezogen werden müssen. Durch die Erforschung von Krisenursachen und -folgen sowie der Möglichkeit ihrer Prävention und Bewältigung können Rückschlüsse für künftige Kursturbulenzen gezogen werden. Es gilt, die Auswirkungen für die Wirtschaft zu begrenzen und zu verhindern, dass diese zu einer globalen „Kernschmelze" des Finanzmarktes führen. Denn jeder Börsencrash gibt Anlass zur Sorge um die Makroökonomie. Die Folgen der unterschiedlichen Börsenkrisen fallen sehr ähnlich schwerwiegend aus. So belegen die vorderen Plätze in der Rangliste der häufigsten wirtschaftlichen Auswirkungen: ein rasanter Anstieg der Arbeitslosigkeit, ein starker Rückgang des Bruttoinlandsprodukts, die Vernichtung von Vermögen mit unendlichen Dimensionen und ein Rückgang des Welthandels.[4] Die Folgen von spekulativen Blasen werden aufgrund der Globalisierung rasch in alle Winkel der Welt getragen. Durch die starke Vernetzung der Märkte reichen manchmal kleine Ereignisse, die sofort Konsequenzen für zahlreiche Länder haben. Dieser „Butterfly Defect"[5] zeigte sich bei der Finanzkrise 2008/09 oder der Coronapandemie.

Die Abläufe bei den Blasen ähneln sich immer wieder. Der Motor für die Investments sind ein kurzfristiger Zeithorizont der Spekulanten, um schnell Gewinne zu erwirtschaften – eine Zutat für Börsenkrisen, die auch in Zukunft Bestand haben wird. Aktien verheißen Chancen auf schnellen Reichtum. Dann führt der Börsenmarkt ein Eigenleben, das sich losgelöst von den Kennziffern Gewinn und Dividende entwickelt. Die Euphorie gewinnt über die abwägende Auseinandersetzung mit den realen Fakten. Bei wirtschaftlichen Pleiten ist das Kurzzeitgedächtnis weit verbreitet. „Es gibt nur wenige Bereiche menschlichen Handelns, in denen die Geschichte so wenig zählt, wie in der Welt des Geldes",[6] schrieb US-Ökonom Galbraith. Die Folgen der Dotcom-Blase 2000 scheinen seit Ende Oktober 2025 wieder vergessen zu sein. Denn aktuell löst wieder eine neue Technologie großen Optimismus auf den Aktienmärkten aus. Technologiefirmen und Anbieter von KI-Computing wie Nvidia sorgen für eine Kursrallye. Am 30. Oktober hat das Unternehmen den Börsenwert von 5 Billionen US-Dollar überschritten. Damit entspricht der Unternehmenswert des Chip-Giganten dem Bruttoinlandsprodukt (4,3 Billionen Euro im Jahr 2024) von Deutschland, der immerhin drittgrößten Volkswirtschaft der Welt. Die frühere IWF-Chefökonomin Gita Gopinath verglich die Dotcom-Blase mit der aktuellen Rallye und warnte bereits vor dem Platzen. „Sollte der Markt ähnlich stark korrigieren wie nach dem Dotcom-Crash 2000, dann wird in den USA ein Wohlstand von 20 Billionen Dollar vernichtet", schrieb sie in der Zeitschrift The Economist. Das würde 70 Prozent des US-BIP aus dem Jahr 2024 entsprechen.[7]

Auch für die Rallye rund um die KI-Aktien sind Emotionen für die Kaufentscheidung ausschlaggebend. Doch derartige Stimmungen sind auf dem Markt fehl am Platz, denn es findet in den seltensten Fällen noch eine objektive Unterscheidung zwischen dem aufgerufenen Preis eines Anlageprodukts und dem wirklichen Wert statt. Hierfür sind alleine die

Fundamentaldaten wie das zukünftige Gewinnpotenzial eines Unternehmens und dessen Marktanteile relevant. Doch anstelle dieser realwirtschaftlichen Faktoren neigen Spekulanten dazu, nur kurzfristige Börsentrends zu beobachten. Der Finanzstabilitätsbericht, den die Bundesbank im November 2025 veröffentlichte, warnt die deutsche Zentralbank vor Verwerfungen an den Börsen. „Steigender Risikoappetit an den Finanzmärkten" trotz handels- und wirtschaftspolitischen Unsicherheiten ergebe laut der deutschen Zentralbank ein „erhebliches Rückschlagpotenzial" angesichts der hohen Bewertungen. Hohe Schulden bei Banken und Versicherungen wären die Folgen.[8]

Hierfür verantwortlich sei nach Ansicht des an der Yale-Universität lehrenden Wirtschaftsnobelpreisträgers Robert J. Shiller, dass sich der Mensch wie ein Herdentier verhalte. Sie folgen „blind wie Schafe, ohne selbstständig zu denken", den Stimmungen und lassen sich von der Euphorie anstecken. Die Anleger „werden stark von Gefühlen, Zufallsbeobachtungen und den Medien beeinflusst, die aber oftmals nicht durch qualitative Analyse dem Leser/Zuschauer einen Eindruck des Börsenniveaus vermitteln können." Die Psychologie der Menschen sei für die Abfolge von Boom und Zusammenbruch ganz entscheidend,[9] weil die Anleger von einem Optimismus-Virus befallen werden. Die Folge: Der Markt wird von einer Massenhysterie erfasst.[10] Jeder möchte an diesem Anstieg partizipieren oder wie der Altbundeskanzler Helmut Schmidt im Jahr 1987 zugespitzt äußerte: „Die Aktienbörsen werden im Wesentlichen von Psychopathen bevölkert."[11]

„Spekulanten mögen unschädlich sein wie Luftblasen auf einem steten Strom der Unternehmungslust. Aber die Lage ist ernst, wenn Unternehmen zur Luftblase in einem Strudel der Spekulation werden",[12] schrieb der britische Ökonom John Maynard Keynes. Für Shiller nimmt die Sprache beim Entstehen von Spekulationsblasen und den Verlauf der Krisen eine Schlüsselrolle ein. In seinem Buch „Narrative Economics" stellt der US-Ökonom die These auf, dass vor allem das Storytelling der Medien das ökonomische Verhalten von Menschen verändert. Denn ein gestiegenes Medieninteresse sei ein Beschleunigungsfaktor für Blasen.[13]

Bei den Börsenkrisen der letzten vier Jahrhunderte fällt auf, dass Medien selten vor möglichen Zusammenbrüchen warnten. So sind Anzeichen von bevorstehenden Turbulenzen auf dem Aktienmarkt beispielsweise beim Börsencrash mit den größten internationalen Auswirkungen im Oktober 1929 in der wichtigsten US-Tageszeitung, der New York Times, lediglich sehr versteckt in den Berichten zu finden. Viele Artikel erhielten sogar Hinweise auf eine weitere positive Kursentwicklung in der Zukunft, wenige Berichte warnten vor spekulativen Geschäften. Letztendlich hing es also von der eigenen Interpretation der Leser ab, ob sie den optimistischen oder den pessimistischen Anzeichen Glauben schenkten. Eine kritische Bewertung der Blase fand nach 1929 nicht statt. Ganz anders sah es bei den Wirtschaftsnachrichten dieser überregionalen US-Tageszeitung vor den Börsenkrisen 1987 und 2000 aus. Wochen vorher wurde vor fallenden Märkten gewarnt, was jedoch die Wall Street und die Anleger ignorierten.[14]

Mehrere Faktoren können Börsenentwicklungen beeinflussen, wie die Krisen in den letzten drei Jahrhunderten zeigen: Historische Ereignisse wie Kriege, Terroranschläge oder Revolutionen, Insolvenzen von Finanzinstituten oder große Hoffnungen in ein bestimmtes Spekulationsprodukt beeinflussen die Investitionskultur von Privatanlegern und Investmentbankern, den beiden wichtigsten Anlegergruppen, positiv oder negativ. Werden die Börsenblasen klassifiziert, so ergeben sich folgende Gruppierungen: Die erste Gruppe von Bärenmärkten wurden durch einen Preisanstieg eines Objekts, wie Tulpen in den Niederlanden, Gold in Louisiana (Mississippi-Blase) oder Immobilien in Florida (Lehman) ausgelöst. Die nächste Kategorie von Rückgängen wurde durch Bankenpleiten verursacht: Banque Royale in Paris (1720), Quistorp (1873) in Berlin, Société de l'Union Générale (1882) in Paris, Bankhäuser Hirschfeld & Wolff sowie Friedländer & Sommerfeld (1891) in Berlin, Knickerbocker Trust Company (1907) in New York, Österreichische Creditanstalt (1931) in Wien und Lehman Brothers (2008) in New York. Anlässlich der Auswirkungen der Lehman-Pleite auf die Finanzmärkte appellierte der damalige SPD-Chef Franz Müntefering in der Frankfurter Allgemeinen Sonntagszeitung[15] an die Verantwortung der Banker zugespitzt: „Für manche Manager bedeutet Demokratie nichts anderes als überflüssige Bürokratie, die den Schwung ihrer Geschäfte bremst. Viele Menschen fragen sich inzwischen: Sind manche Banker Gangster oder nur unfähig." In dem Interview betont er zwar, dass viele Banker tüchtig und verantwortungsvoll seien, aber es gebe dort auch „Halbstarke, Pyromanen und Gangster".

Zu diesen traditionellen Ursachen muss die Finanzbranche in der VUKA-Welt (Volatilität/Unsicherheit/Komplexität/Ambiguität) immer wieder neue Strategien entwickeln, um diese Herausforderungen zu bewältigen. So werden in Zukunft auf das Börsengeschehen vermehrt Handelskriege, Unterbrechung von Lieferketten, die unkalkulierbaren Folgekosten durch den Klimawandel oder Zugangsbeschränkungen zu Schlüsseltechnologien und Seltenen Erden großen Einfluss haben. Diese werden nach Ansicht des Wirtschaftshistorikers Harold James in den nächsten Jahren noch stärker zu einer rivalisierenden „Geotechnopolitik" führen.[16] Ein weiteres Risiko birgt ein in vielen Ländern behinderter Informationsaustausch in der Wirtschaft, ein Grundbestandteil einer funktionierenden sozialen Marktwirtschaft. Feststeht, dass Autokratien Gift für eine florierende Wirtschaft sind. Denn in autoritären Systemen gibt es keinen intakten und reibungslosen Austausch an Informationen.

Demokratien, die eine freie Meinungsäußerung und freie Presse garantieren, fördern Wirtschaftswachstum. Doch diese sind zunehmend durch gezielte Desinformationen gefährdet, die von anderen Staaten vorsätzlich benutzt werden, um Demokratien zu beschädigen. Dies sei ein anwachsendes, globales Risiko für die Wirtschaft und damit auch für die Börsenmärkte, so heißt es im Abschlussbericht des Weltwirtschaftsforums 2025 in Davos.[17] Auch die Blackbox Bitcoin – Investor Warren Buffett nannte die Kryptotechnologie im Jahr 2018 „Rattengift hoch zwei"[18] – stellt in Zukunft ein großes Finanzstabilitätsrisiko dar.[19]

Hinsichtlich der Entstehung bzw. des Auftretens von Bullen- oder Bärenmarkten kursieren auf dem Börsenparkett einige Weisheiten, die vor allem bei Turbulenzen immer wieder zitiert werden. „Stocks take the stairs and the elevator down" meint, dass die Aktienmärkte oft nur langsam steigen, aber wenn es an der Zeit ist, dafür umso schneller sinken. Anleger verfallen oft in Panik, sobald ihre Aktien zu fallen beginnen. Des Weiteren gibt es die Empfehlung „Greife nie in ein fallendes Messer", also nicht bei schnell sinkenden Kursen zu investieren. Wichtiger als jede Börsenweisheit ist bei Aktien jedoch eine langfristige Anlagestrategie. Diese beinhaltet, dass Investoren auch bei hohen Kursen einen klaren Anlagekompass haben, dessen Nadel sich bei der Bewertung einer Aktie auf die Kennzahl „Kurs-Gewinn-Verhältnis" richten soll und weniger auf den aktuellen Kurs.

Letztlich ist die Politik bei Turbulenzen auf Finanzmärkten gefragt. Eine wichtige Lehre aus allen Krisen ist, dass die Verantwortlichen mehr Verständnis für die immer wiederkehrenden Phasen (Aufschwung, Euphorie, Gier, Abschwung, Panik und Nachwirkungen) aufbringen müssen. Des Weiteren sei nach Ansicht des ehemaligen US-Notenbankchefs Ben Bernanke im Falle einer Krise eine zeitnahe und transparente Kommunikation ein wichtiger Baustein, weil „Finanzpaniken eine wichtige psychologische Komponente (haben). Wenn man Besonnenheit und Rationalität ausstrahlt, ist die Schlacht schon halb gewonnen."[20] Zudem verfügen – im Gegensatz zur Börsenkrise 1929 – mittlerweile Regierungen und Zentralbanken über einen „Werkzeugkasten", um mit unterschiedlichen Instrumenten bei Kursausschlägen einzugreifen und den Aktienmarkt zu beruhigen. Auch technische Neuerungen wie der 1987 eingeführte Circuit Breaker sind wichtige Wellenbrecher bei einem Kursschock.

Eine wichtige Erkenntnis von Regierungen aus den Börsenkrisen ist, dass der Markt bei den ersten Krisensignalen zeitnah Liquidität benötigt. Dieses Wissen existierte beispielsweise 1929 noch nicht und daher reagierten die Verantwortlichen sehr passiv auf die Entwicklungen. Bei geringer Liquidität können einzelne und größere Positionen die Preise stark beeinflussen. Kursausschläge sind die Folge. Im 21. Jahrhundert erfolgen die notwendigen Eingriffe durch Maßnahmen der Notenbanken. Die Entscheidungsträger in Politik und Wirtschaft wissen, wie mithilfe der Geld- und Fiskalpolitik eine Krise zu managen ist. Die Mittel reichen von Kapitalzuflüssen bis hin zu Zinssenkungen.

Für die Anleger gibt es zahlreiche Tipps, wie sie sich bei einer Aktienanlage zu verhalten haben, sollten diese auch Verluste aufweisen. Der 1999 verstorbene Börsenguru André Kostolany empfahl: „Kaufen Sie Aktien, nehmen Sie Schlaftabletten, und schauen Sie die Papiere nicht mehr an. Nach vielen Jahren werden Sie sehen: Sie sind reich." Letztlich gelten für die Börse die Warnungen, die in amerikanischen Nationalparks aufgestellt sind. Auf den gelben Schildern am Straßenrand steht: „Beware of bears". Denn Bären auf der Straße sind genauso mit Vorsicht zu begegnen wie Bären auf dem Aktienparkett. Doch eines steht nach über vier Jahrhunderten mit zahlreichen Bärenmärkten fest: Die Geschichte der Börsenkrisen wird sich fortsetzen und weitere Kapitel werden hinzukommen.

Literatur

Bähr, Johannes: Die Dresdner Bank in der Wirtschaft des Dritten Reiches, München 2006.

Bähr, Johannes: Unternehmens- und Kapitalmarktrecht im „Dritten Reich", in: Johannes Bähr/Ralf Banken (Hrsg.): Wirtschaftssteuerung durch Recht im Nationalsozialismus, Frankfurt am Main 2006, S.35–69.

Bagehot, Walter: Lombard Street – A description of the money market, New York 1887.

Baker, James: The German Stock Market, its operations, problems and prospects, New York 1970.

Beer, Joachim: Der Funktionswandel der deutschen Wertpapierbörsen in der Zwischenkriegszeit (1924–1939), Frankfurt am Main 1999.

Betz, Norbert/Kirstein, Ulrich: Börsenpsychologie, München 2012.

Bruner, Robert F. / Carr, Sean D.: The Panic of 1907 – lessons learned from the market's perfect storm, New Jersey 2007.

Buchheim, Christoph / Scherner, Jonas: Anmerkungen zum Wirtschaftssystem des „Dritten Reiches", in: Werner Abelshauser (Hrsg.): Wirtschaftsordnung, Staat und Unternehmen, München 2003, S. 89–91.

Bernanke, Ben: The courage to act: a memoir of a crisis and its aftermath, New York 2015.

Birmingham, Stephen: „Our Crowd" – the great jewish families of New York, New York 1967.

Bouvier, Jean: Le Krach de l'Union Générale, Paris 1960.

Borchardt, Knut: Wirtschaftliche Ursachen des Scheiterns der Weimarer Republik, in: Karl D. Erdmann und Hagen Schulze (Hrsg.): Weimar, Selbstpreisgabe einer Demokratie: Eine Bilanz heute, Düsseldorf 1980, S. 211–257.

Borchardt, Knut (Hrsg.): Einleitung zu Max Weber, in: Max Weber – Börsenwesen, Schriften und Reden 1893–1898, Tübingen 1999, S. 1–111.

Brecht, Bertolt: Die heilige Johanna der Schlachthöfe, Berlin 1968.

Churchill, Winston: Memoirs of the Second World War, Boston 1959.

Dash, Mike: Tulipomania – The Story of the World's most coveted Flower & the extraordinary passions it aroused, New York 2000.

Defoe, Daniel: The Anatomy of Exchange-Alley, Boston 1850.

Defoe, Daniel: The Chimera: or the french way of paying national debts laid open, London 1720.

de la Vega, Joseph: Confusión of Confusions, Boston 1957.

Erhard, Ludwig: Wohlstand für alle, München 2000.

Fabian, Sarah-Denise: Witz und Humor in den Orchestersuiten Georg Philipp Telemanns, Dissertation, Universität Heidelberg 2014.

Feldman, Gerald D.: Die Deutsche Bank vom Ersten Weltkrieg bis zur Weltwirtschaftskrise 1914–1933, in: Lothar Gall u. a. (Hrsg.): Die Deutsche Bank 1870–1995, München 1995, S. 138–314.

Feldman, Gerald D.: The Great Disorder – Politics, Economics, and Society in the German Inflation 1914–1924, Oxford 1997.

Ferguson, Niall: The House of Rothschild – Money's Prophets 1798–1848, New York 1998.

Ferguson, Niall: The war of the world: twentieth-century conflict and the descent of the world, London 2006.

Fitzgerald, F. Scott: Der große Gatsby, Zürich 2007.

Friedman, Walter A.: Fortune Tellers: the story of America's first economic forecasters, Princeton 2014.

Friedell, Egon: Kulturgeschichte der Neuzeit, Frankfurt am Main 2009.

Fürstenberg, Hans: Carl Fürstenberg – Die Lebensgeschichte eines deutschen Bankiers 1870–1914, Berlin 1931.

Galbraith, John Kenneth: The Great Crash 1929, New York 2009.

Galbraith, John Kenneth: Eine kurze Geschichte der Spekulation, Frankfurt am Main 2010.

Galbraith, John Kenneth: Die Geschichte der Spekulationsblasen. Die Psychologie hinter vier Jahrhunderten Gier und Panik an der Börse, Kulmbach 2020.

Gall, Lothar u.a. (Hrsg.): Die Deutsche Bank 1870–1995, München 1995.

Garber, Peter M.: Famous First Bubbles, The Fundamentals of early manias, Massachusetts 2000.

Geithner, Timothy F.: Stress Test – Reflections on financial crisis, New York 2014.

Goldgar, Anne: Tulipmania, Money, Honor and knowledge in the Dutch Golden Age, Chicago 2007.

Göppert, Heinrich: Börsen und Publikum, Berlin 1930.

Götte, Rüdiger: Finanzkrisen: Mythos und Wahrheit, Anatomie und Geschichte: Warum Spekulationsblasen immer wieder entstehen, wie sie platzen – und wie Anleger sich vor ihnen schützen können, Stuttgart 2012.

Hilferding, Rudolf: Das Finanzkapital. Eine Studie zur jüngsten Entwicklung des Kapitalismus, Berlin 1955.

Hof, Patrik: Schwarzes Gold – Kaffeegeschichte(n) oder wie eine kleine Bohne die Welt veränderte, Frankfurt am Main 2023.

Hof, Patrik: Kurswechsel an der Börse – Kapitalmarktpolitik unter Hitler und München, München 2008.

Hof, Tobias: Die Geschichte des Terrorismus – von der Antike bis zur Gegenwart, München 2022.

Holtfrerich, Carl-Ludwig: The German Inflation 1914–1923, Berlin 1986.

James, Harold: International monetary cooperation since Bretton Woods, New York 1996.

James, Harold: 1929 – The New York Stock Market Crash, in: Representations, Frühjahr 2010 (Vol. 110/nr. 1), S. 129–144.

James, Harold: Schockmomente – eine Weltgeschichte von Inflation und Globalisierung 1850 bis heute, München 2022.

Keynes, John Maynard: Allgemeine Theorie der Beschäftigung, des Zinses und des Geldes, Berlin 2006.

Kindleberger, Charles/Aliber, Robert Z.: Manias, Panics and Crashes. A History of Financial Crises, New Jersey 2005.

Klemperer, Victor: Klemperer Online Tagebücher 1918–1959, hrsg. von Christian Löser/Walter Nowojski, Berlin 2019.

Knortz, Heike: Wirtschaftsgeschichte der Weimarer Republik, Stuttgart 2021.

Kutscher, Volker: Goldstein – Gereon Raths dritter Fall, Köln 2011.

Le Bris, David: The French Stock Market in War, Paris 2009.

Lefèvre, Edwin: Reminiscences of a Stock Operator, New York 1923.

Lewinsohn, Richard: Sinn und Unsinn der Börse, Berlin 1933.

Lindenlaub, Dieter/Burhop, Carsten/Scholtyseck, Joachim (Hrsg.): Schlüsselereignisse der deutschen Bankengeschichte, Stuttgart 2013.

Linhart, Miriam: Beziehungen zwischen Politik und Wirtschaft. Debatten im Kontext des Börsenkrachs 1873 und des Ofenheim-Prozesses 1875, Wien 2021.

Lough, David: No more champagne: Churchill and his money, New York 2015.

Mackay, Charles: Zeichen und Wunder – Aus den Annalen des Wahns, Frankfurt am Main 1992.

Mann, Golo: Erinnerungen und Gedanken: eine Jugend in Deutschland, Frankfurt am Main 1991.

Marx, Karl/Engels, Friedrich: Manifest der Kommunistischen Partei, Köln 2009.

Marx, Karl: Das Kapital. Kritik der politischen Ökonomie, Hamburg 1872.

Morris, Edmund: Thedore Rex, New York 2002.

Piketty, Thomas: Das Kapital im 21. Jahrhundert, München 2022.

Pinner, Felix: Die großen Weltkrisen im Lichte des Strukturwandels der kapitalistischen Wirtschaft, Zürich 1937.

Plumpe: Werner: Wirtschaftskrisen – Geschichte und Gegenwart, München 2011.

Pohl, Hans: Deutsche Börsengeschichte, Frankfurt am Main 1992.

Proudhon, Pierre-Joseph-Marie: Manuel du spéculateur à la bourse, Paris 1857.

Radu, Robert: Auguren des Geldes. Eine Kulturgeschichte des Finanzjournalismus in Deutschland 1850–1914, Göttingen 2017.

Rathenau, Walther: Vom Aktienwesen – eine geschäftliche Betrachtung, Berlin 1917.

Rogers, Will: Will Rogers' Daily Telegrams 1879–1935, Oklahoma 1978.

Rosenberg, Hans: Große Depression und Bismarckzeit: Wirtschaftsablauf, Gesellschaft und Politik in Mitteleuropa, Berlin 1967.

Rosenberg, Hans: Die Weltwirtschaftskrise 1857–1859, Göttingen 1974.

Schacht, Hjalmar: My first seventy-six years, London 1955.

Schifferes, Steve/Roberts, Richard (Hrsg.): The media and financial crises, New York 2015.

Schmit, Johann: Die Geschichte der Wiener Börse. Ein Vierteljahrtausend Wertpapierhandel, Wien 2003.

Schulze, Hagen: Weimar – Deutschland 1917 bis 1933, Berlin 1982.

Shiller, Robert J.: Narrative Wirtschaft, Kulmbach 2020.

Shiller, Robert J.: Irrationaler Überschwang. Warum eine lange Baisse an der Börse unvermeidlich ist, Frankfurt am Main 2000.

Silber, William L.: When Washington shut down Wall Street – The Great Financial Crisis of 1914 and the Origins of America's Monetary Supremacy, Princeton 2008.

Smith, Matthew Hale: Bulls and Bears of New York – with the crisis of 1873 and the cause, Hartford 1874.

Steinberg, Jonathan: Bismarck: A Life, Oxford 2011.

Steitz, Walter: Quellen zur deutschen Wirtschafts- und Sozialgeschichte vom Ersten Weltkrieg bis zum Ende der Weimarer Republik, Darmstadt 1993.

Strousberg, Bethel Henry: Dr. Strousberg und sein Wirken: von ihm selbst geschildert, Berlin 1876.

Swift, Jonathan: The complete poems, London 1983.

Taleb, Nassim Nicholas: Der Schwarze Schwan – die Macht höchst unwahrscheinlicher Ereignisse, München 2018.

Taussig, Frank William: The Tariff History of the United States, New York 1931.

Terkel, Studs: Hard Times – An Oral History of the Great Depression, New York 1986.

Tooze, Adam: Crashed – wie zehn Jahre Finanzkrise die Welt verändert haben, München 2018.

Twain, Mark: Pudd'nhead Wilson, New York 1894.

von Hayek, Friedrich A.: Die Verfassung der Freiheit, Gesammelte Schriften in deutscher Sprache (Band 3), Tübingen 2005.

von Siemens, Nathalie (Hrsg.): Werner von Siemens. Der brodelnde Geist in Briefen. Eine moderne Gründergeschichte, Hamburg 2016.

von Waltershausen, Sartorius: Deutsche Wirtschaftsgeschichte 1815–1914, Jena 1923.

Weber, Max: Die Börse – Zweck und äußere Organisation, Göttingen 1894.

Winkler, Heinrich August: Der lange Weg nach Westen – Deutsche Geschichte 1806–1933, Bd. 1, München 2000.

Wirth, Max: Geschichte der Handelskrisen, Frankfurt 1858.

Zola, Émile: Das Geld, Frankfurt am Mai 2009.

Zweig, Stefan: Die Welt von Gestern – Erinnerungen eines Europäers, Frankfurt am Main 2014.

Endnoten

Einleitung

1 Heinrich Göppert: Börsen und Publikum, Berlin 1930, S. 28.

2 Richard Lewinsohn: Sinn und Unsinn der Börse, Berlin 1933, S. 193 f.

3 John Kenneth Galbraith: Eine kurze Geschichte der Spekulation, Frankfurt am Main 2010, S. 20.

4 „What the history of market crashes teaches us about the coronavirus crisis", in: Financial Times am 12.5.2020 (www.ft.com/content/1885ac43-c158-498d-a787-e9059b6f856b; abgerufen am 15.5.2025).

5 Patrik Hof: Schwarzes Gold, Frankfurt am Main 2023, S. 65.

6 Joseph de la Vega: Confusion de Confusiones, Boston 1957, S. 35, 37.

7 „Abrechnung mit dem homo oeconomicus" – Interview mit Robert J. Shiller, in: Wirtschaftswoche am 9.10.2011 (www.wiwo.de/politik/konjunktur/wirtschaftswissenschaft-abrechnung-mit-dem-homo-oeconomicus/5754646.html; abgerufen am 3.5.2025).

8 Nassim Nicholas Taleb: Der Schwarze Schwan – die Macht höchst unwahrscheinlicher Ereignisse, München 2018, S. 19 f.

9 Adam Tooze: Crashed – Wie zehn Jahre Finanzkrise die Welt verändert haben, München 2018, S. 19.

10 Galbraith: Eine kurze Geschichte der Spekulation, S. 14.

11 „If you can keep your head when all about you / Are losing theirs and blaming it on you"; Rudyard Kipling: Twenty Poems, London 1918, S. 15.

12 Robert J. Shiller: Narrative Wirtschaft, Kulmbach 2020, S. 317.

13 Pierre-Joseph Proudhon: Manuel du spéculateur à la bourse, Paris 1857, S. 18.

14 Pierre-Joseph Proudhon: Die Börse, die Börseoperationen und Täuschungen, Zürich 1857, S. 33.

15 Max Weber: Die Börse – Zweck und äußere Organisation, Göttingen 1894, S. 2.
16 Max Weber: Die Börse – Der Börsenverkehr, Göttingen 1896, S. 56 ff.

1. Tulpenkrise 1637: Die erste Spekulationsblase in der Börsengeschichte

1 Galbraith: Eine kurze Geschichte der Spekulation, S. 42.
2 Rüdiger Götte: Finanzkrisen: Mythos und Wahrheit, Anatomie und Geschichte, Stuttgart 2012, S. 22.
3 Anne Goldgar: Tulipmania. Money, Honor and Knowledge in the Dutch Golden Age, Chicago 2007, S. 100.
4 Mike Dash: Tulipomania – The Story of the World's most coveted Flower & the extraordinary passions it aroused, New York 2000, S. 90.
5 Ebd. S. 122.
6 Charles Mackay: Zeichen und Wunder – Aus den Annalen des Wahns, Frankfurt am Main 1992, S. 340.
7 https://penelope.uchicago.edu/encyclopaedia_romana/aconite/tulipomania.html (abgerufen am 10.8.2025).
8 Mackay: Zeichen und Wunder, S. 337.
9 Ebd.
10 Charles Kindleberger and Robert Z. Aliber: Manias, Panics and Crashes. A History of Financial Crises, New Jersey 2005, S. 115 f.
11 Dash: Tulipomania, S. 133.
12 Hof: Schwarzes Gold, S. 65.
13 de la Vega, Confusion of Confusions, S. 28.
14 Earl A. Thompson: The Tulipmania – Fact or Artifact, in: Public Choice Vol. 130, January 2007, S. 99–114; hier S. 114.
15 Ebd., S. 99.
16 Ebd., S. 100 f.
17 Dash: Tulipomania, S. 167.
18 Galbraith: Eine kurze Geschichte der Spekulation, S. 46.
19 Mackay: Zeichen und Wunder, S. 344.
20 Weixuan Li: Innovative Exuberance: Fluctuations in the Painting Production in the 17th-Century Netherlands, in: Arts 8/2019, S. 1–21, hier S. 13.
21 Götte: Finanzkrisen, S. 23.

22 www.cbs.nl/en-gb/news/2024/16/area-used-to-grow-bulbs-up-by-more-than-a-fifth-since-2013; www.statista.com/statistics/581482/value-of-the-import-and-export-of-tulip-bulbs-in-the-netherlands/; www.dutchnews.nl/2024/04/inburgering-with-dutch-news-key-facts-about-tulips/; www.dutchnews.nl/2024/04/bulb-industry-continues-to-expand-tulips-dominate-production/ (abgerufen am 4.8.2025).

2. Der Börsenkrisen-Doppelpakt 1720

1 „Kostbare Schnipsel", in: Süddeutsche Zeitung am 13.11.2021, S. 38.

2 Mackay: Zeichen und Wunder, S. 233.

3 Ebd., S. 247.

4 Götte: Finanzkrisen, S. 31.

5 Ebd., S. 32.

6 Mackay: Zeichen und Wunder, S. 251.

7 Galbraith: Eine kurze Geschichte der Spekulation, S. 51, 53.

8 Brief von Liselotte von der Pfalz an Geheimrat von Harling am 23. November 1719. Liselotte von der Pfalz – Briefe der Herzogin von Orléans, Hamburg 2011, S. 128.

9 Daniel Defoe: The Chimera: or the french way of paying national debts laid open, London 1720, S. 14 f., 75 f.

10 Tina Haldner: Die Mississippi-Blase von 1720, in: Finanz und Wirtschaft am 26.5.2015 (www.fuw.ch/article/die-mississippi-blase; abgerufen am 28.6.2025).

11 Mackay: Zeichen und Wunder, S. 268.

12 Götte: Finanzkrisen, S. 34.

13 zit. Mackay: Zeichen und Wunder, S. 285.

14 Tina Haldner: Die Mississippi-Blase von 1720, in: Finanz und Wirtschaft am 26.5.2015 (www.fuw.ch/article/die-mississippi-blase; abgerufen am 28.6.2025).

15 Joseph Schumpeter: Konjunkturzyklen: eine theoretische, historische und statistische Analyse des kapitalistischen Prozesses, Göttingen 1961, S. 261.

16 Sarah-Denise Fabian: Witz und Humor in Ouvertürensuiten Georg Philipp Telemanns, Dissertation, Universität Heidelberg 2014, S. 190 ff.

17 Jonathan Swift: The complete poems, London 1983, ab S. 207.

18 Ebd., S. 207.

19 Mark Dittli: Die South Sea Bubble von 1720, in: Finanz und Wirtschaft am 1.6.2015 (www.fuw.ch/article/die-south-sea-bubble-von-1720; abgerufen am 28.6.2025).

20 Mackay: Zeichen und Wunder, S. 292.

21 www.gutenberg.org/cache/epub/12030/pg12030-images.html#section69.

22 „At this time the great resort of the speculators was Jonathan's Coffee House." Charles Knight, London (Volume VI), London 1844, S. 292.

23 Hof: Schwarzes Gold, S. 66.

24 Daniel Defoe: The Anatomy of Exchange-Alley, Boston 1850, S. 136.

25 The Commentator am 29. Juli 1720, in: The Commentator: 1. January – 16. September 1720, London 1720, S. 137.

26 Galbraith: Eine kurze Geschichte der Spekulation, S. 60; Mackay: Zeichen und Wunder S. 312.

27 Götte: Finanzkrisen, S. 25.

28 Andrew Odlyzko: Newton's financial misadventures in the South Sea Bubble, in: Royal Society Publishing Paper am 29.8.2018 (www.royalsocietypublishing.org/doi/10.1098/rsnr.2018.0018; abgerufen am 29.6.2025).

29 Mackay: Zeichen und Wunder, S. 313.

30 Mark Dittli: Die South Sea Bubble von 1720, in: Finanz und Wirtschaft am 1.6.2015 (www.fuw.ch/article/die-south-sea-bubble-von-1720; abgerufen am 28.6.2025).

3. Das Jahrhundert der nationalen Börsenkrisen in Berlin, Wien und Paris

1 Richard Wagner: Das Kunstwerk der Zukunft, Leipzig 1850, S. 149.

2 Götte: Finanzkrisen, S. 53.

3 Ebd., S. 52.

4 „Amtliche Nachrichten", in: Kölnische Zeitung am 11.6.1844, S. 1.

5 „Deutschland", in: Kölnische Zeitung am 9.3.1848, S. 1.

6 Harold James: Schockmomente – eine Weltgeschichte von Inflation und Globalisierung 1850 bis heute, München 2022, S. 56.

7 Götte: Finanzkrisen, S. 55.

8 „Börsennachrichten", in: Düsseldorfer Zeitung am 5.7.1848, S. 4.

9 „Das Licht in der Dunkelheit“, in: Frankfurter Allgemeine Zeitung am 17.5.2023, S. B1.

10 Robert Radu: Auguren des Geldes, Göttingen 2017, ab S. 40.

11 Mayer Amschel Rothschild (1744–1812) gründete in der Frankfurter Judengasse das Bankhaus. Ab Ende des 18. Jahrhunderts begann er mit den Bankgeschäften. Sein Geschäft florierte und schon bald sollte die Bankiersfamilie die europäische Finanzbranche bestimmen. Die Söhne schickte er nach Österreich, England, Frankreich und Italien, um dort eigene Bankhäuser zu gründen. Ein multinationaler Finanzkonzern war geboren.

12 Max Wirth: Geschichte der Handelskrisen, Frankfurt 1858, S. 57; www.rothschildarchive.org/business/n_m_rothschild_and_sons_london/nathan_mayer_rothschild_and_the_waterloo_commission (abgerufen am 4.9.2025).

13 „Zeitungen im Gründungsfieber“, in: Frankfurter Allgemeine Sonntagszeitung am 25.9.2022, S. 29.

14 Werner Plumpe: Wirtschaftskrisen – Geschichte und Gegenwart, München 2011, ab S. 42 ff.

15 James: Schockmomente, S. 87.

16 „Nichtamtlicher Teil“, in: Wiener Zeitung am 17.5.1873, S. 13.

17 Johann Schmit: Die Geschichte der Wiener Börse. Ein Vierteljahrtausend Wertpapierhandel, Wien 2003, S. 97.

18 zit. nach Rainer Gömmel: Entstehung und Entwicklung der Effektenbörse im 19. Jahrhundert bis 1914, in: Deutsche Börsengeschichte, Hans Pohl (Hrsg.), Frankfurt am Main 1992, S. 135–207, hier S. 182.

19 Stefan Zweig: Die Welt von Gestern – Erinnerungen eines Europäers, Frankfurt am Main 2014, S. 42.

20 „Krise statt großer Show“; in: Wiener Zeitung am 6.5.2023, (www.wienerzeitung.at/h/krise-statt-grosser-show; abgerufen am 19.8.2025).

21 Gömmel: Entstehung und Entwicklung der Effektenbörse im 19. Jahrhundert bis 1914, S. 135–207, hier S. 155.

22 Schmit: Die Geschichte der Wiener Börse, S. 85.

23 Albert Schäffle: Der große Börsenkrach des Jahres 1873, in: Zeitschrift für die gesamte Staatswissenschaft, 30. Band / 1. Heft, Tübingen 1874, S. 1–94, hier S. 1 ff.

24 „Wien 9. Mai“, in: Neue Freie Presse am 10.5.1873, S. 1.

25 Miriam Linhart: Beziehungen zwischen Politik und Wirtschaft. Debatten im Kontext des Börsenkrachs 1873 und des Ofenheim-Prozesses 1875, Wien 2021, S. 70 f.

26 „Das Ende der Finanz-Epoche", in: Der Tresor – Österreichische Zeitschrift für Capital und Rente (Band 3/1873), 14.5.1873, S. 322.

27 Schäffle: Der große Börsenkrach des Jahres 1873, S. 1–94, hier S. 50.

28 Schmit: Die Geschichte der Wiener Börse, S. 98.

29 Joseph Schöffel: Der Parlamentarismus, in: Die Fackel (Ausgabe September 1902), S. 15.

30 Karl Kraus: Vom Jockeyclub, in: Die Fackel (Ausgabe Dezember 1901), S. 19.

31 Schäffle: Der große Börsenkrach des Jahres 1873, S. 1–94, hier S. 49, 93.

32 Gömmel: Entstehung und Entwicklung der Effektenbörse im 19. Jahrhundert bis 1914, S. 135–207, hier S. 157.

33 „Der französische Crédit Mobilier", in: New-York Daily Tribune am 11.7.1856; zitiert nach: Karl Marx/Friedrich Engels: Werke (Band 12), Berlin 1984, S. 31 f.

34 „Die Lage in Preußen", in: New-York Daily Tribune am 1.2.1859; zitiert nach: Karl Marx/Friedrich Engels: Werke (Band 12), Berlin 1984, S. 683.

35 „Ein Mittag an der Berliner Börse", in: Die Gartenlaube (Heft 1/1869), S. 11.

36 Götte: Finanzkrisen, S. 64.

37 Gömmel: Entstehung und Entwicklung der Effektenbörse im 19. Jahrhundert bis 1914, S. 135–207, hier S. 151.

38 Ab 1876 wurde die neue Währung im Kaiserreich an den Goldstandard - oder wie Keynes schrieb das „finanzielle Modekupfer" - gebunden, der zur Stabilität der Währung beitrug. John Maynard Keynes: Die Rückkehr zum Golde, in: Wirtschaftsdienst Februar 1925 (Heft 9/10. Jahrgang), S. 313–316, hier S. 313.

39 Werner Plumpe: Wirtschaftskrisen – Geschichte und Gegenwart, München 2011, S. 63.

40 Heinrich August Winkler: Der lange Weg in den Westen, Bonn 2006, S. 226.

41 „Denker an der Börse", in: Der Spiegel 13/2001.

42 Radu: Auguren des Geldes, S. 89.

43 Knut Borchardt: Einleitung zu Max Weber, in: Max Weber – Börsenwesen, Schriften und Reden 1893–1898, in: Knut Borchardt (Hrsg.), Tübingen 1999, S. 1–111, hier S. 38; Radu: Auguren des Geldes, S. 116–122, 185.

44 Heinrich Wuttke: Die deutschen Zeitschriften und die Entstehung der öffentlichen Meinung, Hamburg 1866, S. 6 ff.

45 „Zur Suspendierung der Bankaktie", in: Der Tresor – Österreichische Zeitschrift für Capital und Rente (Band 3/1873), 14. Mai 1873, S. 323.

46 Hans Rosenberg: Große Depression und Bismarckzeit, Berlin 1967, S. 97.

47 Reichstagsprotokoll am 24.3.1873, , S. 66 (www.reichstagsprotokolle.de/Blatt3_k1_bsb00018362_00094.html; abgerufen am 22.8.2025).

48 Reichstagsprotokoll am 28.5.1873, S. 870 (www.reichstagsprotokolle.de/Blatt3_k1_bsb00018363_00160.html; abgerufen am 22.8.2025).

49 Reichstagsprotokoll am 4.4.1873, S. 213: (www.reichstagsprotokolle.de/Blatt3_k1_bsb00018362_00241.html; abgerufen am 22.8.2025).

50 Brief von Bismarck an Hermann Wagener am 30. Juni 1850, in: Bismarck. Die gesammelten Werke, Bd. 1: Briefe, Wolfgang Windelband/Werner Frauendienst (Hrsg.), Berlin 1933, S. 160.

51 Karl Marx: Das Kapital, Hamburg 1872, S. 822.

52 Hans Fürstenberg (Hrsg.): Carl Fürstenberg – Anekdoten, Düsseldorf 1978.

53 Bethel Henry Strousberg: Dr. Strousberg und sein Wirken, Berlin 1876, S. 5, 78, 429.

54 „Dr. Strousberg's Leben und Taten", in: Der Aktionär (31.10.1869), S. 669.

55 Karl May: Ein jetzt Vielgenannter, in: Schacht und Hütte (9/1875) und (10/1875), S. 70, 79.

56 „Ein neues Lied von der Berliner Börse", in: Kladderadatsch am 18.5.1873, S. 255.

57 Geschichte der Frankfurter Zeitung 1856 bis 1906, Verlag der Frankfurter Zeitung (Hrsg.), Frankfurt am Main 1906, S. 210.

58 Götte: Finanzkrisen, S. 71.

59 „Der Börsen- und Gründungsschwindel", in: Die Gartenlaube (Heft 26/1875), S. 439.

60 Gömmel: Entstehung und Entwicklung der Effektenbörse im 19. Jahrhundert bis 1914, S. 135–207, hier S. 156.

61 Geschichte der Frankfurter Zeitung 1856 bis 1906, S. 211.

62 Friedrich Schmidt-Hennigker: Bismarck-Anekdoten, Stuttgart 1915, S. 207.

63 Karl Gareis: Die Börse und die Gründungen nebst Vorschlägen zur Reform des Börsenrechts und der Actiengesetzgebung, Berlin 1874, S. 3.

64 Ebd., S. 4.

65 Egon Friedell: Kulturgeschichte der Neuzeit, Frankfurt am Main 2009, S. 853 f.

66 Rosenberg: Große Depression, S. 111 f.

67 Ebd., S. 69 ff.

68 Winkler: Der lange Weg in den Westen, S. 229.

69 Otto Glagau: Der Börsen- und Gründungsschwindel in Berlin, Leipzig 1876, S. 1.

70 Catherine Davies: Spekulation und Korruption – Zur Sozial- und Diskursgeschichte des Gründerkrachs und der »Panic of 1873«, in: Archiv für Sozialgeschichte 56, 2016, S. 177 f.

71 Friedrich Nietzsche: Menschliches, Allzumenschliches – ein Buch für freie Geister, Stuttgart 1993, S. 305.

72 Jonathan Steinberg: Bismarck: A life, Oxford 2011, S. 396.

73 Rosenberg: Große Depression, S. 29.

74 Werner Abelshauser: Die ordnungspolitische Epochenbedeutung der Weltwirtschaftskrise in Deutschland: Ein Beitrag zur Entstehungsgeschichte der Sozialen Marktwirtschaft, in: Ordnungspolitische Weichenstellungen nach dem Zweiten Weltkrieg. Dietmar Petzina (Hrsg.), Berlin 1991, S. 11–30, hier S. 11.

75 „La débacle de la bourse – la journee d'hier est mauvaise pour la France", in: Le Figaro am 20.1.1882, S. 1.

76 Jürgen Finger: Spekulation für Jedermann und Jedefrau – Kleinanleger, Frauen und der graue Kapitalmarkt in Paris in der zweiten Hälfte des 19. Jahrhunderts, in: Archiv für Sozialgeschichte 56 (2016), S. 139–168, hier S. 144.

77 Benjamin Constanty: Libération du territoire et reconstruction – 1871–1878, in: Revue politique et parlamentaire am 13.7.2021 (www.revuepolitique.fr/liberation-du-territoire-et-reconstruction-1871-1878-suite-4/; abgerufen am 29.06.2025).

78 Wirth: Geschichte der Handelskrisen, S. 306.

79 Jean Bouvier: Le Krach de de l'Union Générale, Paris 1960, S. 108.

80 „Figaro a Lyon", in: Le Figaro am 23.1.1882, S. 1 f.

81 Bouvier: Le Krach de de l'Union Générale, S. 143.

82 Eugene N. White: The Krach of 1882 and the bailout of the Paris Bourse im November 2006, hier S. 14, 19 f. (www. econweb.rutgers.edu/ewhite/Krach%20of%201882%20June2005.pdf; abgerufen: am 5.12.2025).

83 „La débacle de la bourse", in: Le Figaro am 20.1.1882, S. 1.

84 Ebd.

85 Eugene N. White: The Krach of 1882 and the bailout of the Paris Bourse, www.econweb.rutgers.edu/ewhite/Krach%20of%201882%20June2005.pdf (publiziert: November 2006, abgerufen am 05.12.2025), hier S. 13.

86 Niall Ferguson: The House of Rothschild – Money's Prophets 1798–1848, New York 1998, S. 18.

87 Émile Zola: Das Geld, Frankfurt am Main 2009, S. 24.

88 Ebd., S. 63 f.

89 Geschichte der Frankfurter Zeitung 1856 bis 1906, S. 616.

90 „Zahlungseinstellung“, in: Frankfurter Zeitung am 5.11.1891, S. 3.

91 „Bankiers und Kapitalisten“, in: Frankfurter Zeitung am 6.11.1891, S. 3.

92 „Zahlungseinstellung Hirschfeld & Wolff“, in: Frankfurter Zeitung am 4.11.1891, S. 3.

93 „The Crash at Berlin“, in: Wall Street Journal am 9.11.1891, S. 3.

94 Gömmel: Entstehung und Entwicklung der Effektenbörse im 19. Jahrhundert, S. 174.

95 Knut Borchardt: Einleitung zu Max Weber, in: Max Weber - Börsenwesen, Schriften und Reden 1893–1898, in: Knut Borchardt (Hrsg.), Tübingen 1999, S. 1–111, hier S. 26.

96 www.digitale-sammlungen.de/de/view/bsb00018674?page=384,385&q=528 (abgerufen am 3.7.2025).

97 Bericht der Börsen-Enquete-Kommission, Berlin 1893, S. 36.

98 Ebd., S. 3.

99 Ebd., S. 75, 85.

100 Ebd., S. 36, 38.

101 Gömmel: Entstehung und Entwicklung der Effektenbörse im 19. Jahrhundert bis 1914, S. 135–207, hier S. 170 f.

102 Borchardt: Einleitung zu Max Weber, S. 1–111, hier S. 18.

103 www.reichstagsprotokolle.de/Blatt_k9_bsb00002756_00239.html (abgerufen am 30.6.2025).

104 Max Weber: Gesammelte Aufsätze zur Soziologie und Sozialpolitik, Tübingen 1924, S. 284 ff.

105 „Die Hauptpunkte der Börsenreform“, in: Deutsche Zeitung am 28.4.1896, S. 1.

106 Gömmel: Entstehung und Entwicklung der Effektenbörse im 19. Jahrhundert, S. 176 f.

107 Richard Tilly: Max Weber und die Börse, in: Jahrbuch für Wirtschaftsgeschichte (Band 43/Heft 2/2014), S. 191–208, hier S. 203.

4. „Roosevelt Panic“: Bärenmarkt an der Wall Street 1907

1 „Developments of the week“, in: Wall Street Journal am 11.11.1907, S.1.

2 Diese staatliche Intervention führte bei dem Rheinisch-Westfälischen-Kohlen-Syndikats zu großer Empörung. Es wurde bekannt, dass der preußische Handelsminister Theodor von Möller selbst Aufsichtsratsvorsitzender einer Aktiengesellschaft für Kohledestillation war und daher mit Hibernia beruflich sehr eng verbunden. Das führte 1904 zum Wirtschaftsskandal.

3 Hans Fürstenberg: Carl Fürstenberg – Die Lebensgeschichte eines deutschen Bankiers 1870–1914, Berlin 1931, S. 409.

4 zit. Edmond Morris: Theodore Rex, New York 2002, S. 10, 36.

5 Mark Twain: Following the Equator, New York 1897, S. 215.

6 Mark Twain: Pudd'nhead Wilson, New York 1894, S. 108.

7 Alexander Dana Noyes: Forty Years of american finance – a short financial history of the government and people of the United States since the civil war 1865–1907, New York 1909, S. 295, 300 f.

8 Morris: Theodore Rex, S. 261.

9 Brief von Roosevelt an Henry Cabot Lodge am 6. August 1903, in: The letters of Theodore Roosevelt – Volume III (The Square Deal), Elting E. Morison (Hrsg.), Cambridge 1951, S. 545.

10 Mark Zachary Taylor: Theodore Roosevelt, Politics and the Panic of 1907 (Vortrag gehalten im April 2017), S. 27 f. (Theodore-Roosevelt-Politics-and-the- Panic-of-1907_MWPSA2017.pdf; abgerufen am 31.8.2025).

11 Morris: Theodore Rex, S. 488.

12 Treuhandgesellschaften waren staatlich zugelassene Vermittler, die mit Banken um Einlagen konkurrierten. Sie hielten im Verhältnis zu den Einlagen nur einen geringen Anteil an Barreserven – etwa fünf Prozent – im Vergleich zu 25 Prozent bei Nationalbanken. Da die Einlagenkonten der Treuhandgesellschaften in bar einforderbar waren, waren sie ebenso anfällig für Einlageforderungen wie Banken.

13 Robert F. Bruner/Sean D. Carr: The Panic of 1907 – lessons learned from the market's perfect storm, New Jersey 2007, S. 68.

14 Florian Kern: Fiat-, Krypto- und Goldstandard? – Wer von welchem Geld profitiert, in: Geldpolitik im Umbruch, Aaron Sahr (Hrsg.), Bonn 2024, S. 217–244, hier S. 224 ff.

15 Bruner/Carr: The Panic of 1907, S. 83.

16 www.federalreservehistory.org/essays/panic-of-1907 (abgerufen am 31.8.2025).

17 „The worst and most dangerous feature in the Wall Street was the alarm among the public", in: Wall Street Journal am 22.10.1907, S. 1.

18 Morris: Theodore Rex, S. 499.

19 „Zur Lage der New Yorker Börse“, in: Neue Zürcher Zeitung am 2.10.1907, S. 3.

20 „Europe willing to send us her gold“, in: New York Times am 28.10.1907, S. 1.

21 Kern: Fiat-, Krypto- und Goldwährung?, S. 217–244, hier S. 226; John Kenneth Galbraith: The economics of innocent fraud: truth for our time, Boston 2004, S. 5, 46.

5. Erster Weltkrieg erweist der Börse einen Bärendienst

1 Friedrich-Wilhelm Henning: Börsenkrisen und Börsengesetzgebung von 1914 bis 1945 in Deutschland, in: Deutsche Börsengeschichte, Hans Pohl (Hrsg.), Frankfurt am Main 1992, S. 211–292, hier S. 218.

2 „The Scenes in the City“, in: Manchester Guardian am 1.8.1914, S. 1.

3 „Beneficial“: Lord Rothschild's View, in: Pall Mall Gazette am 31.7.1914, S. 4.

4 William L. Silber: When Washington shut down Wall Street – The Great Financial Crisis of 1914 and the Origins of America's Monetary Supremacy, Princeton 2008, S. 104.

5 Lewinsohn: Sinn und Unsinn der Börse, S. 205, 194.

6 James: Schockmomente, S. 151.

7 Protokoll der Reichstagssitzung am 10. März 1915; www.reichstagsprotokolle.de/Blatt_k13_bsb00003402_00042.html (abgerufen am 5.12.2025).

8 Henning: Börsenkrisen und Börsengesetzgebung von 1914 bis 1945 in Deutschland, S. 211–292, hier S. 220, 223.

9 Lewinsohn: Sinn und Unsinn der Börse, S. 207.

6. Börse in der Weimarer Republik: Zwischen Isolation und Weltwirtschaft

1 „Frankfurt 6. Dezember“, in: Frankfurter Zeitung am 6.12.1918, S. 1.

2 Carl-Ludwig Holtfrerich: The German Inflation 1914–1923, Berlin 1986, S. 148 f.

3 Ebd., S. 127.

4 Tobias Hof: Die Geschichte des Terrorismus – von der Antike bis zur Gegenwart, München 2022, S. 79.

5 „Die Explosion in Wall Street“, in: Vossische Zeitung am 18.9.1920, S. 2.

6 Holtfrerich: The German Inflation, S. 77.

7 Gerald D. Feldman: The great disorder – Politics, Economics, and Society in the german inflation 1914–1924, Oxford 1997, S. 5.

8 „Die Deutschen können nicht mit Schulden umgehen“ - Interview mit Prof. Dr. Carl-Ludwig Holtfrerich am 10. Juni 2021 (www.zeit.de/wirtschaft/2021-06/carl-ludwig-holtfrerich-inflation-corona-krise-schulden-deutsche; abgerufen am 1.9.2025).

9 Zweig: Die Welt von Gestern, S. 332.

10 Holtfrerich: The German Inflation, S. 263.

11 Ulrike Neyer/Daniel Stempel: „Hyperinflation, kollektives Gedächtnis und Zentralbankunabhängigkeit“, in: Wirtschaftsdienst 2023, S. 94–97, hier S. 95.

12 Tagebucheintrag von Victor Klemperer am 6.9.1923, in: Klemperer Online Tagebücher 1918–1959, Christian Löser/Walter Nowojski (Hrsg.), Berlin 2019.

13 Tagebucheintrag von Victor Klemperer am 27.5.1923, in: Klemperer Online Tagebücher 1918-1959, Christian Löser/Walter Nowojski (Hrsg.), Berlin 2019.

14 Feldman: The Great Disorder, S. 32; „Der Geldmarschall“, in: Die Zeit (Nummer 7/9.2.2023), S. 17.

15 Wirtschaft und Statistik (2. Jahrgang) am 17. März 1922, Statistisches Reichsamt (Hrsg.), S. 168.

16 Patrik Hof: Kurswechsel an der Börse – Kapitalmarktpolitik unter Hitler und Mussolini, München 2008, S. 41 f.

17 Henning: Börsenkrisen und Börsengesetzgebung von 1914 bis 1945 in Deutschland, S. 211–292, hier S. 216; Hartmut Kiehling: Die deutsche Börse in den Jahren 1920 bis 1923, in: Bankhistorisches Archiv 21 (1995), S. 67–106, hier S. 92.

18 Walther Rathenau: Vom Aktienwesen – eine geschäftliche Betrachtung, Berlin 1917, S. 32.

19 Ebd., S. 36.

20 Tagebucheinträge von Victor Klemperer am 3.7.1923, 5.7.1923 und 14.7.1923, in: Klemperer Online Tagebücher 1918–1959, Christian Löser/Walter Nowojski (Hrsg.), Berlin 2019.

21 Hjalmar Schacht: My first seventy-six years, London 1955, S. 256.

22 Der Hexensabbat ist ein Börsenphänomen, das in jedem Quartal einmal stattfindet. Die Kurse an den Börsen spielen an diesem Tag ein wenig verrückt, zeigen teils überraschendes Verhalten. Am dritten Freitag im März, Juni, September und Dezember findet der Hexensabbat statt, auch großer Verfallstag oder im englischen Sprachraum „Triple Witching Day" genannt. An diesem Tag verfallen die Optionen und Futures auf Indizes und Aktien an fast allen Terminbörsen weltweit. Die Kurse können an diesem Tag ohne wesentliche Nachrichten spürbar schwanken.

23 Elias Canetti: Masse und Macht, Frankfurt am Main 1981, S. 202, 205 f.

24 Zweig: Die Welt von Gestern, S. 355, 358.

25 „Börse im Jahr 1927", in: Wirtschaft und Statistik (Januar 1928), S. 35.

26 „Börsen-Reaktion auf Befehl", in: Münchner Neueste Nachrichten am 14.5.1927, S. 9.

27 „Zunahme des Börsenbesuchs", Berliner Börsen-Zeitung am 28.4.1927, S. 6.

28 Joseph Roth: Das journalistische Werk 1915–1923, Köln 1989, S. 187.

29 Joachim Beer: Der Funktionswandel der deutschen Wertpapierbörsen in der Zwischenkriegszeit (1924–1939), Frankfurt am Main 1999, S. 200.

30 Bericht des Reichsbankpräsidenten Hjalmar Schacht über währungs- und finanzpolitische Fragen am 7. März 1927 (www.bundesarchiv.de/aktenreichskanzlei/1919-1933/m111/ma3/ma31p/kap1_2/para2_195.html; abgerufen am 6.12.2025).

31 Heike Knortz: Wirtschaftsgeschichte der Weimarer Republik, Stuttgart 2021, S. 158.

32 Bericht des Reichsbankpräsidenten Hjalmar Schacht über währungs- und finanzpolitische Fragen am 7. März 1927 (www.bundesarchiv.de/aktenreichskanzlei/1919-1933/m111/ma3/ma31p/kap1_2/para2_195.html; abgerufen am 6.12.2025).

33 „Berliner Börse", Berliner Börsen-Zeitung am 1.4.1927, S. 5.

34 „Der Schlag gegen die Effektenspekulation", in: Berliner-Börsen Zeitung am 13.3.1927, S. 9.

35 Hans Fürstenberg: Carl Fürstenberg, Berlin 1931, S. 84.

36 Am 18. November 1910 fand eine Demonstration von 300 Suffragetten für das Frauenwahlrecht statt. Bei ihrem Marsch zum Houses of Parliament kam es zu schweren Übergriffen der Polizei auf die protestierenden Frauen. Bei den Ausschreitungen wurden viele Frauen verhaftet, viele von ihnen wurden durch sexuelle Gewalt auch schwer verletzt. Dieser Tag wurde bei den Suffragetten als Black Friday bezeichnet.

37 Knortz: Wirtschaftsgeschichte der Weimarer Republik, S. 209.

38 Schacht: My first seventy-six years, S. 230.

39 „Die Reichsregierung lehnt die Verantwortung ab“, in: Vossische Zeitung am 15.5.1927, S. 1.

40 Schacht: My first seventy-six years, S. 230.

41 Verhandlungen des Bayerischen Landtages über die 155. Sitzung am 1.6.1927, in: Stenographische Berichte, Bayerischer Landtag (VI. Band - 9. November 1926 bis 2. Juli 1927), München 1928, S. 739.

42 „Die wahren Ursachen der Börsenkrise“, in: Berliner-Börsen-Zeitung am 22.5.1927, S. 9.

43 „Börsenkrach und Politik“, in: Ingolstädter Zeitung am 17.5.1927, S. 1.

44 Henning: Börsenkrisen und Börsengesetzgebung von 1914 bis 1945 in Deutschland, S. 211–292, hier S. 247.

45 Beer: Der Funktionswandel der deutschen Wertpapierbörsen in der Zwischenkriegszeit (1924–1939) S. 207.

7. Börsenkrach 1929: Das New Yorker Parkett außer Kontrolle

1 John Kenneth Galbraith: The Great Crash of 1929, New York 2009, S. 12.

2 „Financial Markets: Speculative Excitement at its height“, in: New York Times am 22.10.1928, S. 41.

3 Herbert Hoover's acceptance speech auf dem Nominierungsparteitag der Republikaner 1928 (https://hoover.blogs.archives.gov/2020/08/11/kicking-off-a-presidential-campaign-herbert-hoovers-1928-acceptance-speech/; abgerufen am 27.12.2025).

4 F. Scott Fitzgerald: Der große Gatsby, Zürich 2007, S. 13 f.

5 Edwin Lefèvre: Reminiscences of a Stock Operator, Jesse Livermore, New York 1923, S. 2.

6 Ebd., S. 27, 48.

7 „The people against pork“ (August 1932); www.theatlantic.com/magazine/archive/1932/08/the-people-against-pork/650087/ (abgerufen am 17.7.2025).

8 „Calvin Coolidge Revised: New Find On 1929 Crash“ am 26.6.2013 (www.forbes.com/sites/currentevents/2013/06/26/calvin-coolidge-revised-new-find-on-1929-crash/; abgerufen am 6.5.2025).

9 zit. nach Studs Terkel: Hard Times: An Oral History of the Great Depression, New York 1986, S. 65.

10 „Ten years after the bubble burst“, in: New York Times Magazine am 22.10.1939, S. 5.

11 John Maynard Keynes: Allgemeine Theorie der Beschäftigung, des Zinses und des Geldes, Berlin 2006, S. 135.

12 zit. nach Stephen Birmingham: „Our Crowd“ – the great jewish families of New York, New York 1967, S. 413.

13 Paul M. Warburg – Banking Authority, in: New York Times am 25.1.1932, S. 5.

14 „The 1929 Parallel“, in: The Atlantic (01/1997) im Januar 1997, S. 62–66 (www.theatlantic.com/past/docs/issues/87jan/parallel.htm; abgerufen am 13.06.2025); Galbraith: Eine kurze Geschichte der Spekulation, S. 22.

15 „Roger W. Babson“, in: Neue Zürcher Zeitung am 11.5.1930, S. 12.

16 „Fisher sees stocks permanently high“, in: New York Times am 16.10.1929, S. 8; Irving Fisher: The Stock Market Panic in 1929, in: Journal of the American Statistical Association, März 1930 (Vol. 25/nr. 169), S. 93–96, hier S. 95.

17 Galbraith: The Great Crash 1929, S. 99.

18 „Bankers act to curb stock panic“, in: Washington Post am 25.10.1929, S. 1.

19 Harold James: 1929 – The New York Stock Market Crash, in: Representations, Frühjahr 2010 (Vol. 110/nr. 1), S. 129–144, hier S. 135.

20 zit. nach Terkel: Hard Times, S. 67.

21 David Lough: No more champagne: Churchill and his money, New York 2015, S. 192.

22 „Breaks of the Past Recalled in Street“, in: New York Times am 25.10.1929, S. 3.

23 zit. nach: Terkel, Hard Times, S. 72.

24 „Exchange to close two days“, in: The Times am 31.10.1929, S. 14.

25 „Bankers act to curb stock panic“, in: Washington Post am 25.10.1929, S. 1.

26 „Der Wall-Street-Krach“, in: Berliner Börsen-Zeitung am 7.12.1929, S. 9.

27 „Regarding the Great Depression (…) we did it. We're very sorry. (…) We won't do it again“; www.federalreserve.gov/boarddocs/speeches/2002/20021108/ (abgerufen am 16.11.2025).

28 „1929 – Suicide Rate set high record“, in: New York Times am 22.5.1930, S. 18.

29 „The Jumpers of 29 – when the market crashed who headed for the window“, in: Washington Post am 25.10.1987, S. C5.

30 Galbraith: The Great Crash 1929, S. 128.

31 www.presidency.ucsb.edu/documents/annual-message-congress-the-state-the-union-0 (abgerufen am 2.11.2025).

32 Telegram am 24.10.1929, in: Will Rogers' Daily Telegrams 1879–1935, Oklahoma 1978, S. 89.

33 Telegram am 25.10.1929, in: Will Rogers' Daily Telegrams 1879–1935, S. 89 f.

34 Golo Mann: Erinnerungen und Gedanken. Eine Jugend in Deutschland, Frankfurt am Main 1991, S. 383.

35 Henning: Börsenkrisen und Börsengesetzgebung von 1914 bis 1945 in Deutschland, S. 211–292, hier S. 264.

36 „Warum trauen so viele der Demokratie nicht, obwohl wir einen Aufschwung erleben?", in: Die ZEIT am 27.12.2018, S. 23.

37 Hagen Schulze: Weimar – Deutschland 1917–1933, Berlin 1982, S. 305.

38 Aktienindex des Statistischen Reichsamtes (Berlin) in Reichsmark, Statistisches Reichsamt (Hrsg.): Statistisches Jahrbuch des Deutschen Reiches 1928, S. 439; Statistisches Jahrbuch des Deutschen Reiches 1929, S. 334; Statistisches Jahrbuch des Deutschen Reiches 1930, S. 378; Statistisches Jahrbuch des Deutschen Reiches 1932, S. 355; Statistisches Jahrbuch des Deutschen Reiches 1934, S. 362; Wirtschaft und Statistik, Nov. 1927, 7. Jahrgang Nr. 22, S. 953; Wirtschaft und Statistik 1928, 8. Jahrgang, Nr. 1, S. 35; Wirtschaft und Statistik, Januar 1929, 9. Jahrgang, Nr. 2, S. 60; Statistisches Bundesamt (Hrsg.), Wiesbaden 1985, S. 193.

39 Anton Schnack: Ballade vom Börsenjahr 1929 (27. Mai 1930), in: Die Weltbühne (XXVI. Jahrgang), S. 809.

40 „The Lesson of 1929", in: The Atlantic online am 14.10.2025 (www.theatlantic.com/ideas/archive/2025/10/andrew-ross-sorkin-lesson-1929/684546/; abgerufen am am 18.10.2025).

41 „It was the psychology of panic. It was mob psychology, and it was not, primarily, that the price level of the market was unsoundly high.", in: Walter A. Friedman: Fortune Tellers: the story of America's first economic forecasters, Princeton 2014.

42 Shiller: Narrative Wirtschaft, S. 318.

43 James: 1929 – The New York Stock Market Crash, S. 129–144, hier S. 131.

44 James: Schockmomente, S. 199.

45 „Auftakt zur Depression" – Interview mit Werner Abelshauser am 17.5.2010 (www..sueddeutsche.de/wirtschaft/wirtschaftskrisen-im-vergleich-auftakt-zur-depression-1.469404; abgerufen am 26.2.2026).

46 zit. nach Terkel: Hard Times, S. 74.

47 www.statista.com/statistics/1317843/us-number-banks-thrifts-great-depression/ (abgerufen am 8.12.2025); Thomas Piketty: Das Kapital im 21. Jahrhundert, München 2022, S. 628.

48 Ossip Dymow: Wer hat in Wall Street verloren? (7. Januar 1930), in: Die Weltbühne (XXVI. Jahrgang), S. 51 ff.

49 Als Komponist und Musiker lebte W.C. Handy in der Beale Street (Memphis) und machte die dort gängige Bluesform „Memphis Blues“ populär, in der die Rhythmus- und Sologitarre im Mittelpunkt stand. Er arbeitete eng mit dem Jazztrompeter Louis Armstrong, der „Kaiserin des Blues“ Bessie Smith und Nat King Cole zusammen. Letzterer machte auch den Song „St. Louis Blues“ zur erfolgreichsten Komposition von W.C. Handy.

50 Knut Borchardt: „Zwangslagen und Handlungsspielräume in der großen Wirtschaftskrise der frühen Dreißigerjahre“, Jahrbuch der Bayerischen Akademie der Wissenschaften (1979), S. 85–132; Knut Borchardt: „Wirtschaftliche Ursachen des Scheiterns der Weimarer Republik.“ in: Weimar, Selbstpreisgabe einer Demokratie: Eine Bilanz heute, Karl Dietrich Erdmann und Hagen Schulze (Hrsg.), Düsseldorf 1980, S. 211–249.

51 www.diw.de/de/diw_01.c.842792.de/90_jahre_bruening-ruecktritt__austeritaetspolitik_schadete_der_wirtschaft_schon_in_den_1930er_jahren.html (abgerufen am 11.6.2025).

52 Carl von Ossietzky: Vor Sonnenaufgang (16. September 1930), in: Die Weltbühne (XXVI. Jahrgang), S. 425 ff., hier S. 426.

8. Bankenkrise 1931: Organisierte Kriminalität von Banken löst Börsenabstürze aus

1 Unter dem Pseudonym „Kaspar Hauser“ veröffentlichte Kurt Tucholsky den Artikel „Kurzer Abriß der Nationalökonomie“ von Kurt Tucholsky in der Wochenzeitschrift „Die Weltbühne“; Kaspar Hauser, Kurzer Abriß der Nationalökonomie, in: Die Weltbühne am 15.9.1931, S. 393.

2 John Maynard Keynes: Der Zusammenbruch des Geldwertes und die Banken, in: Wirtschaftsdienst September 1931 (Heft 39/16. Jahrgang), S. 1631–1634, hier S. 1631.

3 Beer: Der Funktionswandel der deutschen Wertpapierbörse in der Zwischenkriegszeit (1924–1939), S. 22.

4 „Reichstreuhänder für die Danat-Bank“, in: Vossische Zeitung am 13.7.1931, S. 1.

5 „Verlängerte Börsenruhe“, in: Vossische Zeitung am 14.7.1931, S. 9.

6 Gerald D. Feldman: Die Deutsche Bank vom Ersten Weltkrieg bis zur Weltwirtschaftskrise 1914–1933, in: Die Deutsche Bank 1870–1995, Lothar Gall u. a. (Hrsg.), München 1995, S. 138–314, hier S. 304; „Die Bankenkrise von 1931", in: Börsen-Zeitung am 25.11.2010, S. 20.

7 „Schwarzer Tag", in: Berliner Tageblatt am 13.7.1931, S. 1.

8 Henning: Börsenkrisen und Börsengesetzgebung von 1914 bis 1945 in Deutschland, S. 211–292, hier S. 265; Beer: Der Funktionswandel der deutschen Wertpapierbörsen in der Zwischenkriegszeit (1924–1939), S. 324 f.

9 „Das Ausland wird nervös", in: Vossische Zeitung am 5.7.1931, S. 5.

10 Fürstenberg: Carl Fürstenberg, S. 84.

11 Hof: Kurswechsel an der Börse, S. 44.

12 Knortz: Wirtschaftsgeschichte der Weimarer Republik, S. 226.

13 Ministerbesprechung am 21. Dezember 1932 (www.bundesarchiv.de/akten-reichskanzlei/1919-1933/11014/vsc/vsc1p/kap1_2/kap2_33/para3_8.html; abgerufen am 10.12.2025); Sozialdemokratischer Pressedienst am 14. Dezember 1932 (https://library.fes.de/ cgi-bin/populo/spdpdalt.pl?t_tiff&modus=&f_VOL=19321214; abgerufen am 10.12.2025).

14 Statistisches Reichsamt Berlin (Hrsg.): Wirtschaft und Statistik 1929, S. 645; Wirtschaft und Statistik 1930, S. 431, 761, 999; Wirtschaft und Statistik 1931, S. 255, 545; Wirtschaft und Statistik 1932, S. 319, 718; Wirtschaft und Statistik 1933, S. 252.

15 Bertolt Brecht: Die heilige Johanna der Schlachthöfe, Berlin 1968, S. 46, 52.

16 zit. nach Walter Steitz (Hrsg.): Quellen zur deutschen Wirtschafts- und Sozialgeschichte vom Ersten Weltkrieg bis zum Ende der Weimarer Republik, Darmstadt 1993, S. 465 ff.

17 „Die Notmaßnahmen der Reichsregierung", in: Frankfurter Zeitung am 7.6.1931, S. 1.

18 Volker Kutscher: Goldstein – Gereon Raths dritter Fall, Köln 2010, S. 541.

9. Börsen im Nationalsozialismus: „Kaufen, wenn die Kanonen donnern" oder die Kriegshausse ab 1941

1 „Kaufen, wenn die Kanonen donnern. Verkaufen, wenn die Violinen spielen", ist eine der bekanntesten Börsenweisheiten. Sie wird dem Bankier Carl Mayer von Rothschild (1788–1855) zugeschrieben. Seine Empfehlung lautete: antizyklisch zu investieren: Gekauft wird, wenn z. B. durch einen Krieg Panik an den Börsen herrscht und die Kurse im Keller sind.

2 „Festere Aktienkurse", in: Vossische Zeitung am 31.1.1933, S. 11.

3 Nach der Präsidentschaftswahl 1932 gab es eine antijüdische und pro-faschistische Kampagne unter der Parole „America first". Das Ziel dieser politischen Verschwörung unter der Führung rechtsextremer Finanziers war, Roosevelt durch einen faschistischen Diktator zu ersetzen. Am 21. Juli 1933 wurden 9.572.000 Aktien an der Wall Street verkauft. „Stock prices dive in sharpest loss since 1929 break", in: New York Times am 29.5.1962, S. 1.

4 „Deutsche Werte flau", in: Frankfurter Zeitung am 3.2.1933, S. 5.

5 Friedrich Reinhart: Die Börsen im Dritten Reich, in: Bank-Archiv 35 (1935/1936), S. 156 ff., hier S. 156.

6 Hof: Kurswechsel an der Börse, S. 97.

7 Johannes Bähr: Die Dresdner Bank in der Wirtschaft des Dritten Reiches, München 2006, S. 3.

8 „Bericht über die Börsenwoche", in: Handelsdienst am 2.2.1933, S. 2.

9 „Von den Börsen", in: Frankfurter Zeitung am 3.2.1933, S. 5.

10 Hof: Kurswechsel an der Börse, S. 132.

11 Ebd., S. 98.

12 Adolf Hitler: Mein Kampf, München 1941, S. 256.

13 Johannes Bähr: Unternehmens- und Kapitalmarktrecht im „Dritten Reich", in: Johannes Bähr/Ralf Banken (Hrsg.): Wirtschaftssteuerung durch Recht im Nationalsozialismus, Frankfurt am Main 2006, S. 35–69, hier S. 57.

14 Hof: Kurswechsel an der Börse, S. 261.

15 David Le Bris: The French Stock Market in War, Paris 2009, S. 10.

16 www.beursgeschiedenis.nl/en/moment/the-second-world-war/ (abgerufen am 15.9.2025).

17 www.jcpa.org/article/how-the-jewish-community-defeated-the-banks-and-stock-exchange-in-the-2000-dutch-restitution-negotiations/ (abgerufen am 15.9.2025).

18 www.topographie.de/veranstaltungen/detail/die-rothschilds-aktien-auf-waterloo (abgerufen am 4.9.2025).

19 Hof: Kurswechsel an der Börse, S. 384.

20 „Ten years after the bubble burst", in: New York Times am 22.10.1939, S. 5.

21 „Ab 1. November Börsentotalität", in: Frankfurter Zeitung am 24.10.1941, S. 5.

22 Hof: Kurswechsel an der Börse, S. 418.

23 Joachim Beer: Der Funktionswandel der deutschen Wertpapierbörsen in der Zwischenkriegszeit (1924–1939) S. 316; Christoph Buchheim/Jonas Scherner: Anmerkungen zum Wirtschaftssystem des „Dritten Reiches", in: Werner Abelshauser, Jan-Otmar Hesse und Werner Plumpe (Hrsg.), Wirtschaftsordnung, Staat und Unternehmen, München 2003, S. 81–97, hier S. 83; Hof: Kurswechsel an der Börse, ab S. 386.

24 Hof: Kurswechsel an der Börse, S. 421.

25 „Der deutsche Wertpapierhandel in der staatlichen Zwangsjacke", in: Neue Zürcher Zeitung am 13.4.1943, S. 3; „Das Schicksal der Börse", in: Die Bank am 25.3.1943, S. 4.

26 Wirtschaft und Statistik 1936, Statistisches Reichsamt (Hrsg.), Berlin 1936, S. 74.

27 Hof: Kurswechsel an der Börse, S. 430.

28 Ebd., S. 435.

10. Der Flash Crash 1962 unter John F. Kennedy

1 „Der Schwarze Dienstag", in: Frankfurter Allgemeine Zeitung am 1.6.1962, S. 25.

2 „Die New Yorker Börse unter Feuer", in: Die Zeit am 2.8.1963, S. 24.

3 www.jfklibrary.org/archives/other-resources/john-f-kennedy-press-conferences/news-conference-30 (abgerufen am 5.9.2025).

4 „US sees decline as price reaction", in: New York Times am 29.5.1962, S. 45.

5 „The economy is rising, unemployment is down, the prospects in this month are good. I believe that the stock market will move in accordance with the movement of the economy." (www.jfklibrary.org/archives/other-resources/john-f-kennedy-press-conferences/news-conference-34; abgerufen am 5.9.2025).

6 „Stock prices dive in sharpest loss since 1929 break", in: New York Times am 29.5.1962, S. 1.

7 Memorandum für John F. Kennedy am 29. Mai 1962, erstellt von John Kenneth Galbraith, (www.jfklibrary.org/asset-viewer/archives/jfkpof-107-001#?image_identifier=JFKPOF-107-001-p0011; abgerufen am 12.7.2025).

8 Ebd.

9 „What went wrong in the wild stock market and what it means for the U.S.?"; in: LIFE magazine am 8.6.1962 (www.life.com/history/market-woes-remembering-the-flash-crash-of-1962/; abgerufen am 5.9.2025).

10 „Kurssturz an den Weltbörsen“, in: Frankfurter Allgemeine Zeitung am 30.5.1962, S. 1.

11 „Schwerste Kurseinbrüche an der New-Yorker Börse seit 1929“, in: Neues Deutschland am 30.5.1962, S. 1.

12 „Das Schlimmste ist überstanden“, in: Die Zeit am 28.12.1962, S. 24.

13 www.spiegel.de/politik/das-menetekel-a-a5d7363f-0002-0001-0000-000045140402?context=issue (abgerufen am 11.6.2025).

14 Ebd.

15 „Kurssturz an den Weltbörsen“, in: Frankfurter Allgemeine Zeitung am 30.5.1962, S. 1.

16 „Tendenzumschwung oder nur Zwischenspiel“, in: Frankfurter Allgemeine Zeitung am 24.11.1962, S. 8.

17 „Hoffnungen auf ein besseres Börsenjahr 1963“, in: Frankfurter Allgemeine Zeitung am 29.12.1962, S. 9.

18 Geschäftsbericht der Deutschen Bundesbank 1962, S. 60.

11. Börsencrash 1973/74 und das Ende des „Gold“-Zeitalters

1 „Wetterleuchten“, in: Die Zeit am 11.10.1974, S. 33.

2 Rede William McChesney Martin am 1. Juni 1965 in der Columbia-University (https://fraser.stlouisfed.org/title/statements-speeches-william-mcchesney-martin-jr-448/monetary-history-repeat-7898?page=19; abgerufen am 12.12.2025).

3 „Countdown in Wall Street“, in: Die ZEIT (Nr. 31/1969) vom 1.8.1969, S. 20.

4 Ebd.

5 Hartmut Schmidt: Die Entstehung der deutschen Terminbörse 1988 und der Deutsche Börse AG 1992, Schlüsselereignisse der deutschen Bankgeschichte, Dieter Lindenlaub/Carsten Burhop/Joachim Scholtyseck (Hrsg.), Stuttgart 2013, S. 414–430; hier S. 415.

6 Der Film über die deutsche Inflation und die Weltwirtschaftskrise von Bob Fosse wurde in den Münchner Bavaria Filmstudios gedreht.

7 „Sheikh Ahmed Zaki Yamani obituary“, in: The Guardian am 1.3.2021 (www.theguardian.com/ world/2021/mar/01/sheikh-ahmed-zaki-yamani-obituary; abgerufen am 26.10.2025).

8 „Of Tulips, Twitter and other bubble phenomena“, in: Forbes online am 28.1.2014 (www.forbes.com/sites/greatspeculations/2014/01/28/of-tulips-twitter-and-other-bubble-phenomena/?ctpv=searchpage; abgerufen am 25.10.2025).

9 „Do the Wall Street shuffle / Hear the money rustle / (…) / You've gotta be cool on Wall Street / When your index is low / (…) / To do the Wall Street Shuffle / let your money hustle / (…)."

10 „Energiekrise als Chance", in: Die Welt online am 7.7.2008 (www.welt.de/welt_print/article2185419/Energiekrise-als-Chance.html; abgerufen am 25.10.2025).

11 „Wo die Bremsen schon greifen", in: Die Zeit am 25.5.1973, S. 47.

12 www.spiegel.de/politik/da-muss-was-her-a-b21d270e-0002-0001-0000-000042601711 (abgerufen am 6.9.2025).

13 „Wetterleuchten an der Börse", in: Die Zeit am 11.10.1974, S. 33.

12. Wall-Street-Zusammenbruch 1987: Der „Schwarze Schwan" unter den Börsenkrisen

1 „Massivster Einbruch aller Zeiten", in: Neue Zürcher Zeitung am 20.10.1987, S. 47.

2 Ebd.

3 www.reaganlibrary.gov/archives/speech/informal-exchange-reporters-6 (abgerufen am 29.7.2025).

4 „A time for gurus on Wall Street to keep mum", in: Financial Times am 23.10.1987, S. 1.

5 „Not for the nervous", in: Financial Times am 25.10.1987, S. 3.

6 „Ave Imperator morituri te salutant"; „The anatomy of a crash", in: Financial Times online am 18.10.2007.

7 „When Bull turns to bear", in: The Times am 20.10.1987, S. 13.

8 „The 1929 Parallel", in: The Atlantic (01/1987), Januar 1987, S. 62–66; www.theatlantic.com/past/docs/issues/87jan/parallel.htm (abgerufen am 7.9.2025).

9 „Zittern um Tokio", in: Frankfurter Allgemeine Zeitung am 12.9.1987, S. 15.

10 „In Hongkong herrschen eigene Börsengesetze", in: Tagesspiegel online am 18.10.1997 (www.tagesspiegel.de/wirtschaft/in-hongkong-herrschen-eigene-borsen-gesetze-562606.html; abgerufen am 6.9.2025).

11 Die „Reaganomics"-Politik beinhaltete Steuersenkungen, die Erhöhung von Staatsausgaben und die Bekämpfung der Inflation, um das Wirtschaftswachstum anzukurbeln. Zum Zeitpunkt der Börsenkrise verzeichnete die Wirtschaft ein Wachstum und ein Rückgang der Inflation, aber eine stark gestiegene Staatsverschuldung.

12 Taleb: Der Schwarze Schwan, S. 59.

13 Mark Carlson: „A brief history of the 1987 Stock Market Crash with a discussion of the Federal Reserve Response", in: Finance and Economics Discussion Series No. 2007-13 (Federal Reserve Board) im November 2006, S. 10 (www.federalreserve.gov/pubs/feds/2007/200713/200713pap.pdf; abgerufen am 7.9.2025).

14 Bernd Rudolph: Effekten- und Wertpapierbörsen, Finanztermin- und Devisenbörsen seit 1945, in: Deutsche Börsengeschichte, Hans Pohl (Hrsg.), Frankfurt am Main 1992, S. 291–375, hier S. 339.

15 „Wall Street verdirbt Stimmung", in: Frankfurter Allgemeine Zeitung am 16.10.1987, S. 22.

16 „Aktien haussieren", in: Frankfurter Allgemeine Zeitung am 22.10.1987, S. 20.

17 Wirtschaft und Statistik 1/1988, S. 42 ff.

18 „Aktien unter Wert", in: Der Spiegel 48/1987 am 22.11.1987.

19 John Kenneth Galbraith: Die Geschichte der Spekulationsblasen, Die Psychologie hinter vier Jahrhunderten Gier und Panik an der Börse, Kulmbach 2020, S. 105.

13. Der deutsch-deutsche Bären- und Bullenmarkt von 1953 bis 1989: Der politische Aktienmarkt im Zeichen von Kapitalismus und Sozialismus

1 „Stilles und einheitliches Börsengeschäft", in: Frankfurter Allgemeine Zeitung am 23.6.1953, S. 8.

2 „Börsen überwiegend nur knapp behauptet", in: Frankfurter Allgemeine Zeitung am 19.6.1953, S. 10.

3 Als die Amerikaner nach 1945 eine Zerschlagung der Deutschen Bank vorantrieben, wurde diese in Regionalbanken aufgeteilt. Ab 1952 übernahmen bis 1957 die drei gegründeten Aktiengesellschaften Norddeutsche Bank, Rheinisch-Westfälische Bank und Süddeutsche Bank die Geschäfte der Deutschen Bank.

4 Geschäftsbericht 1953 der Rheinisch-Westfälischen Bank, S. 3.

5 Rudolph: Effekten- und Wertpapierbörsen, Finanztermin- und Devisenbörsen seit 1945, S. 291–375, hier S. 296 ff.

6 Ludwig Erhard: Wohlstand für alle, München 2000, S. 87.

7 Ebd., S. 236 f.

8 Die Teilprivatisierungen der Creditanstalt Bankenverein und der Österreichischen Landesbank, die ab 1956 umgesetzt wurden, waren Volksaktien. Hier wurden 30 Prozent des Aktienkapitals – bei der Creditanstalt waren das 150 Millionen Schilling, bei der Länderbank 75 Millionen Schilling – der beiden verstaatlichten Großbanken veräußert. Kerschagl, Richard: Die Ausgabe von Volksaktien in Österreich, in: Wirtschaftsdienst (37/1957), S. 282 ff. (www.econstor.eu/bitstream/10419/132474/1/wd_v37_i05_pp282-284.pdf, abgerufen am 12.06.2025).

9 „Vom Volkswagen zum Volkskapitalismus", in: Der Spiegel (8/1957) am 19.2.1957 (www.spiegel.de/politik/vom-volkswagen-zum-volkskapitalismus-a-03228e15-0 002-0001-0000-000041120520?context=issue; abgerufen am 12.06.2025).

10 Rudolph: Effekten- und Wertpapierbörsen, Finanztermin- und Devisenbörsen seit 1945, S. 291–375, hier S. 305.

11 „Börse in Abwartestellung", in: Die Zeit am 1.12.1961, S. 42.

12 „Die Börse im Schatten der politischen Krise", in: Süddeutsche Zeitung am 2.9.1961, S. 17.

13 www.stiftung-berliner-mauer.de/de/themen/todesopfer-berliner-mauer (abgerufen am 8.9.2025).

14 „Die Börse im Schatten der politischen Krise", in: Süddeutsche Zeitung am 2.9.1961, S. 17.

15 Wirtschaft und Statistik 02/1961, S. 207; Wirtschaft und Statistik 09/1961, S. 498; Wirtschaft und Statistik 12/1961, S. 673; Statistisches Bundesamt Wiesbaden (Hrsg.).

16 „Tendenzumschwung oder nur Zwischenspiel", in: Frankfurter Allgemeine Zeitung am 24.11.1962, S. 8.

17 Rudolph: Effekten- und Wertpapierbörsen, Finanztermin- und Devisenbörsen seit 1945, S. 291–375, hier S. 302.

18 Jahresgutachten 1964/1965 des Sachverständigenrates „Stabiles Geld – stetiges Wachstum", Wiesbaden 1965, S. 109.

19 James Baker: The German Stock Market, its operations, problems and prospects, New York 1970, S. 130, 132.

20 Rudolph: Effekten- und Wertpapierbörsen, Finanztermin- und Devisenbörsen seit 1945, S. 291–375, hier S. 309, 312.

21 „Börse wittert ein DDR-Wirtschaftswunder", in: Süddeutsche Zeitung am 11.11.1989, S. 33.

22 Geschäftsbericht der Deutschen Bundesbank 1989, Frankfurt 1990, S. 50.

23 „Wir haben ein dunkelblaues Auge, können noch sehen!“, in: Frankfurter Allgemeine Zeitung am 17.10.1089, S. 3; „Bisher tiefster Kurssturz an den deutschen Börsen“, in: Süddeutsche Zeitung am 17.10.1989, S. 1.

24 „Positive Stimmung an den deutschen Aktienbörsen – Ostphantasie und DM-Aufwertung beflügeln die Kurse“, in: Neue Zürcher Zeitung am 29.12.1989, S. 27.

25 „Die Öffnung der DDR gibt den deutschen Börsen positive Impulse“, in: Frankfurter Allgemeine Zeitung am 14.11.1989, S. 24.

26 „Deutschland-Hausse in Frankfurt“, in: Neue Zürcher Zeitung am 11.11.1989, S. 47.

27 „Aktien reagieren mit Freudensprüngen“, in: Süddeutsche Zeitung am 11.11.1989, S. 38.

28 „DDR-Euphorie mit Zins-Bremse“, in: Süddeutsche Zeitung am 8.12.1989, S. 10.

29 „Positive Stimmung an den deutschen Aktienbörsen – Ostphantasie und DM-Aufwertung beflügeln die Kurse“, in: Neue Zürcher Zeitung am 29.12.1989, S. 27.

30 Wirtschaft und Statistik 1/1991, Statistisches Bundesamt Wiesbaden (Hrsg.), S. 6.

31 „Die Bonner Wirtschaftshilfe für die DDR“, in: Neue Zürcher Zeitung am 15.11.1989, S. 35.

32 www.boerse-frankfurt.de/index/dax/kurshistorie/historische-kurse-und-umsaetze (abgerufen am 8.8.2025).

33 „Kuwait Konflikt beunruhigt Börse“, in: Süddeutsche Zeitung am 4.8.1990, S. 34.

34 Geschäftsbericht der Deutschen Bundesbank für das Jahr 1991, S. 58.

35 Wirtschaft und Statistik 1/1991, Statistisches Bundesamt Wiesbaden (Hrsg.), S. 41.

36 „Ost-Phantasie beflügelt die Börsen in Mitteleuropa“, in: Frankfurter Allgemeine Sonntagszeitung am 8.7.1990, S. 6.

37 „Deutsche Einheit stimuliert nicht“, in: Frankfurter Allgemeine Zeitung am 5.10.1990, S. 26.

38 „Oktoberfest, Bärennest oder Nerventest?“, in: Frankfurter Allgemeine Zeitung am 6.10.1990, S. 19.

39 Geschäftsbericht der Deutschen Bundesbank für das Jahr 1990, S. 33.

40 „Die Stimmung bleibt schlecht“, in: Frankfurter Allgemeine Zeitung am 26.10.1991, S. 18.

14. Die Kursstürze der „Nineties" in Asien

1 „In Tokio Kurssturz um 2000 Punkte", in: Frankfurter Allgemeine Zeitung am 3.4.1990, S. 17.

2 Piketty: Das Kapital im 21. Jahrhundert, S. 227.

3 „Tokyo stock stake biggest plunge since '87", in: Los Angeles Times am 2.4.1990 (www.latimes.com/archives/la-xpm-1990-04-02-mn-442-story.html; abgerufen am 8.9.2025).

4 Manfred Pohl: Ein Jahr Regierung Kaifu: Vom Generationswechsel zu politischen Reformen?, in: Politik und Zeitgeschichte (September 1990), S. 3–16, hier S. 5.

5 „Tokios Aktienmarkt ohne Halt", in: Neue Zürcher Zeitung am 14.8.1990, S. 27; „Jahrestief an der Tokioter Börse", in: Neue Zürcher Zeitung am 20.9.1990, S. 35.

6 „Stocks Plummet on Tokyo market", in: New York Times am 2.4.1990, S. 1.

7 „Tokyo Bubble bursts with vengeance", in: New York Times am 25.3.1990, S. 3.

8 „Vertrauensschwund in Tokio", in: Süddeutsche Zeitung am 3.4.1990, S. 4.

9 „Tokyo Plunge Gives World Markets Jitters", in: Los Angeles Times am 24.2.1990 (www.latimes.com/archives/la-xpm-1990-02-24-fi-1085-story.html; abgerufen am 8.9.2025).

10 „Tokio verunsichert internationale Börsen", in: Süddeutsche Zeitung am 6.4.1990, S. 42.

11 „Tokyo stocks prices plunge again", in: New York Times am 23.2.1990, S. 6.

12 „Kursrutsch an der Aktienbörse in Tokio", in: Frankfurter Allgemeine Zeitung am 20.3.1990, S. 25.

13 www.spiegel.de/wirtschaft/das-gespenst-der-deflation-a-83ba3 ddc-0002-0001-0000-000025327060 (abgerufen am 18.12.2025).

14 Quelle ist die Rubrik „Indizes" der Neuen Zürcher Zeitung, die auf Seite 46 der Printausgabe abgedruckt wurde.

15 „Japan is dependent on Persian Gulf oil supliers", in: New York Times am 2.8.1990, S. 1; „Iraqui invasion adds to markets'problems", in: New York Times am 13.8.1990, S. 3.

16 „Weltbörsen blicken auf turbulentes Jahr zurück", in: Börsen-Zeitung am 31.12.1998, S. 42.

17 Geschäftsbericht der Deutschen Bundesbank für das Jahr 1997, S. 99.

18 Carlson: „A brief history of the 1987 Stock Market Crash" im Nov. 2006 (www.federalreserve.gov/pubs/feds/2007/200713/200713pap.pdf; abgerufen am 9.9.2025).

19 „Das Ende des asiatischen Wirtschaftswunders“, in: Capital online (29.2.2020); www.capital.de/wirtschaft-politik/history-das-ende-des-asiatischen-wirtschaftswunders (abgerufen am 9.9.2025).

20 Trading Analysis of october 27 and 28, 1997 – A Report by the Division of Market Regulation U.S. Securities and Exchange Commission im Sept. 1998 (www.sec. gov/news/studies/tradrep.htm; abgerufen am 9.9.2025).

21 Monatsbericht über Wertpapiermärkte (Dez. 1997); Deutsche Bank (Hrsg.), S. 30.

22 „Jahrhundert-Hausse und Salami-Crash“, in: Börsen-Zeitung am 31.12.1998, S. 42.

23 „Elefant aus Glas“, in: Die Zeit 27/2002 am 27.6.2002.

24 Monatsbericht über Wertpapiermärkte (Dez. 1997); Deutsche Bank (Hrsg.), S. 31.

15. Die Internetblase 2000: Das Beispiel für „irrationalen Überschwang“ auf den Aktienmärkten

1 „Bubble bursts: The year dot.com turned into dot.bomb“, in: The Guardian am 30.12.2000, S. 23.

2 Rede von Alan Greenspan am 5.12.1996 in Washington (www.federalreserve. gov/boarddocs/speeches/1996/19961205.htm; abgerufen am 17.7.2025).

3 „Alan Greenspan's Brave New World“ in: Business Week am 14.7.1997, S. 44–50.

4 www.wsj.com/articles/SB891207209282254000 (abgerufen am 18.07.2025).

5 Robert J. Shiller: Irrationaler Überschwang. Warum eine lange Baisse an der Börse unvermeidlich ist, Frankfurt am Main 2000, S. 37.

6 Ben Bernanke/Mark Gertler: Monetary Policy and Asset Price Volatility im Februar 2000, S. 7 (www.nber.org/papers/w7559; abgerufen am 26.7.2025).

7 „Die goldenen Maschen des Internets“, in: Frankfurter Allgemeine Zeitung am 7.8.2000, S. 46.

8 Robert J. Shiller: Narrative Economics – How Stories go viral and drive major economic events, New Jersey 2019, S. 206.

9 „The state of America: This is the season for bad news“, in: The Guardian am 20.12.2000, S. 22.

10 Götte: Finanzkrisen, S. 156.

11 Monatsbericht August 2000 der Deutschen Bundesbank: Finanzmärkte in Deutschland, S. 24.

12 Ebd., S. 23 f.

13 www.salon.com/2001/03/13/roast/ (abgerufen am 11.9.2025).

14 „(...) the Fed should take most seriously its responsibility to ensure financial stability in the economy."; www.federalreserve.gov/boarddocs/Speeches/2002/20021121/default.htm (abgerufen am 7.7.2025).

15 „Das Netz trägt Trauer", in: Frankfurter Allgemeine Zeitung am 20.3.2001, S. 51.

16. Terroranschläge 2001: Die Reaktion des weltweiten Finanzzentrums

1 „A symbol was destroyed, not America's financial system", in: New York Times am 13.9.2001, S. 1.

2 Ebd.

3 „When the economy held its breath", in: The Economist (Vol. 360) am 15.9.2001.

4 „A terrorist attack on America sent shivers through global financial markets", in: The Economist (Vol. 360) am 15.9.2001.

5 „Handel an der Deutschen Börse geht weiter", in: Frankfurter Allgemeine Zeitung am 11.9.2011.

6 „Börse beruhigt sich", in: FAZ.Net am 12.9.2001.

7 „Kein Grund zur Panik, in: Frankfurter Allgemeine Zeitung am 17.9.2001, S. 35.

8 „Central banks injects billions in move to stem risks of panic", in: New York Times am 13.9.2001, S. 1.

9 Monatsbericht der Europäischen Zentralbank im Dezember 2001 (www.bundesbank.de/resource/blob/689600/03736016cb59c7919885164aab7673dc/mL/2001-12-ezb-mb-text-data.pdf; https:// de.statista.com/statistik/daten/studie/1124003/umfrage/kursentwicklung-des-dax-aufgrund-der-9-11-terroranschlaege/; abgerufen am 3.11.2025).

10 „Kursgewinne an allen Aktienmärkten", in: Frankfurter Allgemeine Zeitung am 18.3.2003, S. 28.

11 „Weitere Kursgewinne in Hoffnung auf einen kurzen Krieg", in: Frankfurter Allgemeine Zeitung am 20.3.2003, S. 28.

12 „Kriegssorgen belasten die Aktienmärkte“, in: Frankfurter Allgemeine Zeitung am 25.3.2003, S. 24.

13 „Golfkrieg bleibt an Börsen Episode“, in: Die Welt online am 20.3.2004 (www.welt.de/print-welt/article301237/Golfkrieg-bleibt-an-Boersen-Episode.html; abgerufen am 30.6.2025).

17. Finanzmarktkrise 2008/09: Aktienkurse auf Sand gebaut

1 „Mounting Fears Shake Markets“, in: Wall Street Journal, 18.9.2008, S. 1.

2 Tooze: Crashed, S. 88.

3 „The rescue of Bear Stearns marks liberalisation's limit“, in: Financial Times online am 25.3.2008.

4 „If you‘ve got a bazooka, and people know you‘ve got it, you may not have to take it out.“; „Paulson‘s Itchy Finger, on the trigger of a Bazooka“, in: New York Times online (8.9.2008).

5 „Crisis on Wall Street as Lehman Totters, Merrill is sold, AIG seeks to raise cash“, in: Wall Street Journal am 15.9.2008, S. 1.

6 „Fed Expands lending facilities in Bid for Stability“, in: Wall Street Journal am 15.9.2025, S. 18.

7 „Worst Crisis since 30's with no end yet in sight“, in: Wall Street Journal am 18.9.2008, S. 1.

8 „Mounting fears shake worls markets“, in: Wall Street Journal am 18.9.2008, S. 1.

9 Harold James: Die geheime Geschichte der Finanzkrise, in: Project Syndicate am 7.3.2014 (abgerufen am 10.6.2025).

10 James: Schockmomente, S. 42.

11 „Der Markt ist keine sichere Bank“, in: Die Zeit (Nr. 40) am 28.9.2008.

12 www.un.org/en/ga/63/generaldebate/brazil.shtml (abgerufen am 18.12.2025).

13 www.un.org/en/ga/63/generaldebate/philippines.shtml (abgerufen am 18.12.2025).

14 Washingtoner Konsensus: In den 1980er- und 1990er-Jahren gab es ein Bündel wirtschaftspolitischer Empfehlungen des Internationalen Währungsfonds (IWF), der Weltbank, dem US-Finanzministerium und amerikanischer Finanzinstitute an Regierungen Lateinamerikas, wie die vorherrschende Krise gemeistert und ein Wirtschaftswachstum gefördert werden können.

15 Redemanuskript am 23.9.2008 vor der UN: Palabras de la presidente de la nacion, Cristina Fernández de Kirchner, en la apertura de la asamblea general de las naciones unidas, S. 4 f. (www.un.org/en/ga/63/generaldebate/pdf/argentina_es.pdf; abgerufen am 3.11.2025).

16 „Citigroup wird zerschlagen", in: Zeit online (7. Mai 2009), www.zeit.de/online/2009/04/citigroup-aufspaltung (abgerufen am 13.7.2025).

17 „Greenspan backs temporary state control of banks", in: Financial Times am 17.2.2009, S. 5.

18 „Bank nationalisation gains ground with Republicans", in: Financial Times online am 17.2.2009 (www.ft.com/content/2ad3b750-fd27-11dd-a103-000077b07658; abgerufen am 13.7.2025).

19 „Victory has a 100 fathers, but defeat is an orphan."; www.jfklibrary.org/learn/about-jfk/life-of-john-f-kennedy/john-f-kennedy-quotations (abgerufen am 3.11.2025).

20 Ab dem 2. Januar 1999 notierten an den europäischen Börsen sämtliche Wertpapiere in Euro. Als Bargeld wurde der Euro drei Jahre später eingeführt.

21 www.gouvernement.lu/fr/actualites/toutes_actualites/interviews/2008/09-septembre/17-juncker-deutschlandfunk.html (abgerufen am 12.7.2025).

22 „Europäische Auffanglösung schaffen", in: Handelsblatt am 2.10.2008, S. 3.

23 www.sueddeutsche.de/politik/bundeskanzlerin-herrin-des-experiments-1.5160842 (abgerufen am 4.11.2025).

24 www.reuters.com/article/idDEBEE4900KP20081001/ (abgerufen am 20.11.2025).

25 „Bafin beziffert Kreditrisiken auf 816 Milliarden Euro", in: Der Spiegel online am 24.4.2009 (www.spiegel.de/wirtschaft/bankenkrise-bafin-beziffert-kreditrisiken-auf-816-milliarden-euro-a-621053.html; abgerufen am 14.7.2025).

26 „Manchmal muss man Feuer mit Feuer bekämpfen" (Interview mit Peer Steinbrück zur Wirtschaftskrise)", in: Frankfurter Allgemeinen Sonntagszeitung am 18.1.2009, S. 35.

27 www.bundesregierung.de/breg-de/service/newsletter-und-abos/bulletin/regierungserklaerung-des-bundesministers-der-finanzen-peer-steinbrueck--796482 (abgerufen am 16.9.2025).

28 Monatsbericht des Bundesfinanzministeriums im September 2009, S. 75 f. (www. bundesfinanzministerium.de/Monatsberichte/2001-2016/Inhalte/Monatsbericht-Archiv-Downloads/2009/Monatsbericht-September-2009.pdf?__ blob=publicationFile&v=1; abgerufen am 21.11.2025).

29 „Es war ein Erdbeben"; in: Der Spiegel (37/2010) am 12.9.2010 (www.spiegel.de/politik/es-war-ein-erdbeben-a-6168f3d3-0002-0001-0000-000073791868; abgerufen am 15.7.2025).

30 www.faz.net/aktuell/wirtschaft/ja-ich-hatte-richtig-angst-11406712.html (abgerufen am 14.07.2025).

31 „Müntefering gegen staatliche Giftmüllkippen", in: Frankfurter Allgemeine Zeitung am 26.1.2009, S. 12.

32 In Deutschland hat die staatliche Bankenrettung historische Vorbilder: die Tilgungskasse für Gewerbliche Kredite (Tilka) und das Deutsche Finanzierungsinstitut (Finag), die nach der Bankenkrise 1931 Werte von Banken hätten übernehmen sollen, die in Schieflage geraten waren.

33 „We need new banks", in: Der Spiegel am 15.9.2009 (www.spiegel.de/international/world/niall-ferguson-on-the-ascent-of-money-we-need-new-banks-a-649036.html; abgerufen am 14.7.2025).

34 Harold James: Die Krise der Finanzmärkte und die Rückkehr des Staates, Akademievorlesung an der Berlin-Brandenburgischen Akademie der Wissenschaften am 30. Januar 2009, S. 27 f.

35 www.federalreserve.gov/newsevents/speech/bernanke20090310a.htm (abgerufen am 8.7.2025).

36 „Der Markt ist keine sichere Bank", in: Die Zeit (Nr. 40) am 28.9.2008.

37 „1933 und 2013", in: Süddeutsche Zeitung am 14.9.2013, S. 21.

38 Werner Abelshauser: Aus Wirtschaftskrisen lernen – aber wie?, in: Vierteljahrshefte für Zeitgeschichte 4/2009, S. 467–483, hier S. 472.

39 Piketty: Das Kapital im 21. Jahrhundert, S. 754.

40 Tooze: Crashed, S. 196 f.

41 Ebd., S. 106.

42 www.imf.org/external/german/pubs/ft/ar/2009/ar09_deu.pdf (abgerufen am 19.12.2025).

43 Piketty: Das Kapital im 21. Jahrhundert, S. 629; https://de.statista.com/statistik/daten/studie/36896/umfrage/bip-veraenderung-aufgrund-der-wirtschaftskrise/ (abgerufen am 17.9.2025).

44 „Stabilität ist noch nicht garantiert", in: Manager Magazin online am 21.4.2010 (www.manager-magazin.de/finanzen/artikel/a-690249.html; abgerufen am 14.7.2025).

45 Tooze: Crashed, S. 341.

46 „Who went to jail for their role in the financial crisis?“, in: Financial Times online am 20.9.2018 (https://ig.ft.com/jailed-bankers/; abgerufen am 26.7.2025).

47 Tooze: Crashed, S. 358.

48 Pressekonferenz von US-Präsident Barack Obama am 2. April 2009 in London; www.presidency.ucsb.edu/documents/the-presidents-news-conference-london (abgerufen am 26.7.2025).

49 „Obama will Finanzmärkte stärker regulieren“, in: Zeit online am 31.3.2009 (www. zeit.de/online/2009/09/obama-regeln-finanzmaerkte; abgerufen am 17.9.2025).

50 www.spiegel.de/wirtschaft/soziales/volcker-regel-wall-street-reform-kurz-vor-abschluss-a-938137.html; www.zeit.de/politik/ausland/2010-07/us-finanzmarktreform-eckpunkte (abgerufen am 9.11.2025).

51 „(…) unchecked recklessness and irresponsibility on Wall Street“; https://gwtoday.gwu.edu/celebrating-10-years-dodd-frank-act; https://obamawhitehouse.archives.gov/the-press-office/remarks-president-signing-dodd-frank-wall-street-reform-and-consumer-protection-act (abgerufen am 9.11.2025).

52 www.zeit.de/wirtschaft/2018-03/usa-senat-donald-trump-finanzkrise-banken-regulierung (abgerufen am 8.11.2025).

53 Ben Bernanke: The courage to act: a memoir of a crisis and its aftermath, New York 2015, S. 264.

18. Die (un)endliche Geschichte der Euro-Finanzkrise ab 2010: Von Griechenland bis „Whatever it takes“

1 www.bundestag.de/webarchiv/textarchiv/2010/29826227_kw20_de_stabilisierungsmechanismus-201760 (abgerufen am 16.7.2025).

2 Piketty: Das Kapital im 21. Jahrhundert, S. 761.

3 Ebd., S. 729.

4 „20 Milliarden Hilfe für Ungarn“, in: Die ZEIT online am 4.5.2009 (www.zeit.de/online/2008/44/finanzkrise-ungarn; abgerufen am 28.12.2025); www.faz.net/aktuell/politik/ausland/finanzkrise-ungarn-bekommt-20-milliarden-kredit-1709266.html; abgerufen am 14.7.2025).

5 „Griechisches Defizit noch größer als erwartet“, in: Zeit online am 22. April 2010 (www.zeit.de/wirtschaft/2010-04/griechenland-staatsfinanzen-defizit; abgerufen am 15.7.2025).

6 www.bis.org/press/p101213.htm (abgerufen am 20.12.2025).

7 Claus-Friedrich Laaser/Klaus Schrader: Den Anschluss nie gefunden – die Ursachen der griechischen Tragödie, in Wirtschaftsdienst (2010/Heft 8), S. 540–547, hier S. 547.

8 Timothy F. Geithner: Stress Test – Reflections on financial crisis, New York 2014, S. 483.

9 www.bundesregierung.de/breg-de/service/newsletter-und-abos/bulletin/regierungserklaerung-von-bundeskanzlerin-dr-angela-merkel-795370 (abgerufen am 15.7.2025).

10 Geithner: Stress Test, S. 484.

11 „Merkel befürwortet Europäischen Währungsfonds", in: Zeit Online am 9.3.2010 (www.zeit.de/wirtschaft/2010-03/merkel-juncker-waehrungsfonds; abgerufen am 15.7.2025).

12 „Obama effort to contain European debt crisis", in: Washington Post online (19.6.2012).

13 „Obama urges European solution", in: New York Times online (3.11.2011).

14 „Gewinner und Verlierer des Börsenjahres", in: Der Spiegel online am 30.12.2011 (www.spiegel.de/wirtschaft/unternehmen/dax-2011-gewinner-und-verlierer-des-boersenjahres-a-806454.html; abgerufen am 15.7.2025).

15 Rede am 26. Juli 2012: www.ecb.europa.eu/press/key/date/2012/html/sp120726.en.html (abgerufen am 14.7.2025).

16 „Draghi assicura che la BCE salverà l'euro. Fiammata die Mercati", in: Corriere della Sera am 27.7.2012, S. 1; „Draghi scende in trincea a difesa dell'euro", in: Corriere della Sera am 27.7.2012, S. 6.

17 „Der Grieche hat lange genug genervt", in: Die Zeit Online (14.7.2025), www.zeit.de/politik/deutschland/2015-07/griechenland-strobl-union (abgerufen am 20.7.2025).

18 „La Borsa di Atene limita i danni. Il crollo delle banche non si ferma", in: Corriere della Sera am 5.8.2015, S. 29.

19 „Brexit brockt Dax größten Kurssturz seit 2008 ein", in: Frankfurter Allgemeine Zeitung online am 24.6.2016 (www.faz.net/aktuell/finanzen/aktien/ folgen-der-brexit-abstimmung-dax-bricht-um-10-prozent-ein-14305764.html; abgerufen am 14.7.2025).

20 „Der Geldfluss in die Krisenstaaten", in: tagesschau.de (27.6.2019); www.tagesschau.de/wirtschaft/rettungspakete-ts-100.html (abgerufen am 21.9.2025).

Exkurs Wall-Street-Rekord 2010: Der schnellste Börsenzusammenbruch in 36 Minuten

1 „Surge of Computer Selling after Apparent Trading Glitch sends stocks plunging", in: New York Times am 7.5.2010, S. B7.

2 „Preventing the next Flash Crash", in: New York Times am 6.5.2011, S. A27.

3 „Neue Börsen-Sicherung", in: Süddeutsche Zeitung am 20.5.2010, S. 17.

4 „Autopsy: Flash Crash", in: The Economist (No. 397) am 9.10.2010, S. 108.

5 „Dieser Mann crashte die Wall Street", in: manager magazin am 16.1.2020 (www. manager-magazin.de/finanzen/boerse/navinder-singh-sarao-flash-crash-trader-darf-auf-milde-hoffen-a-1304126.html; abgerufen am 29.12.2025).

6 „Surge of Computer Selling after Apparent Trading Glitch sends stocks plunging", in: New York Times am 7.5.2010, S. B7.

7 „Neue Börsen-Sicherung", in: Süddeutsche Zeitung am 20.5.2010, S. 17.

8 „Barrieren gegen Spontan-Crash", in: Süddeutsche Zeitung am 11.5.2010, Rubrik: Finanzen; „A few minutes of mayhem", in: The Economist (No. 395) am 15.5.2010, S. 82.

9 „Preventing the next Flash Crash", in: New York Times am 6.5.2011, S. A27.

19. Die Coronakrise 2020: Lockdown und Quarantäne für den Aktienmarkt

1 „Ausnahmezustand für Anleger", in: Frankfurter Allgemeine Sonntagszeitung am 15.3.2020, S. 25.

2 „Global stock markets post biggest falls since 2008 financial crisis", in: The Guardian online am 9.3.2020 (www.theguardian.com/business/2020/mar/09/global-stock-markets-post-biggest-falls-since-2008-financial-crisis; abgerufen am 21.9.2025).

3 „Der schnellste Börsencrash der Geschichte", in: Spiegel online am 20.3.2020 (www.spiegel.de/wirtschaft/unternehmen/corona-krise-der-schnellste-boersen-crash-aller-zeiten-a-2b6cde01-966d-4aa4-b7b9-90f2c4886415; abgerufen am 21.9.2025).

4 „Panik an der Wall Street", in: Frankfurter Allgemeine Zeitung am 10.3.2020, S. 23.

5 James: Schockmomente, S. 391.

6 „Kind, Hund und Börsencrash“, in: Frankfurter Allgemeine Zeitung am 4.4.2020, S. 31.

7 Michele Costola/Michael Nofer/Oliver Hinz/Loriana Pelizzon: Machine learning sentiment analysis, Covid-19 news and stock market reactions, in: Safe working paper (No. 288) am 11.9.2020, Leibniz Institute for Financial Research SAFE, S. 7–10.

8 www.bundeswirtschaftsministerium.de/Redaktion/DE/Coronavirus/informationen-zu-corona-hilfen-des-bundes.html (abgerufen am 22.9.2025).

9 www.bundesbank.de/de/aufgaben/themen/ezb-beschliesst-weitere-stuetzungs-massnahmen-853526 (abgerufen am 22.9.2025).

10 Harold James: Nach Corona zurück zum Sparkurs?, in: Handelsblatt (Heft 224/2021) am 18.11.2021, S. 48.

20. Trumps Zollpolitik: Ein „Blutbad“ für die Weltbörsen

1 „Trumps Seifenoper“, in: Frankfurter Allgemeine Zeitung am 2.8.2025, S. 25.

2 „The most beautiful word in the dictionary is tariff (…), because tariffs are going to make us rich is how it's going to bring our country's businesses back. That left us.“

3 „I am a Tariff Man. When people or countries come in to raid the great wealth of our Nation, I want them to pay for the privilege of doing so. It will always be the best way to max out our economic power.“; www.x.com/realDonaldTrump/status/1069970500535902208 (abgerufen am 6.8.2025).

4 www.it.usembassy.gov/remarks-by-president-trump-in-joint-address-to-congress/ (abgerufen am 25.06.2025).

5 „Caos sui dazi“, in: Corriere della Sera am 8.4.2025, S. 1.

6 „Abschied vom freien Welthandel“, in: Süddeutsche Zeitung am 2.8.2025, S. 1.

7 „Market turmoil spreads across globe“, in: Wall Street Journal am 8.4.2025, S. 1.

8 „But, by placing massive and disproportionate tariffs on our friends and our enemies alike (…) we launch economic nuclear war on every country in the world.“ Tweet von Bill Ackman am 6. April 2025: https://x.com/BillAckman/status/1908992002366292286 (abgerufen am 22.9.2025).

9 „Stocks Resume Decline“, in: Wall Street Journal am 11.4.2025, S. 4.

10 „Markets' Message: US no longer safe“, in: Wall Street Journal am 11.4.2025, S. 4.

11 „N.Y. Fed Chief sees slower growth“, in: Wall Street Journal am 12.4.2025, S. 6.

12 „Trump can't ignore the stock market carnage forever", in: The Spectator am 4. April 2025; www.spectator.co.uk/article/trump-cant-ignore-the-stock-market-carnage-forever/ (abgerufen am 11.6.2025).

13 www.economist.com/finance-and-economics/2025/04/07/market-carnage-goes-global (abgerufen am 12.6.2025).

14 www.economist.com/weeklyedition/archive (abgerufen am 25.6.2025).

15 Der Begriff stammt aus dem 19. Jahrhundert, dem Zeitalter des Imperialismus. Westliche Mächte nutzten ihre überlegenen militärischen Fähigkeiten, insbesondere ihre Seestreitkräfte, um weniger mächtige Nationen einzuschüchtern und zu Zugeständnissen zu zwingen; www.x.com/ForeignAffairs/status/1909227157328445634 (abgerufen am 29.10.2025).

16 „Navarro is dumber than a sack of bricks". www.cbsnews.com/news/elon-musk-trump-peter-navarro-tariffs/ (abgerufen am 11.6.2025).

17 „Trumps Seifenoper", in: Frankfurter Allgemeine Zeitung am 2.8.2025, S. 25.

18 „Borsa: nuovo crollo tra voci e smentite sui dazi, Milano chiude a -5%", in: Il Sole 24ore am 7.4.2025 (www.ilsole24ore.com/radiocor/nRC_07.04.2025_17.46_58810588; abgerufen am 27.9.2025).

19 „Taco trade theory and the US market's surprise comeback", in: Financial Times online am 2.5.2025.

20 „Markets' Message: US no longer safe", in: Wall Street Journal am 11.4.2025, S. 4.

21 „Ach Europa", in: Süddeutsche Zeitung am 30.7.2025, S. 3.

22 „Accord Van der Leyen-Trump : c'est un jour sombre que celui où une alliance de peuples libres, rassemblés pour affirmer leurs valeurs et défendre leurs intérêts, se résout à la soumission."; www.x.com/bayrou/status/1949749114436194782 (abgerufen am 6.8.2025).

23 „Erleichterung an der Börse hält nicht lange", in: Frankfurter Allgemeine Zeitung am 29.7.2025, S. 23.

24 „Does the stock market know something we don't?", in: The Atlantic am 7.8.2025 (www.theatlantic.com/economy/archive/2025/08/stock-market-theories/683780/; abgerufen am 25.9.2025).

25 https://budgetlab.yale.edu/research/state-us-tariffs-november-17-2025 (abgerufen am 29.12.2025).

26 Piketty: Das Kapital im 21. Jahrhundert, S. 629.

27 „Der Notretter", in: Die Zeit (Nr. 42) am 8.10.1998.

28 „Der DAX zeigt sich verhalten, in: Frankfurter Allgemeine Zeitung am 17.9.2025, S. 24.

29 „Börsen zeigen sich nach US-Zinsentscheid freundlich", in: Süddeutsche Zeitung am 19.9.2025, S. 27.

30 „Fed Chief Powell says stock prices appear ‚fairly highly valued'"; www.cnbc.com/2025/09/23/fed-powell-stock-prices-appear-fairly-highly-valued.html (abgerufen am 27.9.2025).

31 https://de.statista.com/outlook/fmo/aktien/weltweit (abgerufen am 3.10.2025).

32 Shiller: Irrationaler Überschwang, S. 248.

33 „Das ist ein Spiel mit dem Pulverfasse", in: WirtschaftsWoche (16/2025) am 14.4.2025, S. 20.

34 „EZB: Jüngste Marktturbulenzen rücken Schattenbanken in den Fokus", in: Wirtschaftswoche am 10.4.2025 (www.wiwo.de/unternehmen/banken/ezb-juengste-marktturbulenzen-ruecken-schattenbanken-in-den-fokus/100120683.html; abgerufen am 21.12.2025).

35 www.wiwo.de/finanzen/boerse/hedgefonds-co-eu-behoerden-planen-wohl-stresstest-fuer-schattenbanken/100131278.html; www.fr.de/wirtschaft/schattenbanken-im-visier-eu-plant-europaweiten-stresstest-zr-93760365.html (abgerufen: 26.06.2025).

Fazit: Börsen sind die Achillesferse der Finanzmärkte

1 Shiller: Irrationaler Überschwang, S. 164–170.

2 „Einbruch um 75 Prozent möglich" – Interview mit Robert J. Shiller, in: Wirtschaftswoche am 8.6.2000, S. 220.

3 Walter Bagehot: Lombard Street – A description of the money market, New York 1887, S. 157 f.

4 „What the history of market crashes teaches us about the coronavirus crisis", in: Financial Times online am 12.5.2020 (www.ft.com/content/1885ac43-c158-498d-a787-e9059b6f856b; abgerufen am 24.9.2025).

5 2014 beschrieben Ian Goldin und Mike Mariathasan dieses Phänomen als „The Butterfly Defect" („Der Schmetterlings-Defekt"). Das ist ein Wortspiel mit dem Begriff „Schmetterlingseffekt". Den verwenden Wissenschaftler, wenn sie beschreiben wollen, dass in komplexen Systemen kleine Ursachen völlig unvorhersehbare Folgen haben können.

6 Galbraith: Die Geschichte der Spekulationsblasen, S. 24.

7 „Gita Gopinath on the crash that could torch $ 35trn of wealth", in: The Economist online am 15.10.2025 (www.economist.com/by-invitation/2025/10/15/gita-gopinath-on-the-crash-that-could-torch-35trn-of-wealth; abgerufen am 31.10.2025).

8 Finanzstabilitätsbericht 2025, Bundesbank (Hrsg.), S. 12 und S. 18; Monatsbericht November 2025, Bundesbank (Hrsg.), S. 9.

9 Shiller: Irrationaler Überschwang, S. 159 f.

10 Ebd., S. 231, 237.

11 www.spiegel.de/politik/zitate-a-d7ee4af2-0002-0001-0000-000013526517 (abgerufen am 21.12.2025).

12 John Maynard Keynes: The General Theory of Employment Interest and Money, London, 1936, S. 159.

13 „Die Macht der Narrative", in: Wirtschaftswoche am 23.10.2023.

14 Jari Ojla/Turo Uskali: Any weak signals? The New York Times and the stock Market Crashes of 1929, 1987 and 2000; Vortrag auf XIV International History Congress (Juni 2006 in Helsinki), S. 1–24, hier S. 21 f.

15 „Wortbruch – das ist ein Problem", in: Frankfurter Allgemeine Sonntagszeitung am 25.1.2009, S. 2.

16 Harold James: Finanzfeldzug in Richtung Krieg, in: Project Syndicate am 27. Februar 2024 (www.project-syndicate.org/commentary/financial-warfare-historically-a-precursor-to-escalation-in-great-power-conflict-by-harold-james-2024-02/german; abgerufen am 11.6.2025).

17 https://reports.weforum.org/docs/WEF_Global_Risks_Report_Press_Release_2025_GER.pdf (abgerufen am 9.10.2025).

18 „In der Krise zuschlagen, und zwar richtig", in: Handelsblatt am 15.8.2025, S. 45.

19 „Geld für eine neue Welt", in: Süddeutsche Zeitung am 16.5.2025, S. 11.

20 Bernanke, The courage to act, S. 386.

Abbildungsverzeichnis

Autorenvita

Nach dem Studium der Geschichte und des Medienrechts in München und Padua promovierte Patrik Hof über italienisch-deutsche Wirtschaftsgeschichte und forschte über Wertpapierbörsen sowie Banken im Faschismus. Danach tauschte Hof, der in Basel geboren wurde, Theorie gegen Praxis: Aus der Geschichte vergangener Jahrhunderte wurden journalistische Geschichten der Gegenwart. Neben seiner Tätigkeit als Lehrer arbeitet er seit knapp zwei Jahrzehnten als Pressesprecher und Journalist für unterschiedliche Wirtschaftsbranchen und Medien. Als Kommunikator übersetzt er komplexe Themen aus Politik, Ökonomie, Energieversorgung und Kultur in ein informatives 360-Grad-Storytelling für Print, Social Media und Bewegtbild. Im F.A.Z.-Buchverlag erschien zuletzt das Kaffeebuch „Schwarzes Gold", das zum Lesen vieler Kaffeesätze über die facettenreiche Kulturgeschichte des Getränks einlädt.